Berlin 1920

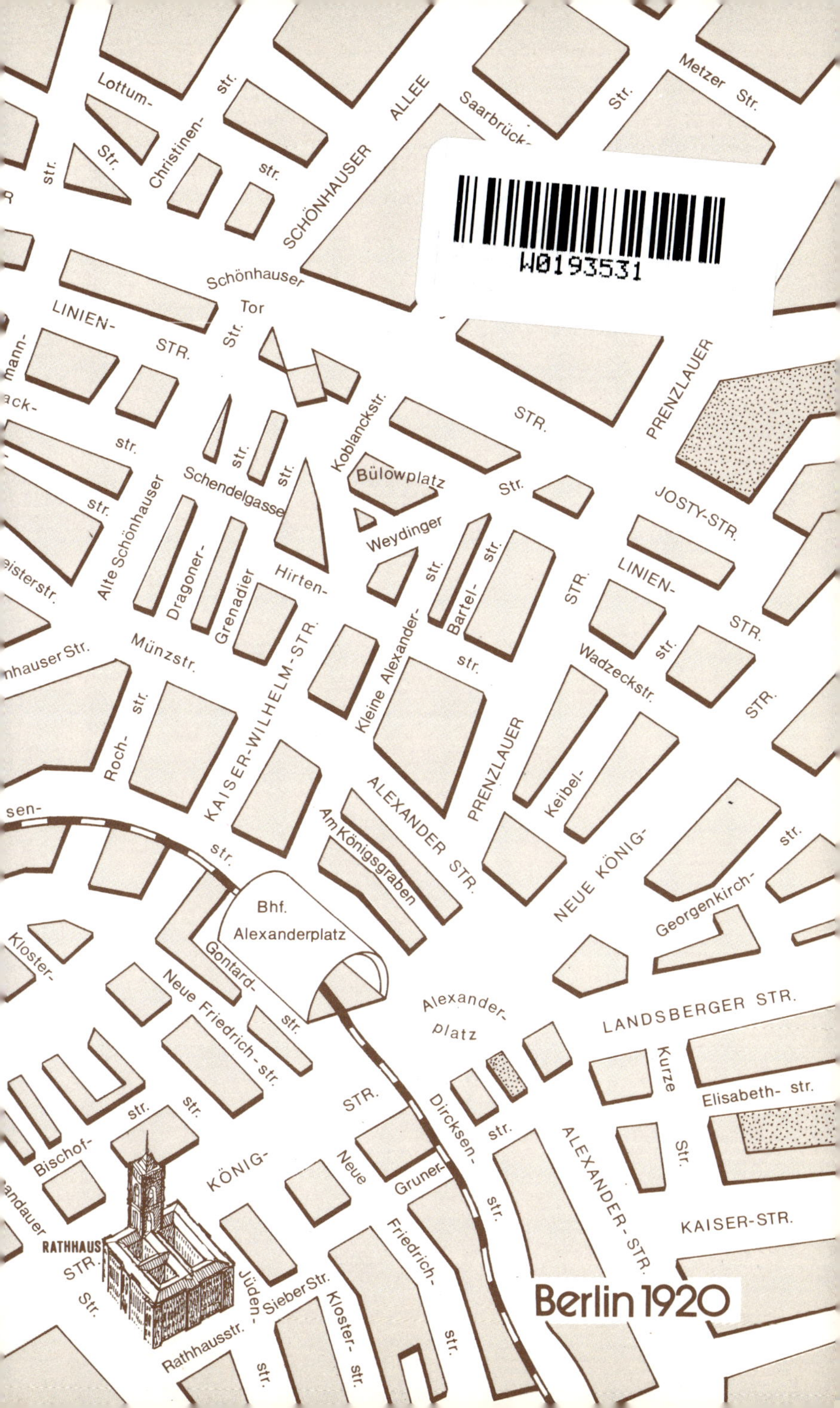

Lottum-
str.
Christinen-
str.
Str.
SCHÖNHAUSER
ALLEE
Saarbrück-
Str.
Metzer Str.
Schönhauser
Tor
LINIEN-
STR.
Str.
Koblanckstr.
STR.
PRENZLAUER
Bülowplatz
Str.
JOSTY-STR.
Schendelgasse
str.
Alte Schönhauser
str.
Weydinger
str.
Bartel-
str.
STR.
LINIEN-
STR.
Dragoner-
Grenadier
Hirten-
Münzstr.
KAISER-WILHELM-STR.
Kleine Alexander-
str.
Wadzeckstr.
str.
STR.
Roch-
str.
ALEXANDER
STR.
Am Königsgraben
PRENZLAUER
Keibel-
NEUE KÖNIG-
str.
Georgenkirch-
Bhf.
Alexanderplatz
Kloster-
Gontard-
str.
Neue Friedrich-str.
Alexander-
platz
LANDSBERGER STR.
Kurze
Elisabeth- str.
Str.
STR.
Dircksen-
str.
ALEXANDER-STR.
str.
str.
Bischof-
KÖNIG-
Neue
Gruner-
str.
KAISER-STR.
RATHHAUS
STR.
Str.
Jüden-
Sieber Str.
Kloster-
str.
Friedrich-
str.
Rathhausstr.
str.

Ruth Damwerth

Arnold Munter
Jahrhundertzeuge

MINNA

Ruth Damwerth

Arnold Munter
Jahrhundertzeuge

EDITION
SCHEUNENVIERTEL

Bildnachweis:
ADN-Zentralbild: 163, 179, 205
Archiv von Arnold Munter: 10, 13, 16, 19, 35, 43, 47, 61, 65, 69, 71, 111, 113, 129, 138, 153, 241
Karl-Heinz Drowski: 221
Helmut Zwiebarth: Frontispiz
Rolf Zöllner: 271

ISBN 3-355-01419-2

Schutzumschlag: Ingrid Engmann
unter Verwendung eines zeitgenössischen Fotos
Lichtsatzherstellung: Verlag Neues Leben GmbH
Lithographie: Reproanstalt/Neumünster
Druck und buchbinderische Weiterverarbeitung:
Chemnitzer Verlag und Druck GmbH, Werk Zwickau
Gedruckt auf FORTUNA-Pegasus
Steinbeis Temming Papier GmbH & Co., Glückstadt

Vorbemerkung

Es gibt Biographien, gegen die ist jedes Geschichtsbuch langweilig.

Ich lernte den damals achtzigjährigen Arnold Munter im Herbst 1992 auf einer seiner regelmäßig stattfindenden Führungen durch das Berliner Scheunenviertel und über den jüdischen Friedhof an der Schönhauser Allee kennen. Wie auch die anderen Teilnehmer der Führung, eine bunt gemischte Gruppe aus ost- und westdeutschen und einigen ausländischen Besuchern, war ich begeistert über die Lebendigkeit, den Witz und das Wissen des alten Herren, besonders in historischen und kulturhistorischen Fragen.

Mehr und mehr begannen mich aber die sich zwangsläufig aus der Führung ergebenden Anspielungen Arnold Munters auf seine eigene Lebensgeschichte in ihren Bann zu ziehen.

Im Berlin der Kaiserzeit geboren, war er im elenden Arbeitslosenmilieu des Scheunenviertels aufgewachsen, hatte als Kind Novemberrevolution und Spartakusaufstand als aufregenden Spielplatz empfunden, als Mitglied des Reichsbanner und als Sozialdemokrat die politischen Auseinandersetzungen der Weimarer Republik mitgemacht, sich am Widerstand gegen das Dritte Reich in einer für ihn typischen unkonventionellen Art und Weise beteiligt, so daß selbst die gleichgeschaltete Presse unwissentlich über einen aktiven Sozialdemokraten und „Geltungsjuden“ lobend berichtete, und wurde wegen dieser Aktionen und/oder seiner jüdischer Abstammung in das Konzentrationslager Theresienstadt verschleppt. Die Geschichte dieses makabren Lagers, das nicht weniger grausam oder tödlich war als andere Konzentrationslager, dessen Insassen jedoch gleichzeitig dazu mißbraucht wurden, die an ihnen verübten Verbrechen zu verschleiern (hier wurde der Film: „Der Führer schenkt den Juden eine Stadt“ gedreht), ist bislang kaum bekannt oder beschrieben worden.

Später versuchte Arnold Munter einen sozialistischen und antifaschistischen Staat mitaufzubauen, in dem eine Wiederholung seiner Erfahrungen von Armut, Verfolgung und KZ-Haft ausgeschlossen sein sollte. Die Bandbreite seines undogmatischen, aber entschiedenen Engagements kann hier kaum angedeutet werden: So gründete er zum Beispiel gemeinsam mit dem Juden Heinz Galinski und dem Kommunisten Walter Bartel die später von Walter Ulbricht verbotene Vereinigung der Verfolgten des Naziregimes, wurde deswegen von Kurt Schumacher aus der SPD ausgeschlossen und beteiligte sich daraufhin an der Schaffung einer bis zum Mauerbau in Ostberlin existenten oppositionellen sozialdemokratischen Partei.

Er war Stadtrat für Bau- und Wohnungswesen des ersten Ostberliner Magistrats im Herbst 1948 und Mitglied des Pankower Runden Tisches im Herbst 1989.

Nach über vierzig Jahren wurde das Scheitern seiner ungebrochenen Bemühungen (für die er im übrigen nie einen goldfarbenen Wasserhahn in Wandlitz oder auch nur einen Trabi erntete) offenbar. Was mochte er in dieser Situation empfinden?

Was mich außerdem mehr und mehr fesselte, war, daß Arnold Munter, dadurch daß er keines der vielen politischen Systeme, die sein Leben mitbestimmten, passiv durchlitt, sondern immer versucht hat, das jeweilige System mitzugestalten oder zu bekämpfen, jede Epoche ganz bewußt erlebt hat. Daher kann er sich auch an winzige Kleinigkeiten aus seinem persönlichen und dem politischen Tagesgeschehen erinnern. Das bewußte Miterleben wie auch sein ungewöhnliches Erinnerungsvermögen, seine lebendigen Schilderungen und sein für die deutsche Geschichte dieses Jahrhunderts geradezu exemplarisches Leben machen ihn zu einem faszinierenden Zeitzeugen.

In zahllosen Gesprächen mit dem mittlerweile einundachtzigjährigen Arnold Munter, in seinen Erzählungen, von denen ich etliche weitergebe (sie sind im Text durch kursive Schrift gekennzeichnet), aber auch in Unterhaltungen mit Geschwistern, Freunden, seiner Frau Hanne-Lore und in Zwiesprache mit den Orten, an denen Arnold Munter in der Vergangenheit gelebt hat, und mit den persönlichen Papieren, die in erstaunlicher Vollständigkeit den äußeren Rahmen eines Lebens dokumentieren, habe ich versucht, seinem Leben nachzuspüren und es als Buch festzuhalten.

Durch historische Hintergrundinformationen ergänzt, soll dieses Buch werden, was Arnold Munters Lebensgeschichte an sich schon ist: ein erstaunliches Geschichtsbuch.

„... so daß wir zu acht in einem Zimmer wohnen mußten.“

(1912-1933)

Arnold Munter und das heutige Berlin wurden im selben Jahr geboren; Arnold bereits am 1. Februar 1912, Groß-Berlin durch den losen Zusammenschluß Berlins mit den Nachbargemeinden Spandau, Köpenick, Charlottenburg, Wilmersdorf, Schöneberg, Neukölln und Lichtenberg ein paar Monate später.

Zehn Jahre zuvor war mit dem Bau der U-Bahn begonnen worden, drei Jahrzehnte waren seit der Fahrt der ersten elektrischen Straßenbahn der Welt in Lichtenberg vergangen und etwa ebenso lange war es her, daß Friedrich Engels sich darüber freute, „daß es diesem Unglücksnest endlich gelingt, Weltstadt zu werden“.

Der Sog dieses Aufschwungs hatte auch die Eltern Arnolds der wachsenden Metropole einverleibt. Die Familie Georg Munters, des Vaters, war schon vor einigen Generationen aus Posen zugewandert, die Mutter, Johanna Sophie-Luise, geborene Köpke, entstammt einer märkischen Häuslerfamilie, die sich von dem Aufbruch in die große Stadt am Ende des Jahrhunderts ein besseres Leben versprochen hatte.

Arnolds Mutter war, wie bei einer ostelbischen Häuslerfamilie nicht anders zu erwarten, evangelisch.

Arnolds Vater war jüdischer Religion.

Im Februar 1913 kam der Bruder Erik, im Februar 1915 die Schwester Gisela zur Welt. Bei ihrer Geburt war der Vater bereits eingezogen und marschierte für Kaiser und Vaterland. Er hat den Kindern mit Ausnahme einer einzigen Begegnung nie etwas über seine Kriegserlebnisse erzählt, diese aber dafür umso häufiger: Der Trupp des Soldaten Munter wurde eines Tages von einem offenen Wagen überholt. In ihm saß General Hindenburg, die übliche Zigarre im Mund. Als der Fahrtwind sie ihm entriß, sprang der Gefreite Munter hinzu, hob die Zigarre auf und brachte sie seinem obersten Kriegsherrn zurück. Hindenburg dankte dem braven Soldaten huldvoll.

Der Sold des Vaters und die Arbeit der Mutter erlaubten den Umzug aus einem Zimmer im Friedrichshain in eine kleine Parterre-Wohnung im Seitenflügel an der August-, Ecke Kleine-Hamburger-Straße in Berlin Mitte.

Mutter war dort Hauswart, sie mußte die Treppen reinigen und das Gebäude sauberhalten. Drei Kleinkinder krochen dabei um sie herum. Dem Hauswirt wurde das bald zu viel: Wir wurden gekündigt und verzogen nun in die Lothringer Straße sechzehn, Hinterhaus, Quergebäude, zwei Treppen. Die Wohnung hatte zwei Zimmer und eine Küche, die Toilette war eine halbe Treppe tiefer.

In dieser Wohnung leben die Munters von 1916 bis 1933: die beiden Eltern mit den Kindern Arnold, Erik und Gisela und drei weiteren Geschwistern, die nach der Rückkehr des Vaters aus dem Krieg geboren werden: Heinrich 1920, Elli 1922 und Anna 1924. Zeitweise werden sie sogar ein Zimmer an eine andere Familie untervermieten müssen.

Das Haus an der Lothringer Straße, direkt gegenüber der Volksbühne, gehörte zum unmittelbaren Umfeld des Scheunenviertels, jenes legendären Gassengewirrs, das vielleicht das bedrückendste und zugleich faszinierendste ist, was Berlin je hervorgebracht hat. Dieses Viertel, dessen Zentrum sich in der Nähe des Alexanderplatzes zwischen der Linien-, Münz-, Kleinen Rosenthaler- und heutigen Almstadtstraße (ehemals Grenadierstraße) befand, wurde schon Ende des vergangenen Jahrhunderts zu einem Sammelbecken für Elend und Not, Anrüchigkeit und Verbrechen folgten. In den katastrophalen Wohnverhältnissen der unglaublich engen Bebauung und Besiedlung der verwinkelten Gassen fand Heinrich Zille das „Milljöh", die Originale zu seinen Zeichnungen, die die soziale Gerechtigkeit einklagen sollten. Während im gesamten

Stadtgebiet Berlins auf zweitausend Einwohner etwa drei Prostituierte kamen, waren es im Scheunenviertel fast dreißig, wie das Archiv für Kriminologie im Jahr 1932 feststellte.

Gleichzeitig wurde das Scheunenviertel aufgrund seiner niedrigen Mieten vom Beginn des Jahrhunderts bis in die dreißiger Jahre hinein das Auffangbecken für jüdische Einwanderer aus dem Osten. Die russische Revolution, für die der Zar hauptsächlich an seinen schwächsten Untertanen, den Juden, Rache nahm, verschlug Tausende von ihnen nach Berlin. Verstärkt wurde der Zuzug durch jüdische Menschen aus Galizien, die ebenfalls vor dort herrschenden revolutionären Wirren und ihrer Rolle als Sündenbock fliehen mußten. 1925 waren etwa 40 000 nichtdeutsche Juden in Berlin ansässig, der größte Teil von ihnen östlicher Herkunft, von denen wiederum der größte Teil, nämlich die Ärmeren, im sogenannten Ghetto Scheunenviertel wohnte. Diese Menschen verstanden es, die ausgeprägte Kultur der jiddischen Schtetl, ihrer Herkunft, auch im Scheunenviertel lebendig werden zu lassen.

Georg und Johanna Sophie-Luise Munter, Arnolds Eltern, vor den Toilettenhäusern

Man muß sich die unglaubliche Mischung des Viertels bildhaft vor Augen führen: zu der breiten Masse der elenden Arbeitslosen und ihren Familien gesellten sich orthodoxe Juden in Kaftan und mit Schläfenlocken, neben Prostituierten und Animierkneipen gab es koschere Restaurants mit hebräischer Aufschrift, Talmudschulen und Betstuben, aber auch Spielhöllen. Vereint haben diese Gegensätze wohl nur der alles gleichmachende Hunger, Armut und Elend.

Die Beschäftigung mit dieser untergegangenen, ausgelöschten Welt, welche für einen heutigen Besucher der Gassen nur wahrnehmbar ist, wenn er viel darüber gelesen hat und noch mehr Phantasie besitzt, führt irgendwann unweigerlich zu der Feststellung, daß man sich für etwas interessiert, dem man immer fremd und ausgeschlossen gegenüberstehen wird. Gleichzeitig wächst die traurige Erkenntnis, daß man darüber auch noch erleichtert sein muß.

Im direkten Bannkreis dieser Atmosphäre ist Arnold aufgewachsen.

Eine Chronik Berlins aus dem Jahre 1990 beschreibt die damalige Wohnsituation hier und in anderen Vierteln folgendermaßen:

„Die Bauordnungen erlaubten eine fünfgeschossige Bebauung mit hoher Grundstücksausnutzung. Auf dieser Grundlage entstanden Arbeiterviertel mit den typischen Berliner Mietskasernen, die sich mit ihren sonnenlosen Hinterhöfen, Podesttoiletten und nicht zuletzt dem lange erlaubten Bau von Kellerwohnungen als schwere städtebauliche Hypothek erwiesen haben.“

Diese nüchterne Darstellung läßt nur einen Zipfel der Wirklichkeit erahnen. Die Fenster der Munterschen Wohnung, in der sich ja mit der Zeit sechs Kinder tummelten, gingen auf den engen lichtlosen zweiten Hof, an den eine große Fabrik grenzte. Aus der benachbarten Mietskaserne drangen unter anderem Geräusche und Gerüche eines großen Kuhstalls - im Scheunenviertel kein ganz seltener Ausdruck der Gegensätze des zu schnell wachsenden Berlin. Kellerräume des eigenen

Hausflügels und unter dem Hof dienten als Heringstonnenlager, und unmittelbar unter den Fenstern befand sich die Heizung für eine benachbarte Wäscherei, die mit Dampf und heißem Wasser versorgt sein wollte.

Es waren alle Wohlgerüche vereint, die zu einem „angenehmen" Wohnen notwendig sind, ganz zu schweigen von den Ratten, die aufgrund der guten Nahrungsbasis in Massen vorhanden waren und sich anmaßten, den knappen Wohnraum mit uns zu teilen. Sie hatten sich an den Rohrleitungen hoch- und durch den Fußboden durchgefressen.

Als wir eines Morgens aufstanden und Mutti den Jüngsten anziehen wollte, fehlte das Hemdchen. Mutter schimpfte und versprach demjenigen, der es verlegt haben würde, eine Tracht Prügel. Es mußte sich jemand einen Scherz erlaubt und das Hemdchen versteckt haben. Obwohl Mutter im Gegensatz zu Vater nie ein Kind geschlagen hat, waren wir doch ängstlich und suchten vereint nach dem Hemd. Da plötzlich stieß einer meiner Brüder einen Schrei aus; er hatte das Hemdchen in dem Loch, das die Ratten durch den Fußboden gefressen hatten, entdeckt. Es war natürlich nicht mehr zu gebrauchen, die Tiere hatten es zernagt.

Da trotz wiederholter Vorsprache bei der Baupolizei diese Plage nicht abgestellt wurde, fing meine Mutti eine Ratte in einer Einlauffalle lebend, ging zu den Herren der Baupolizei und ließ dem verdutzten Baupolizisten das Rattenvieh mit der Erklärung: „Wenn Sie nicht zu uns kommen, kommen wir eben zu Ihnen", über den Tisch laufen. Es gab ein dolles Gebrüll, aber der Erfolg war verblüffend: Die Herren von der Baupolizei kamen und bald darauf wurde der Fußboden ausgebessert, so daß wir endlich Ruhe hatten.

Das Haus hat den Krieg überlebt.

Die Wilhelm-Pieck-Straße, vormals Lothringer Straße, an der Grenze zwischen den Bezirken Mitte und Prenzlauer Berg gelegen, ist eine der wichtigen Verkehrsadern im Zentrum des

Lothringer Straße 16, Vorderhaus

heutigen Berliner Ostens, sie verbindet die Friedrichstraße mit den sternförmig vom Alexanderplatz ausgehenden Ausfallstraßen Schönhauser Allee, Prenzlauer Allee und Greifswalder Straße. An dieser vierspurigen, mit zwei Straßenbahntrassen versehenen Straße finde ich schräg gegenüber vom Rosa-Luxemburg-Platz, vormals Bülowplatz, die von Arnold beschriebene Adresse.

Das Vorderhaus macht einen relativ guterhaltenen Eindruck. Neben zwei Ladenlokalen im Parterre befindet sich in einer Kellerwohnung eine „Pantoffel-und Hausschuh-Fabrikation“.

Gespannt betrete ich den Torweg, wo der Straßenlärm zu einem Rauschen verflacht, und gelange in den ersten Hof: grau. Graue Wände, von denen der Putz flächendeckend abbrökkelt, graue Ziegel freigebend, grauer Beton auf dem Boden, blinde oder zersplitterte Fensterscheiben in allen Schattierungen von Grau bis hin zum Schwarz der leeren Fensterhöhlen.

Das Hinterhaus ist unbewohnt, unbewohnbar und leidet sichtlich darunter. Das Vorderhaus macht von hinten im Gegensatz zur Straßenfront einen extrem vergammelten Eindruck, ist aber, wie auch die Seitenflügel, bewohnt. Offensichtlich leben auch heute keine reichen Leute hier, darauf deuten die vier im Hof geparkten Autos hin: Trabi, Wartburg und zwei kleine Gebrauchtwagen westlicher Herkunft, die eher nach dritter oder vierter, als nach zweiter Hand aussehen.

In altertümlicher Schrift, die merkwürdig mit dem zerfallenden Putz harmoniert, bietet am Seitenflügel eine Färberei ihre Dienste an: Grüne (oder Gründe?) und Lorenz. Färberei. Eine ovale Vignette daneben verspricht heute noch „waschecht, lichtecht, tragecht!". Das muß wohl stimmen, denn die aufgemalte Sonne, die diese Schriftzüge überstrahlt, leuchtet nach wie vor erstaunlich kräftig. Sollte sich die Färberei in der Erinnerung Arnolds in eine Wäscherei verwandelt haben? Von einer solchen ist keine Spur zu entdecken, aber das will nach so vielen Jahren nichts besagen.

Zwei fette Katzen streunen über den Hof, klettern über den Wartburg und verschiedene Müllcontainer und legen den Gedanken an Ratten nah.

Durch den Torweg des heruntergekommenen Hinterhauses müßte ich eigentlich auf den zweiten Hof gelangen, auf den die Fenster der Munterschen Hinterhauswohnung gingen. Doch ich gelange auf eine der für das Ostberlin der neunziger Jahre so typischen Großbaustellen, die den Blick auf die von Arnold beschriebene Fabrik freigibt. Ich verlasse den Ort über einen Seitenausgang für Baufahrzeuge und wende mich nach links in die ungefähre Richtung des Fabrikgebäudes. Und richtig, nach einigen Metern beginnt die hohe Fabrikmauer. Auf den auch hier leicht bröckeligen Putz hat jemand „Stasi unterwandert - Stasi übernommen“ gesprüht. Nach einer erneuten Linkswendung wird das weit aufstehende Werktor sichtbar, das den Blick auf einen der mächtigen, rot-gelb verklinkerten und reichlich verschnörkelten Industriepaläste der Gründerzeit freigibt.

Neben dem Tor verraten drei alte Messing- und ein neues Emailleschild einiges über die alten und neuen Nutzer. Auf Messing heißt es dort: „VEB Möbelwerke Berlin, IV Betriebsteil“; „Institut für Kulturbauten, Produktionsbetrieb“; „Elektroamt“. Auf dem neuen Emailleschild bietet sich ein Werbeunternehmen an.

Jemand hat versucht, die Aufschriften der ersten drei Schilder mit Hilfe eines Nagels oder Taschenmessers zu durchkreuzen.

Die Pförtnerloge scheint verlassen und das nicht erst seit gestern.

Vom Fabrikhof aus kann man auch heute noch in die Fenster einer Hinterhausfront schauen.

Im Vorderhaus betrieb der damalige Hausbesitzer eine Glasversicherung. Tagsüber arbeitete er in seinem Büro und fühlte sich dabei von den Kindern seiner Mieter, die auf dem Hof und in den Treppenhäusern spielten, gestört. Immerhin müssen in Vorderhaus, Quergebäude und Seitenflügeln der beiden Höfe insgesamt dreißig bis vierzig Kinder gewohnt haben, die nun also auf die verkehrsreichen Straßen ausweichen sollten. Und das war in Berlin nicht nur des Verkehrs wegen nicht ganz ungefährlich!

Nach der deutschen Niederlage im ersten Weltkrieg herrschten im zerfallenden Deutschen Reich chaotische Zustände.

Um den zu erwartenden Forderungen nach einer Demokratisierung des Reiches zuvorzukommen, hatte die Oberste Heeresleitung einer Parlamentarisierung der Reichsregierung zugestimmt. Reichskanzler und Reichsregierung sollten in Zukunft vom Parlament gewählt werden. Außerdem wurde mit

Vater Munter inmitten einiger Kinder aus dem Haus, darunter auch seine eigenen. Arnold (barfuß) steht in der hinteren Reihe links neben dem Jungen mit Mütze (um1924)

sofortiger Wirkung das in Preußen noch immer existierende Drei-Klassen-Wahlrecht abgeschafft und dem liberalen Prinzen Max von Baden das Amt des Reichskanzlers angetragen.

Das erste Mal in der deutschen Geschichte war eine solche Entscheidung über die Köpfe der Bürger hinweg jedoch nicht mehr möglich.

Immer mehr der durch das Drei-Klassen-Wahlrecht entmündigten und allzuoft an den Rand des Existenzminimums oder darunter gedrängten Arbeiter, die Anfang des Jahrhunderts immerhin ein Drittel der Bevölkerung ausmachten, hatten sich in den vergangenen Jahrzehnten der Arbeiterbewegung angeschlossen, welche auf der Grundlage der Theorien von Karl Marx und Friedrich Engels die Forderungen nach Existenzsicherung mit politischen Forderungen verband. Die Machtlosigkeit der SPD im deutschen Reichstag und die Zustimmung der Sozialdemokraten im August 1914 zu den Kriegskrediten hatte jedoch zu einem sich ständig erweiternden Riß und zur Radikalisierung innerhalb der Partei geführt.

Der radikale linke Flügel um Rosa Luxemburg und Karl Liebknecht, der bereit war, den von Marx vorhergesagten wirtschaftlichen und sozialen Zusammenbruch nicht abzuwarten, sondern durch Generalstreik und Mobilisierung revolutionärer Massen zu beschleunigen, gründete 1916 die Spartakusgruppe in der SPD. Eine erste organisatorische Abspaltung am linken Flügel war die USPD, die Unabhängige Sozialdemokratische Partei. Am Jahresende 1918 bildete sich aus der Spartakusgruppe und Teilen der USPD die KPD.

In den letzten Oktobertagen des Jahres 1918 meuterten in Kiel Matrosen, die befürchten mußten, als heroisches letztes Aufgebot des Krieges mißbraucht zu werden. Die Unruhen griffen auf andere Städte über, Arbeiter- und Soldatenräte wurden gebildet.

Am 9. November 1918 überschlugen sich dann die Ereignisse. Um 13 Uhr gibt Prinz Max von Baden die Abdankung des Kaisers bekannt, er ernennt den Sozialdemokraten Friedrich Ebert zum Reichskanzler und schlägt die sofortige Ausschreibung für Wahlen zu einer verfassungsgebenden deutschen Nationalversammlung vor.

Um 14 Uhr ruft der Sozialdemokrat Philipp Scheidemann vom Balkon des Reichstages die Republik aus: „Arbeiter und Soldaten! Seid Euch der geschichtlichen Bedeutung dieses Tages bewußt. Unerhörtes ist geschehen. (...) Es lebe das Neue! Es lebe die deutsche Republik!"

Mit dieser überstürzten Handlung, die einen vorläufigen Schlußstrich unter die verwirrenden Perspektiven der vorausgegangenen Tage und Wochen setzt, wollen die Sozialdemokraten den Spartakisten zuvorkommen. Tatsächlich proklamiert knapp zwei Stunden später Liebknecht auf dem Balkon des Berliner Stadtschlosses die „freie sozialistische Republik Deutschland".

In Berlin, wie auch in weiten Teilen der jungen Republik werden die politischen Gegensätze auf der Straße ausgetragen. Massenstreiks, Demonstrationen, Straßenschlachten und Barrikaden, die die entstandenen Räterepubliken verteidigen sollen, prägen das Frühjahr 1919. Das Chaos der Zeit zeigt sich darin, daß die werdende Republik durch die militärische Gewalt ihrer reaktionären Gegner gerettet werden muß. Das grausame Vorgehen des Heeres bricht schließlich nach bürgerkriegsähnlichen Szenen jeglichen Widerstand, die Spartakistenführer Rosa Luxemburg und Karl Liebknecht werden von Freikorpsleuten ermordet. Viele andere müssen in den Unruhen ebenfalls ihr Leben lassen.

Weder ahnte Arnold zu diesem Zeitpunkt, daß er einmal in die Verlegenheit kommen würde, den Ort der Proklamation der sozialistischen deutschen Republik, das Stadtschloß, sprengen lassen zu müssen, noch verstand er irgend etwas von den politischen Vorgängen. Aber die vom Hof vertriebenen Gören wurden natürlich von jedem Unruheherd angezogen, und davon gab es im Berlin der Novemberrevolution, des Aufstandes des Spartakusbundes und der vielen anderen politischen Auseinandersetzungen eine ganze Menge.

Ein Zeitungsfoto zeigt den siebenjährigen Arnold, der begeistert den Bannerträger eines der zahlreichen revolutionären Aufmärsche umspringt. Natürlich ist das Foto schwarzweiß, doch das Rot der Fahne sticht dem Betrachter ungehindert in die Augen. Der Vater wird es in einer Zeitung zu Gesicht bekommen und seinen Sohn für dessen Leichtsinnigkeit verprügeln: „Kannst du dir nicht vorstellen, wie gefährlich das ist?“ Nein, der Junge betrachtete das aufregende Geschehen als das, was es für ihn zu sein schien: ein Abenteuerspielplatz.

Wenn es dann auf der Straße doch zu ungemütlich wurde, gab es auch im eigenen Haus einiges zu sehen. Zum Beispiel wohnten dort im Seitenflügel die Gebrüder Höhne, die „dicksten Männer der Welt“, die sich in vielen Ländern und auf allen Rummelplätzen für gutes Geld bewundern ließen. Der Älteste der drei brachte es immerhin auf fünfeinhalb Zentner!

Wenn auch die Hinterhauskinder umsonst in den Genuß die-

Novemberrevolution in Berlin.
Dieses, mittlerweile in jedem Geschichtsbuch abgedruckte Foto wird Arnold eine Tracht Prügel einbringen. Noch marschiert er stolz, auf dem Bild links vom Fahnenträger

ser Vorstellung kamen, ein rechtes Vergnügen konnten sie daran nicht finden. Allzuhäufig knurrte der eigene Magen, als daß man sich über solch vollgefressene Typen ungetrübt hätte freuen können. Arnold Munter kann sich noch heute über die Ungerechtigkeit ereifern, daß diese Essenskünstler mit ihrer fragwürdigen „Kunst" viel Geld verdienten, während sie selber als kleine Hungerkünstler das doppelte Nachsehen hatten: weder Essen noch eine Einnahmequelle.

Tatsache ist, daß die Novemberrevolution die Situation der Arbeiter kaum verbessert hatte. Die Struktur der deutschen Wirtschaft war, mit einigen Ausnahmen im Bergwerksbereich, praktisch nicht verändert worden.

Die allgemein sehr schlechte wirtschaftliche Lage der Nachkriegszeit traf die Arbeiter daher besonders hart. Die galoppierende Inflation der Jahre 1922 und 1923, hervorgerufen durch die im Versailler Vertrag festgelegte Herauslösung wichtiger Industriegebiete aus dem deutschen Reich, die völlig überhöhten Reparationsforderungen und eine sechsundzwanzigprozentige Exportabgabe für deutsche Waren, machten ihre Löhne praktisch wertlos. Niemand verkauft gutes Brot für schmuddeliges Papier, sondern man tauscht es lieber auf dem Schwarzmarkt gegen Sachwerte ein, Werte, die ein Großteil der Bevölkerung nicht bieten konnte. Meldungen, wonach ein Familienvater seine Kinder lieber umgebracht habe, statt sie dem langsamen Hungertod zu überlassen, konnte man täglich in der Zeitung lesen.

Im nachhinein erscheint die Inflation mit ihren aberwitzigen Summen, den Geldscheinen, auf denen die Nullen einfach zu den bereits vorhandenen dazugestempelt wurden und dem waschkörbeweise ausgezahlten Lohn unwirklich, fast komisch. Aber für die Lohnabhängigen, die ihre Familien von dem inflationären Geld ernähren sollten, war der Billionenspuk eine Qual. Und schlimmer noch für die Erwerbslosen.

Die Situation besserte sich nach der Einführung der Rentenmark im Oktober 1923 für die Arbeiter, die einen Arbeitsplatz hatten, für Erwerbslose blieb sie katastrophal.

Wir waren sechs Kinder, die ihr tägliches Brot verlangten, wenn es auch noch so karg war, nur mit Erwerbslosen-Margarine, das Pfund zu sechsunddreißig Pfennige, beschmiert, aber Brot verlangten die hungrigen Mägen. An der Straßenfront des Vorderhauses befand sich eine Bäckerei, die Backstube war im Seitenflügel und zog sich bis in das Quergebäude durch.

Mutti konnte nicht so viel Gebäck kaufen, wie wir Kinder das gerne gehabt hätten, aber der Bäckermeister hatte ein Herz für uns kleine Leckermäuler. Für einen Groschen verkaufte er uns eine große Tüte voll mit Bruchstücken und anderen genießbaren Abfällen. Da haben wir uns manchmal sattessen können.

Aber eben nur manchmal. Der Vater, der in seinem Beruf als Hutmacher schon lange keine Stelle mehr finden konnte, arbeitete, wo immer ihm die Möglichkeit geboten wurde.

Ich weiß, daß Vati mal draußen bei Siemens war, Siemens und Halske, in der Kupferverarbeitung, aber ich weiß nicht genau, was er dort gemacht hat, dazu war ich zu klein und hab' nie so gefragt. Er hatte eine ganze Weile später, nachdem er mal wieder lange Zeit erwerbslos gewesen war, einen kleinen Handelswagen, an dem ich noch mitgebaut habe. Mit diesem Wagen, der sogar ein kleines Dach hatte, stand er an der Schönhauser Allee und hat mit Blumen gehandelt. Dicht vor seinem Verkaufsstand befand sich das Café England, und die haben fast jeden Tag frische Blumen bei ihm gekauft.

Vater hat auch verschiedene andere Arbeiten gemacht, was es eben gab, bei Umzügen geholfen und so weiter, er war auch einer der ersten Filmerklärer und gab im ältesten, 1899 gegründeten Lichtspieltheater Berlins an der Münzstraße Erläuterungen zu den Stummfilmen. Aber im ganzen gesehen war er sehr oft erwerbslos. Gerade in unserem Bezirk, in Mitte, wie auch in Prenzlauer Berg und anderen Altberliner Bezirken, war die Erwerbslosigkeit ja außerordentlich stark.

Die staatliche Arbeitslosenversicherung wurde erst im Jahr 1927 eingeführt. Vorher war die Familie auf die Bedürftigkeitsfürsorge angewiesen, von der sie mal mehr, mal weniger Geld erhielt, jedoch nie genug, um auch nur sicher die Miete zahlen oder ausreichend Brot kaufen zu können. Zudem erlosch die Berechtigung beim Bekanntwerden des geringsten nicht angemeldeten Nebenverdienstes, Teppichklopfen für zwei Mark zum Beispiel, ersatzlos. Beides änderte sich mit dem Übergang von Fürsorge zu Arbeitslosenversicherung kaum.

Die Mutter, die einen Haushalt mit sechs Kindern zu versorgen hatte, ging zusätzlich zu fremden Leuten Wäsche waschen.

Selbst bei meiner Tante, die ein Stückchen weiter wohnte, und deren Mann Bankbeamter war, hat Mutti auch arbeiten und waschen dürfen und hat abends nicht mehr gekriegt als bei allen anderen: ein paar Mark für den ganzen Tag Wäsche waschen. Dabei kamen sich viele Bürger sehr sozial vor, wenn sie Mutter ein paar abgelegte Sachen schenkten, aus denen sie für uns Kinder noch etwas zurechtschneidern konnte. Daß sie hierfür oft die Nachtstunden nutzte, dürfte klar sein, denn am Tag hatte sie genug mit der eigenen und der Wirtschaft anderer zu tun. Nebenbei wirkte sich das auch für mich sehr unangenehm in der Schule aus, denn ich habe, wenn Mutti waschen ging, immer den Auftrag gehabt, mich um die kleinen Nesthäkchen, die also noch mit dem Kinderwagen gefahren werden mußten, zu kümmern. Ich als kleiner Bengel, der ja nun auch noch nicht viel wußte und machen konnte, aber ich mußte es eben machen, damit Mutti arbeiten gehen konnte. Trotzdem haben wir viel hungern müssen.

Dabei ist das Essen nur eins der existenziellen Probleme vieler Arbeiterfamilien, das Dach über dem Kopf ist ein anderes.

„Man kann einen Menschen mit der Wohnung genauso erschlagen wie mit der Axt“, hat Heinrich Zille, der das Leben in den Berliner Armutsvierteln für seine Zeichnungen studiert hatte, gesagt. Eine offizielle Berliner Statistik der Zeit nennt eine Wohnung dann übervölkert, wenn sechs Personen und mehr in einem und elf Personen und mehr in zwei Zimmern hausen. 30 000 solcher Massenquartiere zählte man damals in der Hauptstadt.

Trotz aller Bemühungen geriet auch die Familie Munter immer wieder in Mietrückstand. Oft genug hatte der Hauswirt daher mit „Exmission“ gedroht. Als sie die monatliche Miete von siebenundvierzig Mark für ihre Zwei-Zimmer-Wohnung wieder einmal nicht aufbringen können, werden sie auf die Straße gesetzt. Die Polizei kommt und trägt die paar Möbelstücke und Betten, nicht mal ein Bett pro Person, hinterher. -

Die anderen Mieter halfen uns, die Sachen wieder raufzutragen, und wir haben dann eins der beiden Zimmer untervermietet, so daß wir zu acht in einem Zimmer wohnen mußten. In das andere zog das Ehepaar Gross mit seinem Kind. Das waren praktizierende Juden. Der Mann kam nach kurzer Zeit auf den Gedanken, bei uns einen koscheren Mittagstisch für die ganze Gegend einzurichten. Mutter hat nur gesagt: „Du bist ja verrückt, ich habe doch keine Ahnung vom koscher Kochen", Mutter war ja evangelisch und Vater auch kein gesetzestreuer Jude oder besonders religiös. Der Gross erwiderte: „Hörste, de Eva, se wird machen!" Eva war seine Frau, die beherrschte das Koschere.

Und es kam wirklich soweit: Frühmorgens mußten sie sehr zeitig aufstehen, dann wurden die paar Möbel schnell in das kleinere Zimmer reingestellt, in das große kamen Tische und Stühle, von überall zusammengeborgt. Und dann haben die beiden gekocht, koscher, es wurde kontrolliert vom Rabbiner, der in Abständen kam und guckte, ob alles korrekt war. Es gab bei uns einen schönen Betrieb. Gross hatte natürlich im ganzen Scheunenviertel Reklame gemacht, also Grenadierstraße, Dragonerstraße, überall, und so kamen sehr viele Leute zum Mittagessen und wir haben uns ganz gut über Wasser halten können. Es gab da sehr schöne Szenen dabei, die ich nicht vergessen werde, und was ich noch betonen muß: Wir selber haben auch was zu essen gekriegt, endlich mal satt zu essen.

Ich erinnere mich noch an eine niedliche Szene: Der Müllkasten war damals immer ziemlich voll und schwer und darüber haben die Müllkutscher mächtig geschimpft: „Verfluchter Mist, wir stemmen uns hier kaputt, was bildet ihr euch ein?" und so weiter. Papa hat dann gesagt: „Ach was, quatscht mal nicht, kommt rauf, da kriegt ihr was anständiges zu Futtern." Na ja, sie sind raufgekommen, haben was zu essen gekriegt und am Schluß hat Vater gefragt: „Wollt ihr 'n Schnaps trinken?" - „Ah, ja, einen Schnaps können wir schon vertragen." Die polnischen Juden, die dabei waren, die tranken ja fast reinen Sprit, sechsundneunziger. Aber Vater hat den Müllkutschern nicht gesagt, daß er ihnen Sechsundneunziger gibt. Sie haben angesetzt, hinuntergekippt - und noch Minuten später augenrollend nach Luft geschnappt.

Die Mutter, von der übrigens niemand wissen durfte, daß sie, die Mitbetreiberin des koscheren Mittagstisches, evangelisch war, brachte eines Mittags, während im vorderen Zimmer die Kunden versammelt waren und speisten, im Hinterzimmer ihr sechstes Kind zur Welt. Kaum abgenabelt und gewaschen, wurde das Mädchen im Gästezimmer umhergereicht und bestaunt, während die Mutter sich schon wieder über den Abwasch hermachte.

Doch trotz aller Anstrengungen konnte sich der koschere Mittagsbetrieb in der allgemein schlechten wirtschaftlichen Lage nicht lange halten, zu arm waren Kunden und Betreiber. Damit hörte auch die eine sichere und gute Mahlzeit pro Tag wieder auf, Kartoffeln und Brot beherrschten den Speiseplan - wenn überhaupt.

Neben diesen alltäglichen Sorgen und Nöten lief für Arnold die Schule mehr oder weniger nebenher. Der Junge ging zwar gerne dorthin, aber allzuoft mußte er eben auf seine Geschwister aufpassen, verpaßte einiges, kam auch nicht zu den Hausaufgaben. Die Schulspeisung konnten die Eltern nicht bezahlen, die eine Stulle, die die Mutter den Kindern morgens mitgab, wurde meistens schon auf dem Schulweg verschlungen, spätestens die zweite Stunde begann in der Regel mit Magenknurren.

So erinnert Arnold sich auch nur an wenige Episoden aus seiner Schulzeit: An einen Lehrer, einen reaktionären, deutschnationalen Sportlehrer, der in der Turnhalle zu schreien pflegte: „Der Größe nach in einer Reihe angetreten, marsch, marsch! Die beiden Juden nicht!", zum Beispiel. Das muß Mitte der zwanziger Jahre gewesen sein, Arnold und sein jüdischer Mitschüler waren um die vierzehn und beide groß und kräftig. Irgendwann hat es ihnen gereicht, und sie haben den Sportlehrer ganz schön in die Mangel genommen, erstaunlicherweise ohne Eingreifen der nichtjüdischen Mitschüler und ohne weitere Folgen.

Übrigens war es untypisch, daß überhaupt nur zwei jüdische Schüler in der Klasse waren, im Schuldurchschnitt sah das erheblich anders aus. Immerhin wurde wahlweise evangelischer oder jüdischer Religionsunterricht angeboten. Die Geschwister Munter nahmen an keinem von beiden teil.

Schon früh unterstützte Arnold die Eltern nicht mehr nur dadurch, daß er das Aufpassen auf die kleineren Geschwister übernahm. Er hatte schnell Möglichkeiten gefunden, die kärgliche Haushaltskasse zu entlasten.

Da waren zum Beispiel die Zentralmarkthallen an der ehemaligen Kaiser-Wilhelm-Straße. Dorthin kamen sowohl die Markthändler mit ihren Fahrzeugen, meist noch kleinen Pferdefuhrwerken, holten Ware und fuhren in die einzelnen Stadtteile zum Verkaufen. Es gab aber auch große Handelswagen, die an einzelne Kunden verkauften. Wenn diese verderbliche Ware hatten, etwa Süßkirschen, und sie über den Tag nicht losgeworden waren, dann kam es schon mal vor, daß sie die restlichen, bereits leicht matschigen Kirschen am Rinnstein ausschütteten. Auf diese Gelegenheit warteten Arnold und viel zu viele andere Kinder schon seit dem späten Nachmittag. Schnell wurde aussortiert, was noch eßbar war und nach Hause gebracht.

Eine andere Gelegenheit etwas Eßbares zu ergattern ergab sich, wenn zu dem Fischhändler, dessen Heringstonnen im Keller lagerten, Kunden kamen. Dieser Händler hatte nämlich seine ganz eigene Methode, um den Preis für die zu verkaufende Ware festzulegen. Aus jeder geöffneten Tonne angelte er einen Hering heraus, wischte ihn am Ärmel ab, biß herzhaft hinein und bestimmte so Sorte und Verkaufspreis. Den angebissenen Hering ließ er auf den Boden fallen - im wahrsten Sinne ein gefundenes Fressen für die Hinterhauskinder.

In der heutigen Karl-Liebknecht-Straße waren riesige Lagerkeller für Bananen. Die wurden in ganzen Stauden in Bretterkisten, die wie kleine Käfige aussahen, angeliefert. Hier wurden nur noch die Deckelbretter von den Käfigen gerissen, die Stauden herausgehoben und in den Keller gebracht. Da bin ich mal so 'n paar Stunden drumherumgeschlichen und habe dann die Arbeiter gefragt, ob ich nicht helfen kann, die Kisten aufzureißen. Das habe ich auch gemacht, und die abgerissenen Bretter durfte ich als Lohn behalten, stapelte sie schön neben dem Lastwagen, um sie am Abend mit nach Hause zu nehmen. Die Arbeiter waren sehr nett zu mir. Wenn schon mal andere Kinder oder sogar Erwachsene kamen und versuchten, von den Brettern welche wegzuholen, dann verteidigten die Arbeiter meine Bretter und riefen: „Laßt die Finger davon, die gehören dem Arnold, der hat dafür gearbeitet." Ab und zu bekam ich auch eine gequetschte oder überreife Banane, die brachte ich ebenfalls mit nach Hause, und so hatten wir Brennholz und manchmal auch etwas zu naschen.

Später, da dürfte ich aber schon so dreizehn oder vierzehn gewesen sein, habe ich mein erstes Geld verdient. Vis-à-vis von unserem Wohnhaus, in den Gebäuden, die heute nicht mehr stehen, befand sich eine Spirituskneipe, wo die sogenannten Spirituspenner sich ihren Sprit holten. In den kippten sie sich noch etwas Wasser oder Fruchtsaft rein, denn das war sonst fast reiner Alkohol, tranken das Gemisch noch vor der Kneipe aus, kamen dann in unseren Torweg und stiegen auf die Dachböden, um ihren Rausch auszuschlafen.

Neben der Spirituskneipe befand sich ein größerer Laden, Engros-Handel für Schokoladen, Lebkuchen und andere Süßwaren, das war die Lehmann- und Pelter-Compagnie. Die haben mir angeboten, für sie liefern zu fahren. Das habe ich natürlich gemacht, bin mit dem schweren, gefüllten Rucksack zu den einzelnen Handelseinrichtungen gefahren und mußte sogar kassieren, sie hatten Vertrauen zu mir. Ich hätte ja mit dem Geld abhauen können, es war für die damaligen Verhältnisse nicht wenig.

Wenn nichts zu liefern war, mußte ich im Laden stehen, wenn Kunden kamen, es wurden nämlich auch Einzelkunden bedient. Später habe ich dann mal erfahren, daß sich die Ladeninhaber durch die große Tuchwand, mit der dieser Laden unterteilt war, ein kleines Loch durchgebohrt und beobachtet hatten, wie ich an die Kasse ranging und ob ich naschte, und dann haben sie mal zu meinem Vater gesagt: „Wir haben den Jungen sehr oft kontrolliert, der ist sehr brav, sehr ehrlich." Na, darüber hab ich mich gefreut. Wenn Schokoladentafeln zerbrochen waren, also nicht mehr zu verkaufen, kriegte ich sie geschenkt. Das kam zwar nicht oft vor, aber es war doch so, daß meine Geschwister ab und zu zu naschen hatten und Mutter auch glücklich war, denn Schokolade hat schließlich satt gemacht.

Und ich weiß noch, daß diese Einrichtung auch pleite machte, obwohl sie - nebenbei gesagt - den Sportpalast, also den Verkaufsstand dort belieferte. Es kam der Gerichtsvollzieher, hat überall seinen Kuckuck drangeklebt, dabei aber ein paar Kisten übersehen. Da haben die Besitzer zu mir gesagt: „Sag mal Vatern, er soll von der Linienstraße hinten auf den Hof raufkommen, da könnt ihr euch 'ne Kiste Honigkuchen abholen, die nicht verklebt ist." Das haben wir gemacht, haben ganz schön Kuchen nach Hause geschleppt und hatten wieder eine Weile zu essen.

Arnolds jüngste Schwester erzählt, daß sie als kleines Mädchen immer geschickt wurde, um bei den „Eierjuden" Knickeier zu kaufen. Das waren galizische Juden, die gleich unten am Bülowplatz saßen und ausschließlich Eier verkauften. Wenn das drei- oder vierjährige Mädchen mit der Milchkanne kam und mit einem Knicks um Knickeier für einen Groschen bat, kam es schon mal vor, daß die „Eierjuden" erst vorsichtig zu ihren Ehefrauen hinüberschielten und dann schnell ein paar Knickeier, also Eier mit eingedellter Schale produzierten, die sie dem Kind billiger verkaufen konnten.

Als Fünfjährige ging Anna, die immer sehr genau aufgepaßt

hatte, wenn sie ihre Mutter beim Einkaufen begleiten durfte, in das Milchgeschäft, bestellte ein Viertelpfund „Käse mit den großen Löchern“ und verkündete, daß Mutti bezahlen kommen werde. Auf der Straße aß sie den Käse auf. Als die Mutter das nächste Mal im Milchgeschäft einholen ging, erinnerte der Besitzer sie an die noch ausstehende Schuld. Die Mutter war völlig schockiert und bat um Zahlungsaufschub, bis die nächste Unterstützung fällig sein würde. Zu dem Termin bezahlte sie dann auch. Ihrer Tochter ist mehr als die mächtige Schelte der Mutter in Erinnerung, daß diese sich das Geld zum Stopfen der unerwarteten Haushaltslücke buchstäblich vom Munde abgespart hat.

Wenig später wurde die Mutter mit allen Kindern zu einer Tante eingeladen. Als sie nach dem Klingeln vor der Tür warten, können sie hören, wie jemand drinnen stöhnt: „Da kommt Frau Munter mit den verfressenen Gören.“ Die Mutter kann den Kindern gerade noch zuzischen, ja nichts anzurühren. Mit knurrendem Magen sitzen die Kinder vor dem Kuchen und lehnen jede Aufforderung, zuzugreifen, ab: „Danke, wir haben uns zu Hause sattgegessen.“

Als Arnolds kleine Schwester Elli vier Jahre alt ist, muß die Mutter einen rätselhaften Ausfluß bei ihr feststellen. Besorgt geht sie mit dem Mädchen zum Arzt, der eindeutig einen Tripper, eine ausschließlich durch Geschlechtsverkehr übertragbare Krankheit diagnostiziert. In ihrer ungläubigen Empörung gibt Frau Munter dem Arzt den wenig freundlichen aber verständlichen Rat, sich mal auf seinen Geisteszustand hin untersuchen zu lassen. Die Unruhe ist aber geweckt und veranlaßt sie, einen zweiten Arzt aufzusuchen. Dieser muß die Diagnose seines Kollegen bestätigen: Das vierjährige Mädchen leidet tatsächlich an der besagten Geschlechtskrankheit. Die Mutter, vor Sorge und Wut ganz außer sich, schaltet die Polizei ein.

In gemeinsamen Gesprächen von meiner Mutter und den Kriminalpolizisten mit der kleinen Elli wurde nachgeforscht, wer sie wo angesteckt haben könnte. Es kam heraus, daß die Kleine von einem Mann in dessen Wohnwagen gelockt worden war. Den Rest konnte man sich ja denken. Fast direkt gegenüber von unserem Haus, neben der Volksbühne, wo sich heute ein großer Parkplatz befindet, war damals ein Lagerplatz für Lebensmittelkisten, durch hohe Bretterzäune gesichert, der in der Mitte von der Koblanckstraße geteilt wurde. An dieser Straße standen häufig vereinzelte Wohnwagen von Zirkussen oder Obdachlosen. Auch Stadtstreicher und Gammler saßen mit Vorliebe im Windschutz der Bretterwände.

Die Polizisten stellten den Besitzer des fraglichen Wohnwagens fest und erfuhren dabei, daß er sich gerade in der Mulackritze aufhielt, einem typischen Treffpunkt von Luden, also Zuhältern und Kriminellen. Als die zwei Polizeibeamten ausrückten, um den Kerl festzunehmen, ging mein Vater mit. Kurz vor dem Lokal fand er ein Hufeisen auf der Straße, packte es und lief damit den Polizisten voraus; ich glaube, die haben ihm ganz bewußt den Vorsprung gelassen. In der Kneipe hat er dem Kerl mit dem Hufeisen das Gesicht zerhauen und ihm sogar ein Auge ausgeschlagen. Logischerweise kam es dazu, daß die anderen Luden ihren Kumpel verteidigen wollten und über meinen Vater herfielen, aber in dem Moment stürmten die beiden Polizisten mit gezogenen Pistolen das Lokal und trieben sie auseinander.

Der Kerl wurde also verhaftet und abgeführt und blieb bis zur Gerichtsverhandlung im Gefängnis. Der Prozeß wurde dann eingestellt, weil ein vierjähriges Kind nach dem damaligen Recht keine glaubwürdige Zeugin und nicht aussageberechtigt war. Somit waren die Schläge meines Vaters die einzige Strafe, die der Dreckskerl gekriegt hat.

Mitte 1926, kurz nach diesem Verbrechen, schloß der vierzehnjährige Arnold die achtklassige 9. Gemeindeschule in der Hirtenstraße ab.

Der Anteil der Arbeiterkinder, denen ihre Familie den Besuch einer weiterführenden Schule finanziell ermöglichen konnte, war verschwindend gering. Natürlich gehörte Arnold nicht zu ihnen.

Mit einem Arbeitsplatz oder gar einer Lehrstelle sah es für Schulentlassene zu diesem Zeitpunkt ganz trübe aus. Gerade im Winter 1925/26 war die Zahl der Arbeitslosen sprunghaft auf zwei Millionen gestiegen, um nach einer etwas günstigeren Konjunktur im Jahre 1927 dem Höchststand von sechs Millionen im Winter 1931/32 zuzustreben. Dieser Höchststand wurde im darauffolgenden Winter noch einmal nahezu erreicht, bevor mit dem Abflauen der Weltwirtschaftskrise auch die Arbeitslosenzahlen zu sinken begannen.

In Berlin war keine Arbeit zu finden. Arnold entsann sich einer pommerschen Bauernfamilie, bei der er einmal die Schulferien verbracht hatte. Viele Kinder armer Eltern wurden von staatlichen Organisationen aus der Stadt aufs Land verschickt, um dort einmal richtig hochgepäppelt zu werden.

Arnold verdingte sich in Pommern als Hütejunge, wie ein verblichenes, in altdeutscher Schrift abgefaßtes Arbeitszeugnis belegt:

„Der Hüter Arnold Munter war seit dem 10. April bis heute bei mir beschäftigt und hat auch bei landwirtschaftlichen Arbeiten geholfen. Derselbe war stets ehrlich und willig und kann ihn jederzeit empfehlen. Sein Austritt erfolgte auf seinen Wunsch. Wilhelm Zitzke, am 30. Oktober 1927, Ball in Pommern."

Das Stadtkind erinnert sich nur noch verschwommen an dieses ländliche Zwischenspiel. Bald betrat Arnold wieder das harte, aber vertraute und geliebte Großstadtpflaster.

Um dort überhaupt etwas Geld verdienen und zu seinem Lebensunterhalt und dem der Familie etwas beitragen zu können, war der Junge darauf angewiesen, als „Bimmeljunge" durch Berlin zu ziehen. Kräftig die Glocke schwingend, zog er durch die Höfe der Berliner Mietskasernen und rief „Brennholz für Kartoffelschalen" aus. Das war ein Nebenerwerb der Berliner Kutscher, die von ihren Fahrten über den Stadtrand von Berlin hinaus Brennholz mitbrachten, um es bei den Hausfrauen gegen Kartoffelschalen einzutauschen, die sie wiederum an Kuhställe verkauften. Die zehn Mark pro Woche, die der Junge dafür erhielt, sind ein allzu karger, aber immerhin erster regelmäßiger Verdienst.

Über Bekannte knüpfte er dann Kontakte zu einem Malerbetrieb, in dem er 1928 tatsächlich als Lehrling eingestellt wird.

Der Malermeester war sehr pingelig. Aber das war nicht so schlimm, wir haben darauf geachtet, ordentlich zu arbeiten. Schlimmer war, er war ungerecht. Einmal hatten wir in der Ackerstraße die Treppenaufgänge von einem Haus mit zehn Hinterhöfen zu renovieren, das gehörte alles einem Mann. Ich mußte mitmachen, kriegte genau wie die Gesellen ein Treppenhaus zugewiesen, soweit war ich schon, aber gleichzeitig wurde ich noch als Lehrling betrachtet: Wenn die Gesellen Farbe brauchten, dann brüllten sie: „Piepel, bring Farbe!" aus dem Fenster. Dann mußte ich raufrennen, die Büchse abholen, runter auf den Hof zur Tonne, anfüllen und wieder hochbringen. Dabei blieb ich natürlich zurück mit meiner Arbeit, und als abends der Meister kam, hat er getobt, mich faulen Hund geschimpft und weiter in der Art. Ich war aber nach der Hetze an dem Tag so gereizt, daß ich ihm einen Kübel Farbe über den Kopf gehauen habe, da war natürlich aus, ich wurde sofort entlassen.

Etwas später habe ich einen Rohrleger kennengelernt, der sagte, es sei möglich bei der Firma Mandelik in der Breslauer Straße anzufangen, es sei etwas frei. Mandelik war ein Bürger aus der Tschechoslowakei, der besaß in Berlin sechsundvierzig Häuser, Mietshäuser, und hatte dort in der Breslauer Straße eigene Werkstätten eingerichtet, in denen er selber Handwerker, Rohrleger, Bauklempner und Dachdecker beschäftigte und ausbildete. Dort habe ich angefangen und habe Rohrleger und Bauklempner gelernt.

Nachdem ich einige Wochen dort war, haben die Kollegen gesagt: „Na, wie ist es mit dem Einstand?" Wir sind also in eine Kneipe gegangen und ich muß noch dazu sagen, daß ich fast nie was getrunken habe. Bei uns zu Hause wurde schon mal ganz gerne einer getrunken und auch geraucht, aber mir hat das nie geschmeckt, bis heute nicht, und vor allen Dingen hatte ich nie Lust, dafür Geld auszugeben. Ich versuchte also, mit Malzbier davonzukommen, während die anderen Schnaps und ähnliches tranken. Was ich aber nicht wissen konnte: die Kollegen hatten dem Wirt eingeflüstert, in mein Malzbier immer einen Kognak mit reinzukippen. Oh, ist mir da schlecht geworden ... Immerhin waren sie so vernünftig, die Kette von meinem Fahrrad abzumachen, damit ich es nach Hause schieben mußte, das wäre sonst zu gefährlich gewesen. Und ich erinnere mich noch, daß ich zu Hause ankam und zu meiner Mutter sagte: „Mutti, koch Kaffee, das Fahrrad ist betrunken." Den kochenden Kaffee habe ich dann über das Fahrrad gegossen, bin ins Bett gegangen und habe mich ausgeschlafen.

Mandeliks sechsundvierzig Häuser lagen verteilt in ganz Berlin. Da der Anfahrtsweg daher jedesmal von neuem weit und teuer war, wenn die Handwerker losgeschickt wurden, um notwendige Reparaturen zu erledigen, tüftelte Mandelik mit dem Werkstattmeister eine Taktik aus, um diesen Unkostenfaktor möglichst gering zu halten. Jeder Beschäftigte mußte sich zumindest Grundkenntnisse in anderen Handwerksbereichen aneignen, so daß, wenn irgendwo ein Rohrbruch beseitigt wurde, andere Mängel, wie zum Beispiel defekte Schlösser und undichte Dächer, gleich mitbehoben werden konnten.

Zu dem Zeitpunkt kann Arnold Munter nicht ahnen, daß diese umfassenden handwerklichen Fähigkeiten später maßgeblich dazu beitragen werden, ihm das Leben zu retten.

Als ich die ersten Gelder überhaupt verdiente, ich kannte ja das Elend zu Hause, bei uns gab's kaum mehr als die Betten, wobei immer schon zweie in einem schlafen mußten, da habe ich eine Liege auf Abzahlung gekauft und mit dem Händler ausgemacht, daß sie die Liege an Mutters Geburtstag frühmorgens bei uns abgeben. Die Lieferburschen kamen dann an, haben geklingelt: „Sollen wir hier abliefern." Mutter sagte nur: „So'n Wahnsinn, das kann nicht stimmen, ich hab nichts bestellt und mein Mann auch nicht, wir haben überhaupt kein Geld dafür." Na, da haben sie den Lieferschein rausgezogen, auf dem stand Arnold Munter. Mutti muß völlig fassungslos gesagt haben: „Was, Arnold, mein Junge?" Das konnte sie gar nicht fassen. Sie hat sich so gefreut! Es war das erste Mal überhaupt, daß sie ein solches Möbelstück in der Wohnung hatte.

Was ich dann auch mal gemacht habe, um ihr und mir eine große Freude zu bereiten, ich liebte ja von jeher Musik, war ein Grammophon, ein gebrauchtes natürlich, noch aufzuziehen und mit Feder. Die erste Platte war klassische Musik, dadurch habe ich mich damit vertraut gemacht. Konzerte besuchen konnten wir ja nicht, unser einziges musikalisches Vergnügen war der Leierkastenmann auf dem Hof. Wenn der kam, dann sind wir immer mehrere Höfe nachgelaufen, um die Musik möglichst lange zu hören.

Einmal habe ich Stoff gekauft, der nicht so teuer war, rotgeblümt, aus dem hat Mutti für die beiden jüngeren Mädchen Kleider genäht, die dritte, Gisela, war bei einer kinderlosen Tante in Stettin, dort wuchs sie mehr oder weniger auf. Über die Kleider waren die beiden so froh, das war für mich das schönste Gefühl.

1928 trat Arnold, um den Vorwurf seines Vaters, er sei feige und ein Muttersöhnchen, zu widerlegen, dem Boxerverein bei, dem sein jüngerer Bruder bereits angehörte. Bald wurde er Trainer und sogar Berlin-Brandenburgischer Kreisboxwart des Arbeiter-Athleten-Bundes, dem sein Club angehörte.

Trotz dieser Erfolge erzählt er mit deutlich mehr Begeisterung von den Aktivitäten der SAJ, der Sozialistischen Arbeiter-Jugend, der er ebenfalls mit sechzehn Jahren beitrat. -

Dabei blieb die SAJ bei ihren Unternehmungen gar nicht so für sich, da schlossen sich auch andere an, Mitglieder der Kommunistischen Jugend, selbst Deutschnationale waren manchmal dabei. Das bot sich einfach so an, wenn mehrere Häuser in einer Straße standen und die Jugendlichen sich untereinander kannten. Meist wanderten wir raus, später fuhren wir auch mit Rädern, die auf Abstottern gekauft waren, ins märkische Gebiet. Vorher war die Zeit für eine Pause abgesprochen worden, in der dann eine halbe oder eine Stunde politisch diskutiert wurde. Wenn es danach weiter ging, durfte niemand mehr über politische Fragen sprechen.

Wir haben uns viel mit Pflanzenkunde beschäftigt oder sind auf Fontanes Spuren gewandert und haben all die Städtchen angeschaut, die es da so gab. Bettina von Arnim, beziehungsweise ihre Gedichte spielten eine Rolle; manchmal haben wir uns sogar Kirchen angesehen oder andere historisch interessante Stätten, soweit sie nichts gekostet haben. Ich hatte ja schon immer eine große Liebe zur Kultur, so daß ich auch sehr bald Mitglied der Büchergilde wurde, für uns damals eine der wenigen Möglichkeiten, gute erschwingliche Bücher zu bekommen. Viele von den anderen machten das auch so, und was wir da lesen konnten, bereicherte unsere Ausflüge und Gespräche sehr.

Welche politischen Themen besprochen wurden? Na, zunächst wurde logischerweise erst einmal über Marx diskutiert, aber auch über die Deutschnationalen und dann in zunehmendem Maße darüber, was die Nazis wollen, zum Beispiel, daß sie Krieg bringen würden. Es hat ja Leute gegeben, nicht bei uns allerdings, die haben das nicht geglaubt, die haben Hitlers Versprechungen ernstgenommen, daß er Arbeitsplätze und Frieden bringen will. Darüber haben wir sehr viel diskutiert.

Natürlich haben wir auch über Magnus Hirschfeld gesprochen, also Sexualprobleme, die auch uns berührten. Auch haben wir versucht, eine gesunde Lebensweise zu führen, uns etwas Gesundes zum Essen mitzubringen, Gaststätte konnten

Auf Radtour in der Mark Brandenburg

wir uns ja nicht leisten. Nein, obwohl die SAJ von der SPD ausging, war das kein in erster Linie politischer Verein, so wie die Jugendorganisationen der Parteien heute, sondern einer der vielen Jugendbünde, die es gab und zwar der, in den man eben als Arbeiterkind ging.

Im September 1932 löst der tschechische Jude Mandelik seine Besitztümer in Berlin auf und verläßt Deutschland in weiser Voraussicht. In seinem Arbeitszeugnis bestätigt er, daß der Helfer Arnold Munter bei Rohrleger- und Klempnerarbeiten alle Arbeiten willig und zu seiner vollen Zufriedenheit durchgeführt habe, so daß er ihn zu jeder Zeit weiterempfehlen könne, und daß die Entlassung wegen Auflösung der Werkstatt erfolgt sei.

Trotzdem fand Arnold lange keinen neuen, festen Arbeitsplatz. In der katastrophalen wirtschaftlichen Situation wurden Gesellen nur eingestellt, wenn es einen speziellen Auftrag zu erledigen gab und nach dessen Beendigung sofort wieder entlassen, so auch beim Klempnermeister Abraham in der Rykestraße, bei dem Arnold von Zeit zu Zeit beschäftigt war.

Wenn überhaupt keine Arbeit zu bekommen war, führte der vielseitige Handwerker kleinere Reparaturen für Bekannte durch, legte neue Platten in durchgebrannte Bügeleisen, reparierte Türschlösser, zuletzt war er im ganzen Haus das Mädchen für alles. Häufig kamen Leute, die dringend die Hilfe eines Fachmannes benötigten, die Rechnung eines niedergelassenen Handwerkers jedoch nicht bezahlen konnten. Auch ihm konnten sie nur winzige Beträge anbieten.

Als ich erwerbslos war, mußte ich regelmäßig stempeln gehen, es gab da einen Berechtigungsausweis, der jedesmal abgestempelt wurde, die sogenannte Stempelkarte, meine liegt übrigens noch im Museum für Deutsche Geschichte im Zeughaus unter den Linden.

Ich habe mich natürlich auch bemüht um Arbeit, ich habe gerne gearbeitet, ich hätte zu gerne gearbeitet. Ich bekam acht Mark vierzig in der Woche Unterstützung. Mein Bruder Erik, also der ein Jahr jüngere, hatte damals als einziger in der Familie das Glück, im Königlichen Kaufhaus Gerson als Hausdiener Arbeit zu bekommen - er hat immer erzählt wie er dort die Modeköniginnen kennengelernt hat -, ja, und die Erwerbslosenunterstützung lief im Schnitt nur ein halbes Jahr, danach mußte man den Antrag stellen auf Wohlfahrtsunterstützung. Das habe ich natürlich auch gemacht, und dann kam nach geraumer Zeit die Antwort: Da mein Bruder im Königlichen Kaufhaus arbeite und Geld verdiene, würde ich abgelehnt. Ich kriegte also nicht mal einen Pfennig Unterstützung.

„Da war der Grundstein für mein späteres marxistisches Handeln gelegt."

(1923-1933)

1923, ich war elf Jahre alt, waren wir wieder einmal vom Hof vertrieben worden und mußten auf der Straße spielen. Plötzlich kam aus der Richtung Schönhauser Tor ein Mann gerannt, der im Gesicht stark blutete. Eine ganze Meute hing an seinen Fersen und versuchte, weiter auf ihn einzuschlagen. Unser Vater stand vor dem Haustor, einem schweren Eisentor. Er riß es auf, zog den Verfolgten in unseren Hausflur und schob das Tor gemeinsam mit anderen beherzten Männern wieder zu.

Papa brachte den Mann in unsere Wohnung, wo Mutter und er sich bemühten, ihn vom Blut zu reinigen und seine Wunden zu verbinden. Die anderen hatten ihm seine Brille ins Gesicht geschlagen und dabei böse verletzt.

Stolz erzählte ich einer Mieterin aus dem Haus, daß der fremde Mann in unserer Küche sei und die Eltern ihn verbänden. „Um Himmels willen, Junge, das darfst du doch niemandem erzählen", war ihre Antwort, die mir einen schweren Schock versetzte. Meine Eltern halfen dem kranken Mann, das war doch eine gute Tat, das sollte man nicht erzählen dürfen? Das verstand ich nicht.

Langsam lief ich die Treppen zu unserer Wohnung wieder hinauf und klopfte leise an die Tür. In der Küche beobachtete ich den Fremden und Vater, aber ich konnte nichts Besonderes entdecken, höchstens, daß er besser angezogen war als wir. Erst am späten Abend, als es schon dunkel war, begleitete Vater ihn weg, nicht ohne sich vorher dick angezogen und ein großes Brotmesser in die Jackentasche geschoben zu haben. Mutter sagte noch, er solle vorsichtig sein und an seine Kinder denken! Natürlich konnte ich vor Unruhe und Neugier nicht schlafen und wartete, bis Vater zurückkam. Dann wollte ich aber endlich wissen, was überhaupt losgewesen war, und Vater machte sich daran, das Geschehene in eine für mich elfjährigen Bengel verständliche Form zu bringen. Der Vorfall hatte mich in gespannte Aufmerksamkeit versetzt, daher weiß ich seine Worte heute noch.

„Du siehst doch selber", sagte er, „daß wir hier mit so vielen Personen in zwei Zimmern wohnen und die Toilette noch mit anderen Familien teilen müssen. Allen, die hier mit uns im Hinterhaus wohnen, geht es nicht viel besser, nicht einmal denen, die noch Arbeit haben. Ihr Elend ist nicht so groß wie das der Arbeitslosen und Kinderreichen, aber zum Sattessen reicht es selbst bei ihnen nur ganz knapp, und arbeitslos können sie auch jederzeit werden.

Und dann gibt es eben auch Familien, wie die, die du hier im Vorderhaus beobachten kannst, die mit zwei Kindern in einer Sechs-Zimmer-Wohnung leben und ein Dienst- und ein Kindermädchen haben. Die arbeiten auch nicht härter als wir, aber da ihnen ein Geschäft oder Betrieb gehört, können sie ihren Lohn und den Lohn ihrer Arbeiter selber festlegen, dadurch kommt der große Unterschied zwischen beiden zustande.

Millionen von Arbeitern und Erwerbslosen, die nicht mehr so elend weiterleben wollen, protestieren mit Streiks und Demonstrationen gegen ungerechte Löhne und werden dabei von verschiedenen Parteien unterstützt. Es gibt aber auch Parteien, die an den Besitzverhältnissen und ungerechten Löhnen nichts ändern wollen, und um davon abzulenken, behaupten sie, daß es einen Schuldigen für diese ganze Misere gebe. Und dieser Schuldige soll, wie schon so oft, der Jude sein. Dabei gibt es unter jüdischen Menschen genausogut Arme und Reiche wie überall.

In unserer Gegend wohnen ja Tausende von jüdischen Familien genauso wie wir in Armut. Trotzdem fallen von den Hoffnungslosen immer wieder welche auf solche Behauptungen rein und dann kommt es zu Überfällen auf Juden, so wie du heute einen miterlebt hast. Auch du, Kleiner, hast einen jüdischen Vater und wirst es einmal nicht leicht haben."

Diese Erklärung meines Vaters hat mich lange beschäftigt! Heute weiß ich, daß damals der Grundstein für mein späteres marxistisches Handeln gelegt war.

Der ganze Vorfall und die Rede des Vaters wären für Arnold wohl kaum so einleuchtend und prägend gewesen, wenn er die geschilderte Situation nicht täglich selber erlebt hätte. Doch die Unterschiede zwischen Vorder- und Hinterhaus kannte er nur zu gut aus eigener Anschauung und sollte sie in den folgenden Jahren mit zunehmender Reife immer deutlicher wahrnehmen. Und was die Judenfeindlichkeit betraf, so waren antisemitische Parolen und Übergriffe an der Tagesordnung. Auch die sollte der Junge in der folgenden Zeit immer bewußter miterleben.

Arnolds bittere Erfahrung von Hunger und Mangel wurde begleitet von der Erkenntnis, daß seine Familie nur eine unter vielen anderen war, denen es genauso ging. Diese Erkenntnis ergab sich in einem Viertel wie dem Scheunenviertel ganz von selbst und wurde immer wieder nachhaltig von öffentlichen Szenen der Empörung untermauert.

In einen Teil der Fabrik im Hinterhof war ein Büro des Arbeitsnachweises eingezogen. Dort befanden sich jahrelang auch Auszahlungsstellen für die Erwerbslosenunterstützung, wo es immer wieder zu heftigen Zusammenstößen zwischen den Angestellten der staatlichen Dienststellen und den Empfängern der Unterstützung kam.

Wenn ein Erwerbsloser erfuhr, daß seine Unterstützung, auf die die Familie zu Hause bereits sehnlichst wartete, gekürzt oder gar entzogen worden war, sei es, weil die Unterstützungszeit auslief oder weil er versucht hatte, die allzu karge Beihilfe mit zwei Mark für Möbelschleppen oder ähnlichem aufzubessern, ohne das zu melden, dann schlug die Erregung große Wellen und äußerte sich in tumultartigen Szenen der Ent-

täuschung und der Wut. Die Angestellten, die auch nicht mehr Geld vergeben konnten, als ihnen zur Verfügung stand, alarmierten rasch das Überfallkommando.

Ohne viel Rücksicht auf die wartenden und umherlaufenden Menschen zu nehmen, rasten die Wagen bis auf den zweiten Hof. Mit Gummiknüppeln und Pistolen bewaffnete „Helmuts" - so nannten wir die Polizei - sprangen hinaus, stürmten die Treppen rauf und versuchten, die Erregung der Erwerbslosen einzudämmen. Manchmal, wenn ihre bloße Anwesenheit dafür nicht ausreichte, griffen sie sogar zum Mittel der Gewalt und versuchten, die Ruhe durch Schläge wieder herzustellen, was natürlich meist das genaue Gegenteil bewirkte. Dann konnte es schon mal so enden, daß die Polizei teilweise blutende „Aufrührer" auf die Wache mitnahm und paarmal sogar ein Rettungswagen Schwerverletzte in ein Krankenhaus bringen mußte.

Wenn so etwas geschah, wurden die übrigen Bewohner des Viertels aktiv. Sie sammelten sich auf den Höfen und protestierten mit lauten Sprechchören gegen ihre Notlage und das Vorgehen der Polizei. Das hatte häufig den einzigen Erfolg, daß noch mehr Überfallwagen angeprescht kamen, deren Insassen dann mit allen Mitteln versuchten, die Unruhe auch auf den Straßen wieder einzudämmen.

Die Mißhandlung der Demonstranten nahm manchmal solche Ausmaße an, daß es zu Sympathiekundgebungen in der ganzen Gegend kam, gegen die mitunter mehrere Hundertschaften der Polizei eingesetzt werden mußten. Wenn diese dann an einer Ecke für „Ordnung" gesorgt hatten, begannen die Proteste bestimmt an einer anderen Stelle, mal in der Lothringer-, mal in der Linienstraße, am Schönhauser Tor oder auf dem Bülowplatz. Die Helmuts hatten alle Hände voll zu tun, um die Proteste niederzuschlagen. Manche Polizisten haben es dabei zu ganz unrühmlichen Fertigkeiten gebracht.

Die sich auf den deutschen Straßen abspielenden Szenen wurden immer bedrohlicher. Das lag nicht nur an der wachsenden

Zahl der hungernden Erwerbslosen und der zunehmenden Hilflosigkeit des Staates, die Not einzudämmen, sondern auch an grundsätzlichen Problemen der Weimarer Republik.

Natürlich waren die wirtschaftlichen Verhältnisse zerstörerisch. Daran waren aber nicht nur das wirtschaftliche Chaos der Nachkriegszeit, die Inflation oder später die Weltwirtschaftskrise schuld. In einer Zeit, in der ein großer Teil der Deutschen ihrer Monarchie nachtrauerte und ein anderer Teil eine Revolution nach russischem Muster anstrebte und nur wenige das Wesen der Demokratie durchschauten und bejahten, hatte die Republik mit Waffengewalt durchgesetzt werden müssen. Und auch wenn es vielleicht keinen anderen Ausweg gegeben hatte, so war doch mit Waffengewalt keine Überzeugungsarbeit geleistet und noch viel weniger echte Begeisterung für die neue Staatsform geweckt worden.

Von Anfang an hatte es kein selbstverständliches Bekennen der Bürger zu ihrem Staat und zueinander, keinen inneren Frieden gegeben. Daher waren es eben nicht nur die wirtschaftlichen Krisen, die das Land zerstörten, sondern auch das Unvermögen und die mangelnde Bereitschaft der Bürger, in erster Linie der besitzenden, diese Krise miteinander zu bewältigen. Mit Unternehmern, von denen einige noch in Begriffen der Kaiserzeit dachten und zwischen Arbeit und Menschenwürde keinen rechten Zusammenhang herstellen konnten, mußte die Sozialdemokratische Partei mit ihrem Versprechen, eine sozialistische Demokratie zu errichten, scheitern. Dieses Scheitern wiederum verstärkte nicht gerade das Vertrauen der Neu-Republikaner in ihren Staat.

Haß und Mißtrauen beherrschten das Land in immer stärkerem Maße und ließen es eher einer Polizeianstalt gleichen als einem Hort gemeinschaftlichen Lebens.

Haß und Mißtrauen bewirkten auch, daß jede gesellschaftliche Richtung, jede Gruppierung ihre eigene Partei zu brauchen glaubte. Neben den zwei größeren Parteien SPD und Zentrum gab es außer der KPD verschiedene Abspaltungen und Parteien auf dem linken Spektrum und eine Unzahl nationalistischer und völkischer Gruppen und Grüppchen auf dem rechten bis rechtsextremen oder separatistischen Flügel.

Regierungen konnten dementsprechend nur durch eine Koalition aus mehreren der sechsunddreißig zur Wahl stehenden Parteien gebildet werden. Verließ eine, wenn auch noch so kleine Partei die Koalition, stürzte die Regierung. Dies hatte nicht nur äußerst instabile politische Verhältnisse zur Folge und ließ selbst die wenigen Deutschen, die die Demokratie uneingeschränkt bejahten, an ihr (ver-)zweifeln, sondern führte auch dazu, daß immer wieder Parteien die Republik regierten oder zumindest mitregierten, die sich aus ihr überhaupt nichts machten oder sogar erklärte Gegner dieser Staatsform waren.

Haß und Mißtrauen zeigten sich weiterhin darin, daß die einzelnen Parteien, allen voran die Nationalsozialistische Deutsche Arbeiterpartei, längst nicht mehr nur mit Worten stritten, sondern es für nötig befanden, Kampftruppen aufzustellen und ihre Konflikte mit den Fäusten und sogar mit Waffen auszutragen. Jeder Wahlkampf kostete Menschenleben.

Die einzige Kraft, über die der Staat in dieser Situation verfügte, um sich und die innere Ordnung zu schützen, war die Reichswehr. Dieses Eliteheer war aus der alten, gemäß dem Versailler Vertrag aufgelösten Armee entstanden. Die höheren Offiziere kamen aus dem alten Generalstab, wenn nicht sogar aus der Obersten Heeresleitung Ludendorffs und waren durch und durch reaktionär, monarchistisch, antidemokratisch. Ähnliche Einstellungen fanden sich auch bei der Polizei.

Es ist unter diesen Voraussetzungen nicht verwunderlich, daß die exekutiven Gewalten der Republik gegen Kommunisten mit allen legalen und auch illegalen Mitteln vorgingen, die Rechten jedoch weitgehend verschonten. Hinzu kam, daß „Weimar“ vor den Kommunisten tatsächlich mehr Angst hatte, als vor den Nationalsozialisten. Schließlich gab es in Rußland ein Beispiel für die gelungene Entmachtung einer Regierung durch die Kommunisten, solche Erfolge hatten die Nationalsozialisten noch nicht vorzuweisen ...

Im Alter von 17 Jahren (1929)

In solch einer politisch hoch emotionalisierten Atmosphäre kann niemand neutral bleiben, schon gar nicht, wenn um Werte gestritten wird, von denen die eigene Existenz abhängen kann.

1929, mit siebzehn Jahren, schloß Arnold Munter sich dem „Reichsbanner Schwarz-Rot-Gold“ an. Diese Wehrorganisation war 1924 als Reaktion auf die paramilitärischen Gruppierungen der äußersten Rechten von all jenen Kräften gebildet worden, die das System der Weimarer Republik stützen wollten. Als äußeres Zeichen verwendeten sie daher die Farben der Republik, während diejenigen, die die „Systemzeit" beenden wollten, unter der schwarz-weiß-roten Flagge der Kaiserzeit marschierten, größtenteils bereits mit Hakenkreuz versehen.

Seit Beginn der dreißiger Jahre bekam das Reichsbanner immer stärker einen ausschließlich sozialdemokratischen Charakter und schloß sich Ende 1931 mit Gewerkschaften und Arbeitersportverbänden zur „Eisernen Front" zusammen. Als Arnold beitrat, wurden aber noch die Parteiversammlungen aller im Reichsbanner organisierten Parteien verteidigt, außer denen der SPD auch die der Demokratischen Partei und des Zentrums.

In dem heranwachsenden Lehrling festigte sich die Auffassung, daß er sich auch parteipolitisch betätigen müsse. Seine Entscheidung für eines der sechsunddreißig konkurrierenden Bündnisse machte er dabei von zwei Faktoren abhängig: zum einen mußte die Partei seiner Wahl ein Kampfbündnis für die Arbeiter und Erwerbslosen sein und gegen ihre Ausbeutung und Unterdrückung vorgehen; zum anderen sollte sie das politische System der Weimarer Republik bejahen und den Kampf im Rahmen der bestehenden republikanischen Verfassung führen. Arnolds Wahl fiel, vom Vater unterstützt, auf die Sozialdemokratische Partei Deutschlands, der er kurz nach seinem achtzehnten Geburtstag 1930 beitrat.

Wir Jugendlichen der Sozialdemokratischen Partei trafen uns untereinander, um über Grundfragen der Partei zu diskutieren. Wir mußten ja politisch etwas lernen. Das war damals nicht so, daß wir uns Marx und Engels in den achtundvierzig Bänden, die es heute gibt, anschaffen konnten, sondern wir waren froh, daß es ab und zu Broschüren gab, wo wir einiges nachlesen konnten und eine Idee vom Weg in unserem Kampf um die soziale Gerechtigkeit bekamen.

Natürlich haben wir uns nach dem Unterschied zwischen

Kommunisten und Sozialdemokraten gefragt, also warum es zwei große Arbeiterparteien geben mußte. Der wesentliche Unterschied war für mich, daß die SPD ihr Ziel ausschließlich auf dem Weg der Vernunft, also der Verhandlungen und auf dem Boden der Republik erreichen wollte. Daher hatte ich mich für diese Partei entschieden!

Das bedeutete aber nicht, daß unsere Genossen uns heilig waren. Wir setzten uns mit ihrer Politik auseinander, und wenn sie uns nicht richtig vorkam, haben wir sie stark kritisiert. Ein ewiger Streitpunkt waren die brutalen Methoden der Zörgiebel-Polizei. Der Berliner Polizeipräsident war zwar SPD-Mitglied, aber wir haben ihn nie als Genossen anerkannt, sondern als Hilfsgesellen der Reaktion angegriffen.

Wir forderten Funktionäre auf, zu den Themen, die uns interessierten, zu sprechen. Es war zum Beispiel nicht so, daß wir uns einfach den anderen anschlossen, die „Fort mit den Notverordnungen!“ schrien, sondern wir wollten erstmal wissen, was eine Notverordnung überhaupt ist.

Wir haben immer versucht, mit Vernunft, also ohne Fäuste, zu kämpfen. Wir haben nie Leute provoziert, wie das bei anderen Parteien leider üblich war. Wenn wir aber angegriffen worden sind, dann haben auch wir uns gewehrt.

Als Reichsbannermann und Arbeitersportler wurde Arnold bei seinem Eintritt in die SPD sofort der „Schufo“, der Schutzformation, zugeteilt, die alle SPD-Veranstaltungen zu schützen hatte. Bei vielen Demonstrationen mußten die Schufoleute rechts und links an den Seiten mitmarschieren, um gezielte Provokationen abzuwehren und die weniger geschulten Demonstranten zu schützen.

Das Reichsbanner war aufgegliedert in Bezirke und dort wiederum in Kameradschaften. Eine Kameradschaft umfaßte etwa ein Gebiet in der Größe von 8000 bis 10 000 Bewohnern und wurde nach ihrem Zuständigkeitsgebiet benannt, Arnold gehörte zur „Kameradschaft Senefelder Platz“. Die Schufoleute erhielten eine besondere Ausbildung und waren notdürftig uniformiert, trugen ausgediente blaue Polizeimäntel, Koppelzeug und blaue Mützen. Die anderen Reichsbannerangehörigen trugen statt der Mäntel Windjacken.

Arnold machte aber nicht nur bei Veranstaltungen von SPD und Reichsbanner mit, sondern war auch bei den großen Erwerbslosendemonstrationen dabei, für die sich Sozialdemokraten, Kommunisten und Parteilose zusammentaten, und bei vielen Aktionen, die gar nicht von Parteien organisiert waren, sondern spontan entstanden oder von bestimmten Berufsgruppen oder für bestimmte Wohnbezirke vorbereitet wurden.

Im Scheunenviertel, vor allem in unserem Kiez um die Linienstraße, Rücker-, Gormann- und Lothringer Straße, sah das so aus, daß wir zu dem Arbeitsnachweis bei uns auf dem Hof gingen und zu den Leuten sagten: „Morgen früh, um die und die Uhrzeit, verschwindet ihr alle in den Hausfluren der folgenden Straßen ...“ Dort verteilten wir vorbereitete Transparente. Auf ein Trillerpfeifensignal strömten alle Teilnehmer aus den Hausfluren auf die Straße und ordneten sich zum Demonstrationszug. Auch Parolen hatten wir ausgegeben: „Nieder mit den Notverordnungen!“ und „Wir wollen Arbeit und Brot!“ schrien wir. Hauptsächlich ging es gegen die Kürzungen des Erwerbslosengeldes und der Wohlfahrtsunterstützung. Wir haben echten Hunger gelitten.

Es dauerte gar nicht lange, bis die Überfallwagen angesaust kamen. Die Polizisten hatten ihre Tschakkos schon auf und die Sturmriemen unterm Kinn. Sie sprangen runter vom Wagen und versuchten weisungsgemäß die Demonstration zu zerstreuen, indem sie mit Gummiknüppeln auf die Arbeiter einschlugen, auch auf Frauen und Kinder, die dabei waren. Das war manchmal grausam, was wir da miterlebt haben.

Einmal, als ich vom Training zurückkam und in die Lothringer Straße einbog, rückte gerade vom Rosenthaler Platz eine Polizeikette an. Aus Richtung Prenzlauer Tor schob sich eine zweite Kette der ersten entgegen. Die Menschen, die auf der Straße waren, wurden eingekesselt und verhaftet. Dadurch,

Kreisboxwart Arnold Munter (um 1930)

daß ich zwischen den beiden Ketten auf die Straße eingebogen war, befand ich mich auf einmal mit im Kessel und wurde auch verhaftet, trotz meiner Proteste. Ich bin ja oft genug auf Demonstrationen gewesen, aber an dem Tag, weil ich zum Training mußte, nun gerade nicht. Und wer weiß, wieviel Leute da verhaftet wurden, die überhaupt nie daran beteiligt waren.

Meine Verhaftung war jedenfalls von einigen Kameraden von mir beobachtet worden, die daraufhin aus einer Seitenstraße brüllten: „Bluthunde!" Wenn die Polizisten irgendwo diesen Ausdruck hörten, dann wurden sie ganz furchtbar. Sie rasten also in die Richtung der Schreier, um sie zu kriegen. Die Gelegenheit nutzte ich natürlich zum Verschwinden, wie das von meinen Kameraden, die sich selber schleunigst außer Reichweite begeben hatten, geplant war.

Dabei war dieses Schimpfwort nicht immer unberechtigt. Wenn es zu Straßenschlachten zwischen dem Reichsbanner oder unorganisierten Sozialdemokraten, Kommunisten oder parteilosen Arbeitern und der SA kam, mußten wir allzuoft verbittert feststellen, wie viele Anhänger die Faschisten gerade auch innerhalb der Polizei hatten. Es war immer wieder zu beobachten, daß die auf die Verfassung der Weimarer Republik vereidigten Polizisten, die auf ihren Tschakkos die Landesfarben Schwarz-Rot-Gold trugen, auf die republikfreundlichen Arbeiter einschlugen, den Faschisten gegenüber jedoch, in aller Regel die Provokateure des Zusammenstoßes, außerordentlich nachsichtig waren.

Diese Haltung habe ich nie deutlicher erlebt, als im Januar neunzehnhundertdreiunddreißig.

Am zweiundzwanzigsten ersten war ein riesiger Aufmarsch der SA unter ihrem Führer Röhm auf dem Bülowplatz vor dem Karl-Liebknecht-Haus geplant. Da die Berliner SA zahlenmäßig zu schwach war, wurden aus der gesamten Umgebung Berlins, bis nach Magdeburg, SA-Leute herangekarrt. Die republikanische Polizei schützte die republikfeindliche Provokation und ihre Haßgesänge mit einer hohen Anzahl von Männern und schwerer Bewaffnung, sogar MG's und Panzerwagen waren angerückt.

Bei Arbeiterdemonstrationen wurde dagegen regelmäßig erbarmungslose und unnötige Gewalt angewendet, um jede Kundgebung zu verhindern. Um diesem Mechanismus zu entgehen, haben wir einmal eine ganz besondere Erwerbslosendemonstration organisiert, das war schon 1932, im März. Sie begann damit, daß wir uns alle wie gewohnt in verschiedenen Hauseingängen versteckten, auf ein abgesprochenes Signal hervorkamen und den Demonstrationszug formten.

Aber als diesmal die Polizei anrückte, waren wir alle verschwunden! Wir hatten nämlich vorher verschiedene Treffpunkte ausgemacht, sind dann also durch die Hinterhöfe zum nächsten Treffpunkt, Gormannstraße, Linienstraße, sind dort wieder in den Hauseingängen untergetaucht bis zum Signal, dann raus, Demonstrationszug geformt, kam natürlich wieder die Polizei angesaust. Wir hauten dann ab zum dritten Treffpunkt, in der Kleinen Alexanderstraße. Dort war die Kaserne, in der die Einsatzwagen hinter einem Riesentor, mit einer schönen großen Klinke daran, bereitstanden.

Den Abstand von dem Türgriff bis zum Boden hatte jemand vorher ausgemessen und eine entsprechende Bohle besorgt. Die rammten wir unter die Klinke, so daß sie blockiert war und niemand mehr von innen die Tür öffnen konnte. Und dann zogen wir wieder los mit unserem Zug, diesmal direkt vor der Nase der Polizei! „Wir wollen Arbeit und Frieden!" lautete diesmal bezeichnenderweise unsere Parole.

Die Polizisten versuchten natürlich rauszukommen und mußten feststellen, daß es nicht ging. Einer von ihnen faßte dann Mut, ließ sich mit Hilfestellung der anderen aus einem Fenster runter und haute die Bohle weg. Aber bis die Helmuts draußen waren, waren wir natürlich schon wieder drei Straßen weiter, uns haben sie nicht gekriegt. Weitere drei Demonstrationen mit verschiedenen Treffpunkten haben wir für jenen Tag festgesetzt - und durchgeführt!

Die letzte war abends an der Fehrbelliner Straße, Ecke Zionskirchstraße. Wir Arbeiter sind in die Straße reingegangen und haben die verschiedenen Ladenangestellten gebeten, ihre Lichter auszumachen, es ging sowieso schon gegen Feierabend. Und dann haben wir die Gaslaternen ausgemacht. Das war nicht weiter schwer, man brauchte bloß kräftig dagegen zu schlagen oder oben den Hahn auszuziehen. Ich kletterte auf ein Straßenschild und machte von oben die „Abschlußkundgebung". Anschließend ging's wieder los: „Wir wollen Arbeit und Brot! Nieder mit der Notverordnung!" Da hörten wir schon von allen Seiten die Polizeisirenen. Wir warteten bis zum letzten Moment und rannten dann alle in die dunkle Straße.

In der Finsternis hatten die Polizisten, die aus dem Hellen herauskamen, mächtige Schwierigkeiten, sich zu orientieren oder uns zu verfolgen. Ich war da mit einem Freund zusammen, Gilbert Palee, der war übrigens Kommunist. Wir sausten in den ersten Hausflur rein, machten das Haustor zu und lauschten, was draußen passierte. Auf einmal hörten wir ein fürchterliches Rumoren. Durch einen Spalt konnten wir sehen, wie ein Junge, der es nicht rechtzeitig geschafft hatte wegzulaufen, von einem Polizisten furchtbar zusammengeschlagen wurde. Wir sind rausgerannt, haben den Polizisten zu zweit überwältigt, indem wir ihm mit solcher Kraft auf seinen Tschakko schlugen, daß der ihm über die Augen rutschte und dort erstmal festsaß, haben den Jungen von der Straße aufgehoben und sind mit ihm zurück in den Hausflur. Dann flüchteten wir über die Mauern der Höfe und kamen erst an einer ganz anderen Ecke wieder zum Vorschein.

Auf die Art und Weise hatten wir eigentlich ohne große Prügelei der Polizei zeigen wollen, was wir von ihr hielten, und wir hatten auf unsere Probleme aufmerksam machen wollen.

Diese vergleichsweise harmlosen Demonstrationen waren für das Jahr 1932 in keiner Weise mehr typisch. Die politischen Gegensätze hatten sich immer mehr zugespitzt, Gewalttätigkeiten und Terrorakte von allen Seiten hatten die Situation endgültig eskalieren lassen. Einen dieser Vorfälle, der die Öffentlichkeit in Atem hielt und heute, über sechzig Jahre später, immer noch für Schlagzeilen sorgt, sollte Arnold Munter aus nächster Nähe miterleben.

Mitte 1931 hatte er gerade wieder einmal kurzfristig einen Arbeitsplatz in seinem Beruf gefunden.

Alles begann ganz harmlos damit, daß Arnold von seinem Meister in ein Haus an der Zionskirchstraße geschickt wurde, wo er bei einer alten Dame namens Anlauf einen Rohrbruch beheben sollte. -

Die alte weißhaarige Dame war sehr gesprächig und erzählte mir voller Stolz von ihrem Sohn, der es bei der Polizei als einfacher Arbeiterjunge durch Fleiß und Strebsamkeit bis zum Revierhauptmann gebracht habe. Dieser Mensch war mir wohl bekannt! Anlauf war so berüchtigt für sein brutales Vorgehen bei Einsätzen auf Demonstrationen, daß er im ganzen Viertel nur „Schweinebacke" genannt wurde. Dabei war interessant zu beobachten, daß er wirklich zu den unbarmherzigsten Prüglern bei Demonstrationen gehörte. War er aber bei einer Aktion nicht im Einsatz, und man fragte ihn, wie man die Demonstranten auf dem kürzesten Weg erreichen könne, dann gab er bereitwillig Auskunft. Offensichtlich hatte er nicht wirklich etwas gegen die protestierenden Menschen, sondern versuchte, sich durch sein schonungsloses Vorgehen bei den Vorgesetzten besonders beliebt zu machen und hatte dem auch seine Beförderungen zu verdanken.

Am Tag nach diesem Gespräch mit Frau Anlauf, am neunten August, wollte ich mit meinem Bruder ins Kino gehen, in das „Babylon" am Bülowplatz. Auf dem Wege dorthin, wir kamen von der Weydinger Straße, sah ich vor uns Hauptmann Anlauf sowie den Polizisten Lenk und noch einen dritten. Ich erzählte meinem Bruder von dem Gespräch mit der Mutter von „Schweinebacke" und so ergab es sich automatisch, daß wir diesen dreien eine gewisse Aufmerksamkeit schenkten.

Plötzlich wurden wir links von mehreren Männern überholt, die kurz vor uns stoppten und von hinten Schüsse auf die Polizisten abgaben. Ich sah noch, wie einer der drei sofort zusammenbrach und die beiden anderen sich bis in den Vorraum des Kinos schleppten. Aber dann mußten wir uns schleunigst umdrehen und zu unserem Haus rennen, denn fast unmittelbar nach diesen Schüssen wurde aus den Fenstern des Polizeireviers auf der Hankestraße in dem Versuch, die Täter zu stellen, das Feuer eröffnet, und dabei rücksichtslos auch auf die in die Häuser flüchtende Bevölkerung gezielt. Erstaunlicherweise gab es auf dem um diese Uhrzeit immer sehr belebten Bülowplatz keine Verletzten.

Noch am gleichen Abend wurde der Ausnahmezustand über das Viertel um den Platz verhängt. Tausende von Polizisten unter Stahlhelmen, mit Maschinengewehren und Karabinern schwer bewaffnet, besetzten die Straßenzüge, besonders die Ecken. Tagelang wurden Haussuchungen bei Kommunisten und auch bei Sozialdemokraten durchgeführt, ohne jeden Erfolg.

Selbstverständlich war es in den ersten Stunden unter Androhung sofortigen Schußwaffengebrauchs streng verboten, auf die Straße zu gehen oder sich am Fenster zu zeigen. Immer wieder hörte man den Ruf: „Zurück vom Fenster oder es wird geschossen! Licht aus!" Ich hatte mich aber trotzdem mit einigen anderen Jugendlichen aus dem Haus auf dem zweiten Hof getroffen.

Wir beschlossen, erstmal die Lage zu peilen. Schließlich war so eine Situation für uns völlig neu, und wir konnten uns nicht vorstellen, daß die Drohungen wirklich ernstgemeint waren. Als Kundschafter wurde ich ausgeschickt. Also kroch ich durch den Hausflur bis zum Haustor vor und hob meine Nase über das Blech, mit dem das Eisengitter bis etwa einen Meter Höhe beschlagen war. Gerade hatte ich ein an der Hanke-, Ecke Lothringerstraße postiertes Maschinengewehr entdeckt, als aus demselben auch schon gefeuert wurde und die Kugeln kurz vor meiner Nase in das Mauerwerk einschlugen, so daß mir der Kalk ins Gesicht spritzte. So schnell ich konnte, rannte ich auf den Hinterhof zurück, warnte die anderen und brachte mich so schnell wie möglich in unserer Wohnung in Sicherheit.

Vielleicht hatten sie unser Haus besonders scharf unter Beobachtung, weil dort einige Zeit die illegale Druckerei der „Roten Fahne", der Spartakistenzeitung, gewesen war.

Jedenfalls wurde der Ausnahmezustand nach einigen Tagen aufgehoben, und wir durften wieder als gleichberechtigte Bürger die Straße betreten. Obwohl man keinen der Täter hatte ausfindig machen und verhaften können, wurde ein großangelegter Prozeß unter dem Titel „Rotmord am Bülowplatz" durchgeführt. Mehrere Genossen der KPD wurden unter dem Vorwurf, ideologische Mittäter zu sein, zu Gefängnisstrafen verurteilt.

Sechs Jahrzehnte, ein tausendjähriges Reich und eine Volksdemokratie später, wird der ehemalige Minister für Staatssicherheit der DDR, Erich Mielke, des Polizistenmordes angeklagt, und Arnold Munter, als einer der letzten überlebenden Augenzeugen, der nur den Überfall, nicht aber den Täter beschreiben kann, wird dem Hick-Hack einer gespaltenen deutschen Öffentlichkeit ausgesetzt.

Die Konzentration der deutschen Öffentlichkeit auf diesen Vorfall wird allzusehr in Vergessenheit geraten lassen, daß in den Endjahren der Weimarer Republik der Terror und damit die Gefährdung des Staates in erster Linie nicht von links ausgingen.

Schon zwischen 1919 und 1922 waren von Linksradikalen 22, von Rechtsradikalen jedoch 354 politisch motivierte Morde verübt worden, von denen 326 ungesühnt blieben. In einem ähnlichen Verhältnis war die Gewalt Ende der zwanziger Jahre wieder aufgeflammt, ganz zu schweigen von den vielen Verletzten und Toten bei Demonstrationen, Saal- und Straßenschlachten, die zum größten Teil auf das Konto der SA gingen, die sich zu einer richtigen Bürgerkriegsarmee entwikkelt hatte. Allerdings standen Justiz und Regierung dem rechten Terror nicht mehr so verständnisvoll und verzeihend gegenüber, wie noch zu Beginn der Republik, als kein Linker, jedoch dreiundzwanzig geständige rechtsextreme Täter freigesprochen worden waren.

Im März 1932 wurde die SA vom Reichskanzler Brüning (Zentrum) verboten. Mittlerweile war die Regierung durch die bürgerkriegsähnlichen Verhältnisse aber so geschwächt, daß der durch Intrigen an die Macht gekommene rechtslastige neue Reichskanzler von Papen (Zentrum) das Verbot im Juni 1932 auf politischen Druck der rechten Parteien wieder aufheben konnte.

Eine Welle politisch motivierten Terrors ging über das Land. Um die eskalierende Situation noch irgendwie unter Kontrolle zu behalten oder vielmehr die längst verlorene Kontrolle zurückzugewinnen, verhängte die Regierung im August durch ein neues Gesetz Zuchthaus und Todesstrafe für politische Gewalttaten. Das erste Mal wurde dieses Gesetz noch im selben Monat auf einen Trupp SA-Leute angewandt, die in dem schlesischen Dorf Potempa einen polnischen kommunistischen Arbeiter des Nachts in seiner eigenen Wohnung viehisch zugerichtet und ermordet hatten. Über sie wurden Zuchthaus und Todesstrafen verhängt.

Die NSDAP reagierte darauf mit der folgenden Verlautbarung in der Zeitung „Völkischer Beobachter“ vom 26. August 1932: „... laut bürgerlicher Justiz wiegt ein dazu noch polnischer Kommunist fünf Deutsche, Frontsoldaten, auf ... Hier überschlägt sich das Denken der letzten 150 Jahre und zeigt den ganzen irrsinnigen Unterbau seines Daseins. Deshalb setzt der Nationalsozialismus auch weltanschaulich ein. Für ihn ist nicht Seele gleich Seele, nicht Mensch gleich Mensch; für ihn gibt es kein 'Recht an sich', sondern sein Ziel ist der starke deutsche Mensch, sein Bekenntnis ist der Schutz dieses Deutschen, und alles Recht auf Gesellschaftsleben, Politik und Wirtschaft hat sich nach dieser Zwecksetzung einzustellen.“

Wenn unsere Reichsbanner-Kameradschaft zu einem Einsatz unterwegs war, wurden wir ständig ermahnt, uns nicht provozieren zu lassen, wenn die Faschisten es darauf anlegten. Soviel Sanftmut konnten wir zwar nicht immer aufbringen, haben uns vielleicht aber doch noch zu oft beherrscht.

Neunzehnhundertzweiunddreißig marschierten wir nach einer Kundgebung im Sportpalast geschlossen zum S-Bahnhof. Unterwegs liefen auf dem Bürgersteig auffallend viele junge Männer neben uns her, die auf den ersten Blick als SA-Leute in Zivil zu erkennen waren; die Kampfverbände der Nazis waren ja im März des Jahres im gesamten Reich verboten worden.

Wie auf Kommando zogen sie Bananenschalen aus ihren Taschen, schwenkten sie hin und her und riefen hämisch „Reichsbananen, Reichsbananen" und pfiffen die Melodie von „Hänschen klein, ging allein ...". Unsere Führer forderten uns erneut auf, ruhig zu bleiben. Mit geballter Faust folgten wir dieser Aufforderung. Hätten wir mal lieber zugeschlagen! Das feige faschistische Gesindel hatte gewartet, bis die Mehrheit unserer Kameraden bereits weg war, um dann über die letzten mit Hieb- und Stichwaffen herzufallen. Dabei gab es viele, zum Teil schwer Verletzte. Einen Kameraden haben sie uns an dem Tag totgeschlagen!

Dieser Mord ließ mich trotz meiner Bindung an die SPD und das Reichsbanner immer engeren Kontakt zu Genossen der KPD finden. Das wurde zunächst ausgelöst durch die immer stärker werdenden Provokationen der Faschisten, gegen die wir uns, wie ich fand, gemeinsam zur Wehr setzen sollten.

Nach dem Mord an unserem Genossen sprach ich auch mit meinen Kameraden der SPD darüber, aber die meisten von ihnen waren der Meinung, daß wir Republikaner seien und als solche den demokratischen Weg zu gehen hätten und uns darauf verlassen müßten, daß jede Freveltat der SA ihre Strafe vor einem ordentlichen Gericht finden würde. Die Tatsache, daß aber genau das praktisch nie geschah, erschütterte meinen Glauben an die Weimarer Republik und die SPD-Regierung.

Mit diesen Zweifeln stand Arnold Munter nicht alleine da. Neben der politischen und sozialen Notlage war es auch die fehlende Demokratietradition, die in immer stärker wachsenden Teilen der Bevölkerung die Bereitschaft hervorrief, sich von der Demokratie abzuwenden.

Wenn man nur einmal die Anzahl der Mandate für die radikalen, nichtdemokratischen, wenn auch gegensätzlichen Parteien KPD und NSDAP zusammenzählt und den Mandaten für die gemäßigten, republikanischen Parteien SPD und Zentrum gegenüberstellt, so ergibt sich für 1928 das Verhältnis von 66 nichtdemokratischen zu 210 demokratischen Mandaten, 1930, bei insgesamt steigenden Abgeordnetenzahlen, sind es 184 zu 211, im Juli 1932 dann 319 nichtdemokratisch und nur noch 208 demokratisch gesinnte Volksvertreter. Und wenn auch die Mandate für die NSDAP im November 1932, bei den letzten Wahlen vor der Machtübernahme, stark abnahmen, so waren die Wahlsieger, die Nazis, mit 196 Mandaten immer noch durch 75 Abgeordnete mehr vertreten, als die zweitstärkste Partei, die SPD, die mit 121 Abgeordneten wiederum nur kurz vor der KPD lag, die noch einmal wesentlich dazugewonnen hatte und über 100 Mandate verfügte.

Ich blieb meiner Partei treu, aber führte immer mehr Aktionen gemeinsam mit den kommunistischen Genossen durch. Nur bei offensichtlich provokativen Aktionen habe ich mich zurückgehalten.

„Ich habe immer gedacht, dem Arnold wird keiner was tun."

(1933-1942)

Am Mittag des dreißigsten Januar neunzehnhundertdreiunddreißig verbreitete sich die schreckliche Nachricht in den Straßen unseres Viertels, in den Häusern, in den Arbeiterwohnungen: Adolf Hitler ist Reichskanzler.

Ich lief in das Kameradschaftslokal des Reichsbanner. Einige Kameraden waren schon anwesend, die Stimmung gedrückt. „Was sagst du zu diesen Schweinen?" schleuderte mir einer entgegen. „Was soll ich dazu sagen? Wenn wir einen Generalstreik durchsetzen könnten, das wäre unsere Möglichkeit!" erwiderte ich.

Die Genossen nickten zwar zustimmend, gaben mir aber zu verstehen, daß sie mit den „Schweinen" in diesem Fall ausnahmsweise zwei unserer eigenen SPD-Genossen gemeint hatten, die beide in SA-Uniformen gesehen worden waren. Das war für mich unfaßbar. Waren sie nun Verräter aus Angst oder hatten sie uns bewußt schon seit einiger Zeit ausspioniert und befanden wir uns daher in Gefahr?

Ich ging weiter, in unser SPD-Bezirkslokal in der Danziger Straße. Hier saßen die alten, im Kampf der Arbeiterbewegung grau gewordenen Parteigrößen des Bezirkes. Mit dem jugendlichen Leichtsinn meiner einundzwanzig Jahre glaubte ich an diesem Tag noch, daß wir dem Spuk ein schnelles Ende bereiten könnten. In diesem Sinne sprach ich auch mit den alten Genossen und sagte, daß es doch noch gar keinen Grund gebe, den Kopf hängen zu lassen. Ein Weißhaariger schaute mich daraufhin traurig an und schwer sagte er: „Lieber junger Freund, du bist dir dessen nicht bewußt, was geschehen ist; mit der Demokratie ist es schlagartig vorbei. Wir werden Furchtbares erleben."-

Der Kampf gegen die Gegner der nationalsozialistischen Machthaber begann sofort. Noch in der Nacht vom 30. auf den 31. Januar, im Anschluß an den Triumphmarsch der SA durch das Brandenburger Tor, wurde Julius Leber, Reichstagsabgeordneter der SPD, verhaftet. Die durch den pompösen Fackelzug aufgeputschten SA-Angehörigen holten Kommunisten und Sozialdemokraten aus ihren Wohnungen und verprügelten sie, nicht wenige wurden gleich Julius Leber schon in dieser Nacht verschleppt.

Noch konnte die NSDAP aber nur in Koalition mit den anderen Parteien des „Nationalen Zusammenschlusses“ regieren. Hitler drängte Hindenburg daher, den Reichstag aufzulösen, um den Weg für Neuwahlen freizumachen.

„Nun ist es leicht, den Kampf zu führen, denn wir können alle Mittel des Staates für uns in Anspruch nehmen. Rundfunk und Presse stehen zu unserer Verfügung, wir werden ein Meisterstück an Agitation leisten. Auch an Geld fehlt es uns diesmal natürlich nicht“, notierte Goebbels in sein Tagebuch. Drei Millionen Mark stellten allein die Krupp AG, die IG Farben-Industrie, die Vereinigte Stahlwerke AG und andere Industrielle zur Verfügung. Dafür hatte der angehende preußische Ministerpräsident Göring ihnen immerhin versprochen, daß es der letzte Wahlkampf für zehn, wahrscheinlich sogar für hundert oder mehr Jahre sein würde. Da schienen sich gewisse Investitionen doch zu lohnen.

Wichtiger als diese Agitation aber war der Straßenterror, der die Szene von nun an beherrschen sollte. Neben fast allen kommunistischen und einigen sozialdemokratischen Reichstagsabgeordneten wurde eine Unzahl von Anhängern und Funktionären beider Parteien, vor allem aber Kommunisten verhaftet und bedroht, einige auch erschlagen. Eine Reihe von schnell geschaffenen Gesetzen und Verordnungen sollte dem Terror den Anschein von Legalität verleihen. Ehrlicher als diese „Gesetze“ war ein Befehl Görings an die Polizei, in dem es hieß, daß alle Angehörigen der Rechten, vor allem die Nationalsozialisten, immer als Bundesgenossen des Staates zu betrachten seien und nicht belästigt werden dürften, auf die Linken aber geschossen werden solle; es werde jedes Zuviel-Schießen entschuldigt und jedes Zuwenig bestraft.

Unsere Angst war groß, aber man konnte sich ja nicht verstecken und sagen, nun kommen wir nie wieder hervor. Wir mußten immer damit rechnen, daß etwas Unangenehmes passieren könnte. Tagsüber hat man versucht, sich nicht in der Wohnung aufzuhalten, aber nachts war man auf jeden Fall da und greifbar, es hätte passieren können, daß man da rausgeholt worden wäre.

Einmal lief ich mit einigen Genossen die Alte Schönhauser Straße entlang. Dort begegneten wir SA-Leuten, die wir persönlich kannten, weil sie bei uns in der Gegend wohnten. Sie rissen uns unsere Abzeichen ab, wir Sozialdemokraten hatten ja das Abzeichen mit den drei Pfeilen, steckten sie sich hinten auf den Hosenboden und drohten uns. Solche Dinge sind häufig passiert.

Sie erinnerten Arnold an ein anderes Erlebnis. Bereits vor der Machtergreifung, Ende 1932, war ihm nachts von einer Gruppe von fünf oder sechs Nazis aufgelauert worden, die versucht hatten, ihn zusammenzuschlagen. Damals hatte er als trainierter Boxer geschafft, zwei von ihnen wegzuschlagen und den anderen rennend zu entkommen. Aber am nächsten Morgen hatte ein Zettel im Briefkasten gelegen: „Wir kriegen dich schon noch, du Schwein!"

Als ich einige Wochen nach dem dreißigsten Januar in der Metzer Straße bei einem Genossenehepaar, das dort in einer Kellerwohnung hauste, meinen Beitrag für die SPD bezahlen wollte, wurde ich von ihnen buchstäblich fortgejagt: „Hau ab, Mensch, wir haben damit nichts mehr zu tun!" Das war so ein kleiner Schock.

Und dann kam der erste April neunzehnhundertdreiunddreißig, der Tag des Boykotts gegen jüdische Geschäfte, Ärzte und Rechtsanwälte. Letztere gab es in unserer Gegend kaum, aber Geschäfte genug. Den ganzen Tag schwirrten antisemitische Hetzparolen, SA- und SS-Leute und andererere Schläger durch das Scheunenviertel, beschmierten Schaufenster, hinderten uns am Betreten der Geschäfte, bedrohten und beschimpften die jüdischen Passanten. Nun standen wir schon doppelt in der Schußlinie der Nazis.

Was sollten wir tun, nachdem ich in dieser Gegend auch als Sozialdemokrat bekannt war? Ich habe ja nicht nur mich, sondern auch meine ganze Familie, meine Eltern und meine kleinen Geschwister gesehen. Noch am ersten April haben wir kurzentschlossen unsere paar Sachen auf einen Plattenwagen geladen und sind in die Hochmeisterstraße achtzehn, die heutige Husemannstraße umgezogen, damit wir ein bißchen aus der Schußlinie waren, aus der gefährdeten Ecke wegkamen.

Da wir so wenig besaßen, war das Umziehen mit keinem großen Aufwand verbunden. Die Wohnung konnten wir durch eine Hausverwalterin, mit der ich als Handwerker oft zusammenarbeitete, so schnell bekommen.

Nachdem wir einige Wochen in diesem Haus wohnten, kam eines Tages der Hausbesitzer und sagte, er habe erfahren, daß wir Nichtarier seien und er dulde selbstverständlich keine Nichtarier in seinem Haus. Mit Hilfe derselben Hausverwalterin fanden wir nur wenige Häuser weiter eine andere Wohnung. Nach kürzester Zeit ging auch dort die Hetze gegen uns los.

Wir haben dann nur noch eine Kellerwohnung in der Griebenowstraße zehn/elf bekommen. Da war vorher ein Friseurladen dringewesen, der deshalb auszog, weil der Keller so feucht war, daß die Friseurinstrumente rosteten. Ein Fußboden war durchgefault. Den haben wir erneuert, die Fenster gestrichen und dann sind wir eingezogen. Die Beschimpfungen hörten damit allerdings nicht auf.

Im April oder Mai 1933, KPD und SPD waren bereits verboten, ihre Mitglieder vogelfrei und einer ungeheuren Verhaf-

Kellerwohnung in der Griebenowstraße (um 1940)

tungswelle ausgesetzt, fuhr Arnold zu der Zeltstadt Saatwinkel am Tegeler See. Diese „Stadt" existierte nur im Sommer, wenn von der Roten Hilfe große Zelte und Kocheinrichtungen am Ufer des Sees errichtet wurden. Zusammen mit einem Bootshaus des Arbeitersportverbandes sollte sie den Berliner Arbeiterfamilien und der Arbeiterjugend die Möglichkeit geben, auszuspannen, aus der Großstadt rauszukommen und die Natur zu genießen. Im Saatwinkel hatte auch Arnold viele Sommerwochenenden und sogar ganze Sommer verbracht. Um hier in der Natur und mit seinen Freunden zusammensein zu können, hatte er gerne die längeren Arbeitswege in Kauf genommen.

Nun wollte er sehen, was aus der Zeltstadt geworden war. Schließlich war die Rote Hilfe, die überparteiliche Solidaritätsorganisation der Arbeiter mit über einer Million Mitgliedern, zusammen mit KPD und SPD verboten worden.

Als Arnold sich auf dem ziemlich verlassenen Gelände der Zeltstadt umschaut, wird er plötzlich von einem jungen Mann angesprochen, der ihn bittet, mit in das Sportlerhaus zu kommen. Man wolle etwas mit ihm besprechen.

Im Sportlerhaus ist bereits eine Gruppe von Männern in eine halblaute Diskussion vertieft. Arnold kennt keinen von ihnen näher, keiner ist ihm jedoch völlig unbekannt. Flüchtig hat er sie alle schon einmal bei den Sommerfesten der Zeltstadt, für die er die Laienspiele zu organisieren pflegte, gesehen.

Zunächst wird Arnold gefragt, ob er bereit sei, bei einer wichtigen, aber unter Umständen gefährlichen Sache mitzuarbeiten. Nachdem er zugestimmt hat, wird er eingeweiht. Die Gruppe, nunmehr bestehend aus Fritz Klemstein, dem Verantwortlichen für den Sportclub, parteilos, fünf Kommunisten und dem Sozialdemokraten Arnold Munter, plant, die Arbeit der Roten Hilfe illegal weiterzuführen und speziell für Frauen, deren Männer bereits verhaftet oder sogar ermordet sind, Geld zu sammeln. Viele dieser Frauen haben Kinder, und auf Weisung der nationalsozialistischen Regierung ist es verboten und somit außerordentlich gefährlich, ihnen Arbeit zu geben oder ihnen eine Unterstützung zukommen zu lassen.

Geplant sind unter dem Deckmantel eines Paddlervereins außer Geldsammlungen vor allem unverdächtige kulturelle Veranstaltungen mit einem attraktiven Programm, für die Eintritt verlangt werden soll. Diese Art der Geldbeschaffung ist auch der Grund, warum Arnold, den die anderen durch seine Theaterstückchen und andere Darbietungen in der Zeltstadt kennen, eingeweiht worden ist: Er soll die Verantwortung für den unterhaltsamen Teil dieser Veranstaltungen übernehmen. In das Vereinsregister wird er offiziell nicht mit aufgenommen, da die anderen sechs befürchten, die Behörden könnten beim Vorzeigen der Liste zur Anmeldung des Vereins über den Nichtarier darin stolpern.

Ich habe auch an den Sammlungen teilgenommen. Nun waren ja die Leute, die wir kannten, alles arme Schlucker, wo nicht viel zu holen war. Daher mußte man auch riskieren, zu Unbekannten zu gehen, logischerweise zu solchen Leuten, wo man von vorneherein annehmen konnte, daß man nicht auffliegen würde.

So ging ich eines Tages zu einem jüdischen Zahnarzt, der ja als Arzt auch vom Boykott am ersten April betroffen war und den Ernst der Lage kennen sollte. Dieser Arzt hatte trotz der Gefahr, die damit für sie verbunden war, nach wie vor einen großen Zuspruch „arischer" Patienten. Mein Hintergedanke war, daß vielleicht nicht nur der Zahnarzt uns unterstützen würde, sondern auch in dem Kreis seiner Patienten Geldgeber ausfindig zu machen seien. Doch ich hatte noch kaum angefangen zu reden, als der Arzt zu schimpfen anfing: „Was erlauben Sie sich? Ich bin ein guter Deutscher, ich will mit Kommunisten nichts zu tun haben." Er drohte mir. Ich behauptete daraufhin, er solle sich darauf verlassen, daß meine Kumpel mich rächen würden, wenn mir irgend etwas passieren sollte. Er hat auch nichts unternommen.

Als ich später im Lager war, habe ich diesen Zahnarzt wiedergetroffen. Da habe ich nur zu ihm gesagt: „Na, Sie guter Deutscher?" Er ist dann wie die allermeisten auch krepiert.

Das Schwergewicht der illegalen Arbeit lag für Arnold auf den kulturellen Veranstaltungen, für die er Szenen und Theaterstückchen schreiben und einstudieren sollte. Damit die Gestapo nicht auf die plötzlich so erstaunlich große Anzahl von

Paddlerbällen aufmerksam würde, löste sich später der Paddlerverein zugunsten eines Seglervereins auf. Aus diesem wurde Ende der dreißiger Jahre der Lotterieverein Glücksstern.

Wir haben sehr viele Veranstaltungen durchgeführt, viele Jahre lang. An zwei davon erinnere ich mich besonders gut. Einmal organisierte der Lotterieverein Glücksstern eine Karnevalsfeier im Moabiter Schützenhaus. Dafür hatte sich eine große Truppe kulturinteressierter Arbeiter und kleiner Angestellter zusammengefunden, mit der ich die Szenen einübte, selbst meine beiden Schwestern, mein Bruder, mein Schwager und Arbeitskollegen waren dabei. Aber keiner von ihnen wußte, wobei er wirklich mitmachte, daß da eine illegale Sache hintersteckte, außer den sechs Mitgliedern des Lotterievereins und mir.

Die Karnevalsfeier hatten wir unter das Motto gestellt: „Alt-Berlin anno neunzehnhundert". Auf der Bühne links stand eine Kneipentheke, von der Bühne ging eine Treppe hoch, es war also eine Kellerkneipe, und unter der leichten Musik, die gespielt wurde, erschien auf der Treppe - Zille mit seinem Zeichenblock, der Brille, die er immer vorne auf der Nase hatte und meistens darüber hinwegguckte, und mit seinem typischen Hut, schaute ins Publikum und zeichnete und zeichnete. Also, da war schon eine tolle Stimmung. Und zu der ganzen Szene sang jemand hinter der Bühne: Aus dem Hinterhaus, gucken Kinder raus, nackt und ohne Hemd - ein Lied von Zille.

Dann hatte ich einen Kumpel, Atze, ein Arbeitskollege, der mußte den Nante machen, also den Urberliner, den Eckensteher. Auch er war ganz typisch gekleidet. Und während die anderen an der Theke Bier kippten, na ja, gefärbtes Wasser, mußte Nante, weil das sein Vorbild auch immer so machte, ab und zu eine Flasche Kümmel aus der Rocktasche ziehen, mit dem Korken einmal ganz fürchterlich an der Flasche entlangquietschen und einen mächtigen Zug tun.

Nun fragte mein Kollege mich vorher, was denn in der Flasche drin sei, und ich erklärte ihm: „Wasser, natürlich." In

Als Widerstandskämpfer mit Paul-Lincke-Bärtchen. Zwei von Arnolds Schwestern sind in der Ballettgruppe - sie ahnen nicht, an was sie sich in Wirklichkeit beteiligen

Wirklichkeit war es aber Kümmel und als er auf der Bühne den einstudierten mächtigen Zug nahm, hat er einen fürchterlichen Hustenanfall bekommen, und das Publikum hat sich vor Lachen gebogen, weil es glaubte, das gehöre dazu. So hat sich manchmal noch was entwickelt.

Ich selber war als Paul Lincke verkleidet, Bärtchen und so weiter, habe dann die Kapelle dirigiert, die natürlich gerade Paul-Lincke-Musik spielte, obwohl ich gar keine Ahnung vom Dirigieren hatte. Aber die haben wunderbar gespielt, ob ich nun mit dem Taktstock linksrum oder rechtsrum schwenkte, die haben eben gespielt.

Eine andere Veranstaltung hatten wir noch als angebliche Segler im Lehrervereinshaus organisiert. Dazu gehörte viel

Mut, denn es hatte sehr viele Plätze und direkt gegenüber war das Polizeipräsidium. Das hat uns nichts gemacht, wir waren frech und haben dort einen Zille-Ball durchgeführt.

Eine Szene des Balls ist mir besonders gut im Gedächtnis: Wir haben uns ausgezogen bis auf ein Höschen, schwarz angetüncht und so gespielt, daß wir als Kannibalen irgendwo einen Käpt'n gefangen haben und über einem Feuer rösten wollen. Wohlweislich hatten wir dem Käpt'n vorher eine künstliche Nasenspitze aus Mazipan angeklebt. Um zu sehen, ob er schon gut durchgebraten war, haben wir mit dem Messer die Nasenspitze abgeschnitten und gekaut: das war ein Brüllen. Solche Dinge haben wirklich Geld eingebracht, es waren ja fast zweitausend Menschen da.

Das eingenommene Geld wurde von Fritz Klemstein direkt an die betroffenen Frauen übergeben.

Die Karnevalsfeier in Moabit war übrigens so ein toller Erfolg, daß eine Sache passierte, die uns sehr ängstlich machte: Es kam ein Reporter von der Berliner Volkszeitung.

In der BVZ, Berliner Volkszeitung, vom 21. Februar 1939 (!) heißt es unter dem Titel: Das ist Berliner Luft ...:

„,Jawoll mein Joldjunge, dann nimm dir zeitlich Biljets, det Stück zu 7 1/2, denn an de Abendkasse wolln Se enen Meter und det is janich drin.' Diese freundliche Warnung auf einer goldgelben Einladungskarte verfehlte ihre Wirkung nicht. Mit den nötigen Biljets bewaffnet, suchten wir jenseits des Westhafens das Reich des Faschings von Plötzensee (...) ,Wir haben vier Wochen lang geprobt', sagte der Chef der Inszenierung und Regisseur des Abends. Jede Woche traf sich die Gruppe entweder auf der Bühne des Lokals oder irgendwo in Berlin N. Und die Damen vom Ballett kamen zu diesen Proben aus Fabriksälen und Büros, wo manche von ihnen bis zu zehn Stunden gearbeitet hatten. Arnold Munter, der die Spiele einstudierte, hat auf diesem Gebiete übrigens schon eine große Praxis hinter sich. Sechs Tage in der Woche fristet er als Bauklempner sein Leben, aber im Sportclub trifft man ihn regelmäßig an. Im Saatwinkel hat Arnold Munter schon manches Spiel vom Stapel gelassen. (...) Der Fasching von Plötzensee mußte ein echter Berliner Fasching sein, und warum sollen die echten Berliner nicht die Typen herausstellen, die die Kölner und Mainzer nicht haben? So ungefähr hatte sich das der rührige Arnold Munter ausgedacht, als er das Programm entwarf ..."

Ob wohl viele aktive Sozialdemokraten und „Geltungsjuden" 1939 so lobende Erwähnung in der gleichgeschalteten Presse gefunden haben?

Wenn die gewußt hätten, was wir da machten. Denn alles, was wir eingenommen haben an Eintritt und so, ging für die Rote Hilfe weg. Nach dem Zweck des Vereins befragt, hatte Fritz Klemstein dem Journalisten geantwortet, daß die Mitglieder des Lotterievereins Glücksstern zusammen ein Los spielten und auf einen Gewinn warteten, von dem sich jeder im Saatwinkel eine Laubenvilla bauen könne. Das erschien auch so in der Presse.

Um die Gruppe zu gefährden oder gar auffliegen zu lassen, hätte es wahrscheinlich schon gereicht, wenn sich der Journalist genauer erkundigt hätte, in was für einem Sportclub Arnold zu dieser Zeit ständig anzutreffen war.

Als aktiver Boxer beim Arbeitersportclub Alt-Wedding hatte er schon vor dem bald nach der Machtergreifung befohlenen Ausschluß der jüdischen Bürger aus „arischen" Vereinen zu spüren bekommen, daß er nicht mehr erwünscht, nur noch geduldet war.

Um seine Kondition beim Boxen zu erhöhen, hatte Arnold sich einigen Marathonläufern angeschlossen. Die Gruppe wurde von Fritz Blankenburg, dem ersten deutschen Langlaufmeister, trainiert. Bei Wettkämpfen der Berliner Arbeitersportler nahm Arnold an einem Zwanzig-Kilometer-Lauf teil und belegte den zweiten Platz.

Als am Abend im Rahmen einer festlichen Veranstaltung

die Besten ausgezeichnet wurden, erhielt der erste seine Urkunde. Als zweiter wurde auf einmal ein ganz anderer, nämlich der eigentliche dritte geehrt. Als jemand sich erkundigte, warum Arnold Munter nicht ausgezeichnet würde, lautete die Antwort nur: „Der Jude nicht!" Der Schock für den jüdischen Boxer ist besonders groß, weil an den Wettkämpfen sehr viele Kommunisten und Sozialdemokraten teilgenommen haben. Bald wurde er als Mitglied des Vereins endgültig ausgezählt.

Wenig später kamen einige Mitglieder des „Schild", des jüdischen Frontkämpferverbandes, deren Söhne Mitglieder im Berliner Boxverband gewesen waren, auf Arnold zu und fragten, ob er nicht die Jungen weitertrainieren könnte.

Ganz ungefährlich war das nicht. Sportliche Betätigung war den Juden zwar noch nicht direkt verboten, solange sie dabei unter sich blieben, aber bestimmt war es sicherer, gar nicht erst aufzufallen. Arnold, der das „irgendwie als moralische Verpflichtung" empfand, begann, die Jungen in der Sporthalle des jüdischen Waisenhauses am Weinbergsweg, Ecke Fehrbellinerstraße zu trainieren.

Ich wurde dann Deutscher Meister im Jüdischen Sport im Schwergewicht. Der nationale Meisterschaftskampf fand in Dortmund statt, und mein Gegner in der Endausscheidung ist nicht angetreten, der hatte Angst, ich war ja ziemlich austrainiert und hatte eine gute Figur. Und damit wurde ich deutscher Meister.

Ich habe den Jungs, die ich trainierte, immer gesagt, daß sie versuchen sollen, rauszukommen, daß sie in Deutschland keine Zukunft haben. Auch mit den Eltern habe ich darüber gesprochen. Einer von ihnen war der Herr Naftaniel, der hatte eine Bügelanstalt in der Linienstraße. Er erwiderte: „Die sollen nur kommen, die SA und SS, ich werde ihnen leuchten, ich habe das EK erster und zweiter Klasse, die sollen sich nur erlauben zu kommen." Das Metall hat ihm nichts genützt, als er abgeholt wurde. Er ist mit Sicherheit auch ermordet worden.

Boxtraining für die Jungen der Sportgruppe „Schild" des Vaterländischen Bundes jüdischer Frontsoldaten (um 1935)

Von den Jungen haben es die meisten geschafft, nach Übersee zu kommen, einer von ihnen, Levi, soll sogar brasilianischer Meister im Schwergewicht geworden sein.

Daß ich selber gefährdet bin, habe ich nicht geglaubt, ich war ja immerhin Mischling. Auch hatte ich mit meiner Arbeit eine gute Basis und habe mir eingebildet, daß mir das helfen wird. Ich war mir der allgemeinen Gefahr bewußt, habe sie aber nicht auf mich bezogen. Ich habe immer gedacht, dem Arnold wird keiner was tun.

Kurz nach der Machtergreifung hatte Arnold Arbeit als Aushilfe bei einem Bauunternehmer gefunden, dessen Betrieb in Karow auf der S-Bahnstrecke Schienen instand setzte.

Arnold gehörte zu der Arbeitsgruppe, die einen Graben zum

Verlegen von Kabeln ausheben mußte. Dabei wurden viele Überstunden gemacht, die er regelmäßig nicht bezahlt bekam. Als Arnold den Bauunternehmer Krause hierüber zur Rede stellt, erklärt der, daß er nicht daran denke, ihm die Stunden zu bezahlen.

Arnold geht vor ein Arbeitsgericht. Beim Gerichtstermin erwidert Krause auf die Frage des Richters, warum er das seinem Arbeiter zustehende Geld nicht auszahle: „Herr Richter, das ist doch nur ein Jude!"

Ich war selten so überrascht, wie damals, als ich hörte, wie der Richter dem Unternehmer die Meinung sagte und ihn zu sofortiger Zahlung des vollen Betrages verurteilte. Das war ganz zu Anfang der faschistischen Ära, neunzehnhundertdreiunddreißig oder neunzehnhundertvierunddreißig. Natürlich hat mich der Krause auf der Stelle entlassen - aber zuerst mußte er bezahlen.

Eine Weile konnte Arnold bei dem Klempnermeister, der Mandeliks Betrieb übernommen hatte, aushilfsweise mitarbeiten.

Eine feste Stelle fand er erst wieder 1936 bei dem jüdischen Klempnermeister Felsenfeld in der Schillingstraße. Arnold ist rückblickend der Meinung, daß er dort arbeiten konnte, bis es mit der Judenverfolgung so weit war, daß sein Chef keine Aufträge mehr bekam. Das Arbeitszeugnis, das Felsenfeld ihm ausgestellt hat, ist auf den 25. Oktober 1938 datiert.

Vom 27. auf den 28. Oktober wurden in einer Nacht- und Nebelaktion zwischen 15 000 und 17 000 in Deutschland ansässige polnische Juden, denen die nach dem ersten Weltkrieg aufgrund der verschiedenen Gebietsverschiebungen zugesprochene deutsche Staatsangehörigkeit von den Nazis am 5. Oktober 1938 wieder aberkannt worden war, aus ihren Wohnungen geholt und an die polnische Grenze verfrachtet. Außer den Kleidern, die sie auf dem Leib trugen, durften sie zehn Reichsmark mitnehmen.

Als Gelegenheitsarbeiter beim Möbeltransport (ganz rechts; um 1935)

Da die polnische Regierung am 6. Oktober vorsorglich verfügt hatte, daß auch polnische Pässe ihre Gültigkeit verloren, wenn die Inhaber sich länger als fünf Jahre außerhalb von Polen aufgehalten hatten, irrten diese Menschen lange im deutsch-polnischen Grenzgebiet umher. Ist diese terminliche Übereinstimmung nun Zufall oder hatte der Handwerksmeister etwas geahnt und vorher für seine Angestellten sorgen wollen?

Arnold stand jedenfalls wieder auf der Straße. Es war für Juden schon fast unmöglich, auf dem freien Markt Arbeit zu finden. Eine Zeitlang unterstand er dem jüdischen Arbeitsnachweis und mußte sich mit Möbeltransporten und anderen Gelegenheitsarbeiten durchschlagen. Dann, schon 1939, gelingt es ihm doch noch, einen Arbeitsplatz bei einem arischen Klempnermeister, der Firma Fischler in der Lottumstraße, zu erhaschen.

Da habe ich sehr lange gearbeitet. Der Mann war hoher Mit-

arbeiter der Technischen Nothilfe, Offizier der Teno, nannte sich das. Er hat von dort auch viele Aufträge gekriegt, zum Beispiel in dem freien Gelände vor dem Deutschen Theater, wo heute noch der Bunker steht, Garagen aus Wellblech zu bauen. Als wir damit fertig waren, lud uns die Technische Nothilfe zu einem festlichen Zusammensein ein.

Als wir da zusammensaßen, sagte nach einer Weile einer so über den Tisch hinweg zu mir: „Du siehst auch nicht rein arisch aus." Da mischte sich sofort der Klempnermeister ein und sagte: „Rede nicht so'n Quatsch, der Arnold ist spanischer Abstammung." Damit war die Sache an diesem Tisch geritzt. Der Vorfall ereignete sich kurz vor meiner Verhaftung.

Kurz nachdem Arnold bei Fischler angefangen hatte, schloß Hitler den Nichtangriffs- und Freundschaftspakt mit der Sowjetunion.

Das war für uns ein furchtbarer Schlag. Wir haben nicht glauben wollen, daß das wahr ist. Es gab natürlich Versuche, sich das zu erklären. Man sagte, das ist eine Strategie der Nazis, sich die SU nicht zum Feind zu machen, und nur eine Taktik der Sowjetunion, darauf einzugehen, ohne dabei allerdings die Judenfrage zu bedenken. Wir wissen ja, daß in der SU der Antisemitismus auch nicht gering war und heute noch nicht ist.

Kurz danach wurde etwas über die Arbeit unserer Gruppe ruchbar. Wir haben sofort den Kontakt untereinander abgebrochen. Fritz Klemstein hat sich dann in Berlin-Moabit, in der Fabrik, in der er arbeitete, nach dem Beginn des Krieges der Widerstandsgruppe um Anton Saefkow, Franz Jacob und Bernhard Bästlein angeschlossen, ist im September neunzehnhundertvierundvierzig wie die anderen auch verhaftet, im Februar neunzehnhundertfünfundvierzig zum Tode verurteilt und am zwanzigsten April neunzehnhundertfünfundvierzig in Brandenburg ermordet worden. Was aus den anderen fünf Gruppenmitgliedern, alles Kommunisten, geworden ist, weiß ich nicht. Ich befürchte, daß auch sie ums Leben gekommen sind.

Als ich Arnold frage, was die Zeit zwischen der Machtergreifung Hitlers und dem Kriegsbeginn mehr geprägt habe, seine Zugehörigkeit zur Sozialdemokratischen Partei oder die Tatsache, daß er als Jude galt, antwortet er wie selbstverständlich: „Natürlich meine politische Haltung."

Dabei hatte die Verfolgung der vermeintlich rassischen Gegner des Nationalsozialismus wie auch die Verfolgung der politischen Gegner sehr bald nach der Machtergreifung begonnen.

Der Boykott der jüdischen Geschäfte am 1. April 1933 ist eine erste Demonstration von antisemitischer Macht und Gewalt. Am 7. April 1933 wird das erste antijüdische Gesetz seit 1871 erlassen. Bis 1942 werden ihm unzählige folgen. Die Behandlung der Juden folgt dabei einem Ziel, das in einer interministeriellen Besprechung im Reichsministerium des Innern im September 1936, in der es um die „grundsätzliche Richtung der gesamten Judenpolitik" geht, so benannt wird: Es könne die „Judenfrage erst dann als gelöst angesehen werden, wenn es in Deutschland keine Juden mehr gibt". Die restlose Auswanderung, unter Umständen auch zwangsweise, sei das Endziel.

Man kann sagen, daß die Hauptzielrichtung der Judenpolitik zwischen 1933 und 1939 darin bestand, den Juden das Leben in Deutschland so unerträglich zu machen, daß sie freiwillig so schnell wie möglich auswandern würden. Neben den vielen grundlegenden und folgenschweren Beschneidungen der Rechte jüdischer Bürger, wie zum Beispiel die Aberkennung der Bürgerrechte durch die Nürnberger Gesetze und den offen zutage tretenden Terror, gab es auch eine ungeheure Menge kleinerer Einschränkungen, die für sich genommen vielleicht erträglich gewesen wären, als Paket jedoch verzweifeln ließen. Einige seien hier aufgezählt:

Nach und nach, ab 1938 verstärkt, mußten die jüdischen Bürger ihre elektrischen und optischen Geräte, Edelmetalle, Wertgegenstände, Pelze, Rundfunkgeräte, Schreibmaschinen, Teppiche, Telefone, Waffen, Haustiere und Fahrzeuge, Fahrräder und Autos, abliefern. Ebenso schleichend wurde ihre Bewegungsfreiheit eingeschränkt. Zunächst bezog sich der Judenbann „nur" auf Leihbüchereien und kulturelle Veranstaltungsorte jeder Art, dann auch auf Cafés, Gaststätten, Sportplätze, Schwimmbäder, Bahnanlagen und Bahnhöfe, Wälder, bestimmte Straßen in München und Berlin.

Auch versuchte man, ihre geistige Freiheit einzuschränken. Ankauf von Zeitungen und Büchern wurde verboten, über die eigenen Besitztümer zu verfügen, also zum Beispiel Konten aufzulösen, größerere Gegenstände zu kaufen oder zu verkaufen wurde verboten, Schulbesuch wurde verboten, Eheschließung mit Nichtjuden wurde verboten, die Einhaltung ihrer religiösen Vorschriften wurde teilweise, zum Beispiel durch das Verbot des rituellen Schlachtens, unmöglich gemacht.

Ab 1938 wird damit begonnen, ihnen die wirtschaftliche Existenzgrundlage endgültig zu entziehen. Spätestens hier ist die Motivation aber schon nicht mehr nur die erwünschte Flucht der Juden aus Deutschland, sondern auch eine Aufbesserung der Staatsfinanzen.

Innerhalb von wenigen Monaten werden die (Über)Lebensmöglichkeiten der jüdischen Bevölkerung grausam reduziert.

Sogenannte Arisierungsverfahren, mehr oder weniger legal getarnte Enteignung jüdischer Geschäftsleute zugunsten deutscher Betriebe oder zur persönlichen Bereicherung der Parteibonzen, laufen an.

Eine „Verordnung über die Anmeldung des Vermögens von Juden" folgt, sie ebnet den Weg zur schamlosen Bereicherung an jüdischem Vermögen.

Der Kennkartenzwang, die zwangsweise Einführung der zusätzlichen Vornamen Israel und Sara und die Kennzeichnung der Reisepässe aller jüdischen Bürger mit einem dicken „J" folgen.

Am 7. November 1938 ergeht ein Urteil des Landgerichtes Berlin, wonach die Anwendung von Mieterschutzgesetzen auf jüdische Bürger abgelehnt wird. In der Urteilsbegründung heißt es: „Dass bei einer Kündbarkeit der Verträge mit jüdischen Mietern zahlreiche Juden in Deutschland obdachlos werden würden, mag sein, kann aber nichts ändern. Diese Wohnungen werden dann deutschen Volksgenossen zur Verfügung stehen, was bei dem jetzigen Wohnungsmangel nur erwünscht ist."

Die organisierten, von den Nazis aber trotzdem als spontaner Ausdruck des Volkszorns deklarierten Pogrome der „Reichskristallnacht" werden den Opfern zur Last gelegt: Sie haben für die Schäden zu zahlen und eine Kontribution von 1 000 000 000 Reichsmark an das Deutsche Reich zu leisten. 26 000 Juden werden in „Schutzhaft" genommen und nach Dachau, Buchenwald und Sachsenhausen, ursprünglich für politische Gegner des Dritten Reiches eingerichtete Konzentrationslager, verschleppt.

Im Dezember 1938 wird begonnen, jüdische Bürger zur Zwangsarbeit einzuteilen.

Wenn Arnold trotz dieser totalen Kontrolle der deutschen Juden, der Reduzierung ihres Lebensstandards auf ein Minimum und der direkten Lebensbedrohung, der diese Bevölkerungsgruppe ausgesetzt war, von sich behaupten kann, die nationalsozialistische Ära bis zum Krieg sei für ihn wesentlich stärker durch seine politische Haltung als durch seine Rassenzugehörigkeit bestimmt gewesen, so hat das vor allem zwei Gründe:

Zum einen fühlte sich Arnold Munter in erster Linie als politischer Gegner des Dritten Reiches, mit seinem Judentum hatte er sich hingegen kaum beschäftigt, geschweige denn identifiziert. Selbst wenn ihn Beschränkungen betrafen, so erlebte und empfand er sie immer eher als die logischen Auswirkungen einer falschen Politik, die es zu bekämpfen galt, denn als antijüdische Maßnahmen.

Zum anderen trafen ihn die meisten der rassistischen Gesetze und Verordnungen dieser Jahre tatsächlich nicht so sehr.

Von den materiellen Einschränkungen, die den Juden auferlegt wurden, merkte er praktisch nichts. Von den vielen abzuliefernden Dingen hatten er oder seine Familie nie etwas besessen, kulturelle Veranstaltungen hatte er sich nicht leisten können, und die Wohnung, in der die Munters wohnten, war so ärmlich, daß kein „Arier" darauf Anspruch erhob.

Als Handwerker hatte er außerdem das große Glück, fast immer einen Arbeitsplatz zu haben und so, an den Rassengesetzen vorbei, der Zwangsarbeit zu entgehen.

Und daß er nicht wählen durfte ..., nun, wählen gingen die arischen Deutschen auch nicht mehr.

So hatte es für ihn zunächst keine so krassen Auswirkungen, als Jude zu gelten.

Das änderte sich Ende der dreißiger Jahre, vor allem nach dem Überfall Nazideutschlands auf Polen, grundlegend.

Der Kriegsbeginn war für mich genauso ein Erschrecken wie für jeden anderen vernünftigen Menschen. Wir haben damit gerechnet, daß er kommt, daß er unvermeidlich sein wird, aber keiner hat vorausgesehen, wann, und trotz aller Überzeugung, daß Hitler Krieg bedeutete, war es ein Schock.

Während in Polen im Winter 1939/40 alle Juden in die südostpolnischen Distrikte Krakau, Lublin und Radom sowie nach Warschau deportiert und dort in Ghettos gepfercht werden, wird in Deutschland festgelegt, daß normale Arbeitsrechte für die jüdische Bevölkerung nicht mehr gelten. Juden müssen länger arbeiten, werden nur soviel bezahlt, daß ein notdürftiges Existenzminimum gesichert scheint und haben keinen Urlaubsanspruch. Außerdem erhalten sie mit „J" gekennzeichnete Lebensmittelkarten, keine Kleider und Schuhe, keine abgabebeschränkten Lebensmittel und dürfen nur noch zwischen 16 und 17 Uhr einkaufen.

Als Handwerker gehörte Arnold Munter in dieser Zeit zum jüdischen „Adel". Aber auch sein Bruder Erik konnte die Arbeitsstelle im Kgl. Kaufhaus Gerson zunächst noch behalten.

So wurde die Versorgung mit Lebensmitteln zwar schwerer, aber blieb doch immer ausreichend. Dazu trug vor allem auch die Arbeit der Schwester Anna bei. Bereits mit zwölf Jahren, 1936, hatte sie begonnen, täglich nach der Schule bei einer Schwester des Vaters, die ein Wild- und Geflügelgeschäft unterhielt, auszuhelfen; sie brachte schwere Körbe frisch geräucherter Spickbrüste in die Delikatessengeschäfte am Kurfürstendamm.

Mit vierzehn begann sie in diesem Geschäft, das zu dem Zeitpunkt nicht mehr unter dem Namen ihrer „nichtarischen" Tante, sondern dem des „arischen" Compagnons lief, eine Lehre. Das bedeutete in ihrem Fall, zehn bis vierzehn Stunden Arbeit am Tag für fünf Mark Lohn im Monat und den zweiten Kaffeeaufguß zu trinken, Kost und Logis und ab und zu etwas Gänseklein, auf das die Familie dringend angewiesen war. Wenn sie an ihrem einzigen freien Abend pro Woche nach Hause ging, warteten ihre Brüder immer schon auf die belegte Stulle, die sie zum Abendbrot bekam.

In den Sommern mußte sie der Tante zusätzlich im Gartenlokal helfen, das diese außer dem Geflügelladen betrieb. Dort in Schmöckwitz-Werder hatte sie Garten, Haushalt und Lokal ordentlich und sauber zu halten und abends zu bedienen, am Wochenende den ganzen Tag. Wenn sie ab und zu von Gästen einen Likör angeboten bekam, wies sie auf ihr Alter hin und bat um eine Tafel Schokolade. Abends gab sie die ihrer Tante zurück und erhielt das Geld dafür.

Das Lokal lag in einer ausgesprochenen Nazisiedlung, wo keiner von ihrem Mischlingsstatus wissen durfte. Eines Tages arbeitet sie im Garten, als ihr aus einem der Nachbargärten plötzlich jemand zuschreit: „Annchen, wie herrlich, der Führer hat den Krieg erklärt, Heil Hitler!" Das Mädchen flüchtet ins Haus, um nicht antworten zu müssen. Der „deutsche Gruß" war für Juden streng verboten.

Bald nach Beginn des Krieges wird die kaum Sechzehnjährige zwangsverpflichtet, in der Schwarzkopffstraße für Zeiss-Ikon zu arbeiten.

Aber ich habe auch ein paar Kumpel aus dem Handwerk gehabt, die mich unterstützten. Einer forderte mich häufiger mal auf, ihn abends an einer bestimmten Ecke zu treffen und dann steckte er mir was zu, einmal sogar einen ganzen Schweinekopf, ein andermal ein Bund Aale aus der Zentralmarkthalle, wo er als Klempner arbeitete. Solche Gesten gab es häufig, gerade von Leuten, die den Faschismus ablehnten, solche Dinge ablehnten wie, daß wir nur die Judenkarte hatten, da durfte Mutti nur nachmittags zu einer bestimmten Zeit im Laden einkaufen gehen. Und es war auch fragwürdig, ob sie immer das gekriegt hat, was sie für uns gebraucht hätte. Es gab Ladenbesitzer, die haben zu uns gehalten. Es gab aber auch andere. Es gab Menschen und es gab Banditen.

Ich habe viele Freunde behalten, sogar sehr viele.

Da war ein junges Mädchen dabei, das hatte ich schon Anfang der dreißiger Jahre kennengelernt. Ihre Mutter, eine Portiersfrau in einem der Häuser, in denen ich Reparaturen durchführte, hatte uns miteinander bekannt gemacht und unsere Freundschaft sehr gefördert. Sie glaubte wohl, daß ein tüchtiger Handwerker ein guter Schwiegersohn sei. Wir waren dann auch häufig zusammen in der Zeltstadt, waren aber nur gute Freunde, nichts weiter.

Sie war mir auch die ganze Zeit eine treue Freundin, bis wir uns dann doch sehr ineinander verliebt haben. Das war aber schon neunzehnhundertsiebenunddreißig, also zu der Zeit, als Eheschließung und Geschlechtsverkehr zwischen Nichtariern und Ariern strengstens verboten war. Rassenschande, meine Güte. Obwohl wir aufrichtig zusammenbleiben wollten, war es daher schlimm, als sie einige Zeit später schwanger wurde.

Nach der Geburt unseres Sohnes wurde sie von verschiedenen Stellen verhört, wer der Vater des Kindes sei. Tapfer wie sie war, hat sie darauf bestanden, es nicht zu wissen, da sie mit mehreren Männern Kontakt gehabt hätte. Sie war daraufhin furchtbar demütigenden Szenen ausgesetzt.

Das Schlimmste war, ich konnte mich kaum um die beiden kümmern, denn das war sehr gefährlich, man durfte uns ja nicht zusammen sehen. Ihr Vater tauchte dann auf der Bildfläche auf. Er war der Leiter der SA in Thüringen. Wir hatten uns schon früher kennengelernt. Als er aber erfahren hat, daß ich Nichtarier war, das hatten wir ihm vorher wohlweislich verschwiegen, hat er seine Tochter nach Thüringen geholt und ihr jeden Kontakt mit mir verboten.

Es gab so herzliche Leute, auch in dieser Zeit. Bekannte von uns setzten sich dafür ein, daß ich mit der Frau Kontakt haben dürfe, nachdem der Vater sie weggeholt hatte. Die taten alles und versuchten uns wieder zusammenzubringen. Sie sind sogar nach Thüringen gereist, aber natürlich abgeblitzt. Immerhin hat der Vater nichts gegen mich unternommen.

Nach dem Krieg habe ich nach dem Mädchen gesucht, weil ich geglaubt habe, wir könnten nun endlich die Ehe schließen. Ich habe sie dann auch gefunden, im Wedding, aber da hatte sie außer dem Jungen schon zwei Töchter.

Sie hat mich dann um die Einwilligung gebeten, daß ihr Ehemann unseren Jungen, den ich ja praktisch nicht kannte, adoptieren dürfe. So ist es dann auch geschehen. Ich weiß nicht, ob sie geglaubt hat, daß ich schon tot bin oder nicht wiederkomme. Ich weiß es nicht.

Am 22. Juni 1941 überfällt die deutsche Wehrmacht die Sowjetunion. Keine vier Wochen später werden die ersten Sondereinsatzkommandos gebildet, die im Schutz der Front Massenexekutionen an politischen Gegnern und an Juden vornehmen.

Am 23. August 1941 wird die weitere Auswanderung von Juden verboten. Kurz darauf folgt die Verordnung zur Kennzeichnung der Juden mit dem gelben Stern. Juden dürfen den Wohnbereich ihrer Gemeinde nicht mehr verlassen. Am 19.

Oktober 1941 findet die erste Deportation reichsdeutscher Juden in den Osten statt. Am 20. Januar 1942 stellt Heydrich sein von Göring in Auftrag gegebenes Konzept zur „Endlösung der Judenfrage“ vor. In der schönen Villa am Wannsee, kurz bevor man zum üppigen Frühstück schreitet, sind sich die Anwesenden laut Protokoll darüber einig, daß:

„... das Aufgabenziel war, auf legale Weise den deutschen Lebensraum von Juden zu säubern. Über die Nachteile, die eine solche Auswanderungsforcierung mit sich brachte, waren sich alle Stellen im klaren. Sie mußten jedoch angesichts des Fehlens anderer Lösungsmöglichkeiten vorerst in Kauf genommen werden. (...)

Inzwischen hat der Reichsführer SS und der Chef der deutschen Polizei im Hinblick auf die Gefahren einer Auswanderung im Kriege und im Hinblick auf die Möglichkeiten des Ostens die Auswanderung von Juden verboten. An Stelle der Auswanderung ist nunmehr als weitere Lösungsmöglichkeit nach entsprechender vorheriger Genehmigung durch den Führer die Evakuierung der Juden nach dem Osten getreten. (...)

Unter entsprechender Leitung sollen im Zuge der Endlösung die Juden in geeigneter Weise im Osten zum Arbeitseinsatz kommen. In großen Arbeitskolonnen, unter Trennung der Geschlechter, werden die arbeitsfähigen Juden straßenbauend in diese Gebiete geführt, wobei zweifellos ein Großteil durch natürliche Verminderung ausfallen wird. Der allfällig endlich verbleibende Restbestand wird, da es sich bei diesen zweifellos um den widerstandsfähigsten Teil handelt, entsprechend behandelt werden müssen, da dieser eine natürliche Auslese darstellend, bei Freilassung als Keimzelle eines neuen jüdischen Aufbaues anzusprechen ist.“

Auf einmal war es ein sehr ängstliches Gefühl zu leben, ein Gefühl der vollkommenen Haltlosigkeit. Der Gedanke an diese rein arischen Menschen, die damals gefordert waren, und du bist eben keiner, du bist ein Mischling, der hat einen nicht einen Moment lang verlassen. Und man hat bei allen Dingen den Moment der Gefahr erkannt, der immer gegeben war. Man konnte nie sicher sein, daß nicht was passieren würde. Natürlich habe ich viel mit Freunden zusammengehalten, ob Jude oder Arier, das war mir vollkommen gleich, und die standen auch zu mir. Das war da. Und trotzdem war es eine einzige Bedrängnis, war ständig der Gedanke da, was wird sein?

Den Stern habe ich nicht getragen. Das war zwar gefährlich, aber auch nicht viel gefährlicher, als wenn ich ihn getragen hätte; da mußte man ja immer damit rechnen, daß die SA einen zusammenschlug, wenn man alleine unterwegs war.

Eine Bekannte hat mir ins Gesicht gespuckt und mich mit „dreckiger Judenjunge" beschimpft. Ich habe mich sehr zusammengenommen und bin äußerlich ruhig weitergegangen. Wer weiß, was passiert wäre, wenn ich mich gewehrt hätte?

Am 24. November 1941 findet der erste Transport von Juden nach Theresienstadt statt. Bis zum Jahresende werden dort 7365 jüdische Menschen „ghettoisiert" sein.

Mein Vater ist schon früh abgeholt worden, Ende der dreißiger Jahre. Er zog in die letzte Wohnung mit der Begründung, er wolle uns nicht gefährden, nicht mehr zu uns. Aber er hatte ein Verhältnis mit einer anderen Frau. Wenig später wurde er krank und kam ins Hospital. Dort haben sie ihn rausgeholt und ins Warschauer Ghetto gebracht, wo sich seine Spur verliert. Aber das haben wir alles erst viel später erfahren.

Mein Bruder Heinrich ist eines Tages, neunzehnhundertzweiundvierzig, verschwunden. Mutti hat versucht, ihn zu finden, ist bei der Gestapo gewesen, beim Polizeipräsidium, und überall kam die gleiche Antwort: „Heinrich Munter? Nicht bekannt!"

Erik ist überhaupt nicht inhaftiert worden. Er sieht, nebenbei bemerkt, aus wie tausend Arier. Er war mal kurz in Haft gewesen, aus der er aber schnell wieder entlassen wurde, und dann ist er eingesetzt worden im Jüdischen Krankenhaus an der Iranischen Straße als Pförtner. Dort hat er bis zum Schluß gearbeitet. Seine jüdische Frau ist mitsamt ihrer ganzen Familie verschleppt worden. Keiner von ihnen ist je wiedergekommen, auch seine Frau nicht, keiner.

Meine Schwester Gisela ist ja bei der Schwester meiner Mutter in Stettin aufgewachsen. Man hat sie überhaupt nicht entdeckt als jüdischer Abstammung, von daher hat sie alles überstanden.

Nachdem die ersten Deportationen aus Berlin anliefen, versuchte ein Freund des Vaters, die Geschwister Munter als Mischlinge ersten Grades anerkennen zu lassen.

Im Januar 1942 werden die ersten Juden aus Theresienstadt in den Osten transportiert. Von 2000 Deportierten werden 117 überleben.

Im Februar 1942 finden keine Deportationen aus Theresienstadt statt. Im März und April werden von dort aus 9001 Personen in den Osten verschleppt, 49 von ihnen werden am Leben bleiben.

Wer von den Nationalsozialisten als Jude verfolgt wurde oder nicht, unterlag sehr komplizierten Bestimmungen.

Am 14. November 1935 war eine erste Verordnung zum „Reichsbürgergesetz", dem zweiten Teil der Nürnberger Gesetze, erlassen worden, in der das erstemal juristisch exakt festgelegt worden war, wer nach Ansicht der Nazis Jude war oder als solcher zu gelten hatte: „Jude ist (...) wer von mindestens drei der Rasse nach volljüdischen Großeltern abstammt."

Das war bei Arnold nicht der Fall. In dem Gesetz hieß es allerdings weiter, daß als Jude auch der von zwei volljüdischen Großeltern abstammende staatsangehörige jüdische Mischling gilt, wenn er zum Beispiel zum Zeitpunkt des Gesetzerlasses der jüdischen Religionsgemeinschaft angehört hatte.

Aufgrund dieser Bestimmung wurden Arnold Munter und seine Geschwister als sogenannte Geltungsjuden eingestuft.

Zwei Wochen nach dieser Verordnung wurde auch der Begriff des „Jüdischen Mischlings“ festgelegt. Unter anderem hieß es da: „Jüdischer Mischling ist, wer von einem oder zwei der Rasse nach volljüdischen Großelternteilen abstammt, sofern er nicht als Jude gilt“, also unter anderem, wenn er nicht der jüdischen Religionsgemeinschaft angehörte. Bei einem jüdischen Vorfahr galt man dementsprechend als Mischling zweiten Grades, bei zwei jüdischen Großeltern als Mischling ersten Grades.

Wir haben also versucht, uns als Mischlinge ersten Grades anerkennen zu lassen, weil wir gehofft haben, dann von den Deportationen verschont zu bleiben. Wir gehörten ja auch wirklich nicht der jüdischen Religionsgemeinschaft an, wir Jungen waren noch nicht einmal beschnitten. Unsere Eltern haben uns nie in eine Kirche oder Synagoge mitgenommen, am Religionsunterricht haben wir nicht teilgenommen.

Im Mai 1942 gehen 3000 Menschen von Theresienstadt aus auf Transport. Einer von ihnen wird überleben. Im Juni sind es 2000, von denen keiner am Leben bleibt.

Wir mußten dann zu einem Arzt, der feststellen sollte, ob wir beschnitten waren. Das war alles bestens gelaufen und führte so ein bißchen dazu, daß, als die Vorladung von der Gestapo kam, wir da voller Zuversicht hingegangen sind.

„Du bist die Straße entlang gegangen und hast nie gewußt, ob du am anderen Ende noch ankommst.“

(1942-1945)

Am zwanzigsten Juli neunzehnhundertzweiundvierzig kriegten meine beiden Schwestern, Elli und Anna, und ich eine Vorladung zur Gestapo in der Burgstraße.

Im Juli 1942 wurden von Theresienstadt aus 2000 Juden an ein nicht bekanntes Ziel im Osten deportiert. Zwei von ihnen überlebten. Gleichzeitig wurde den anderen Häftlingen verboten, bei abgehenden Transporten die Straße zu betreten oder sich am Fenster aufzuhalten.

Wir sind, wie gesagt, recht zuversichtlich dort hingegangen. In einem Vernehmungsraum im zweiten Stock mußten wir an den Tisch treten. Dort saß ein Gestapobeamter, blätterte in einer ziemlich dicken Mappe herum und nahm zunächst gar keine Notiz von uns. Als er anfing zu reden, glaubten wir, daß er uns nun unsere Anerkennung als Mischlinge ersten Grades verkünden würde. Stattdessen begann ein Verhör. Schlagartig wurde uns klar, daß sie uns gar nicht wegen des Anerkennungsantrags vorgeladen hatten.

Er begann, mir eine Reihe von Fragen zu stellen. Ganz vorsichtig antwortete ich, immer in dem Bewußtsein: wenn der irgend etwas über die Rote Hilfe weiß oder rauskriegt, ist es endgültig aus. Aber der Gestapomann fragte gar nicht danach. Die Tatsache, daß ich Nichtarier war und mein Name daher nicht in den Vereinslisten des Paddel-, Segel- und Lotterievereins stand, kam mir nun zugute - glaubte ich. Doch ich hatte gerade wieder etwas Hoffnung geschöpft, da hörte ich den Gestapobeamten sagen: „Na gut, wir können dir nichts nachweisen, wir haben aber auch keine Lust, uns noch länger mit dir rumzuärgern. Ihr werdet verhaftet und nach Theresienstadt deportiert."

Wie um den Charakter und die Endgültigkeit dieser unerwarteten Wendung deutlich zu machen, wurden den Geschwistern Verfügungen überreicht, die bereits vor dem Verhör fertiggestellt worden waren: „Aufgrund des § 1 des Gesetzes über die Einziehung kommunistischen Vermögens vom 26. Mai 1933 in Verbindung mit dem Gesetz über die Einziehung volks- und staatsfeindlichen Vermögens vom 14. Juli 1933 der Preußischen Durchführungsverordnung vom 31. Mai 1933 (...) wird in Verbindung mit dem Erlaß des Führers und Reichskanzlers über die Verwertung des eingezogenen Vermögens von Reichsfeinden vom 29. Mai 1941 das gesamte Vermögen des Arnold Israel Munter (bzw. der Anna Sara, der Elli Sara), geb. am 1. 2. 1912 in Berlin, zuletzt wohnhaft in Berlin, Griebenow-Straße 10/11 zugunsten des Deutschen Reiches eingezogen."

Die Geschwister Munter müssen den Raum durch eine andere Tür verlassen, als sie ihn betreten haben. Halb betäubt von dem Schock sitzen sie bis zum Abend in einem von SS-Leuten bewachten Flur. Am Abend werden sie gemeinsam mit zehn anderen von vier Gestapoleuten bewacht in das Sammellager in der Großen Hamburger Straße gebracht.

Richtig schlimm wurde es erst, als es abends rüberging, da wich die Betäubung, die Gedanken kamen hoch. Vor allem der Gedanke an Mutti hat mich beschäftigt, was wird sie sagen, wie wird sie es erfahren, wird sie das überstehen? Gleichzeitig spürte ich ein winziges Gefühl der Schadenfreude, daß die Nazis an unserem beschlagnahmten Vermögen wenigstens nichts gewinnen würden, da gab es nichts zu beschlagnahmen. Als ich sah, daß in der Großen Hamburger Straße ganz normale Polizei zum Bewachen eingesetzt war, habe ich noch einmal Mut gefaßt. Aber als sie uns dann gefleddert haben und ich sogar meine Schuhe abgeben mußte, na, da war mir gar nicht mehr wohl zumute. -

Das Sammellager war von den Nazis in dem ältesten jüdischen Altenheim Berlins errichtet worden. Dieses Heim befand sich in der Großen Hamburger Straße, also mitten im Scheunenviertel nur wenige hundert Meter von dem Haus entfernt, in dem Arnold und seine Geschwister groß geworden waren und aus dem sie 1933 in Panik geflüchtet waren. Nun kehrten sie in das jüdische Viertel zurück. 55 000 jüdische Berliner Bürger, vom Säugling bis zum Greis, sind allein vom Sammellager im Scheunenviertel aus direkt nach Auschwitz oder auf dem Umwege über Theresienstadt dorthin transportiert worden.

Arnolds Schwestern und die anderen Verhafteten wurden in große, bereits völlig überfüllte Zimmer des ehemaligen Altenheimes gebracht. Arnold wurde alleine in eine Kammer von etwa vier Quadratmetern geführt und eingeschlossen.

Kein Bett, kein Fenster, kein Licht, nichts drin. Da habe ich gesessen, Tag und Nacht, ohne etwas zu essen und habe nur gedacht: Arnold, sei tapfer! Aber an einem der Tage wurde die Zelle aufgeschlossen und ich in einen Gemeinschaftsraum, wo sich meine Geschwister befanden, geführt. Hier durfte uns unsere Mutter noch einmal besuchen, ehe es in die Ungewißheit ging. Es war ein nicht zu beschreibender, herzzerreißender Abschied von der Mutter. Mit wundem Herzen, doch nach außen tapfer, so stand ich vor ihr, durfte ein letztes Mal ihre lieben Hände drücken. Dann ging es zurück in die Zelle, noch einen Tag und eine Nacht. In der letzten Nacht wurde die Tür aufgerissen, ich weiß nicht, ob das insgesamt nach zwei oder drei Tagen war, ich hatte völlig die Orientierung verloren, da waren auch die Nerven woanders. Es ging auf die Straße hinunter.

Ecke Oranienburger/Große Hamburger Straße wartete eine Straßenbahn, schon vollgestopft mit Verhafteten, hauptsächlich älteren jüdischen Menschen. Arnold wurde dazugequetscht. Durch das nächtliche, menschenleere Berlin ging es zum Anhalter Bahnhof, wo die menschliche Fuhre im Morgengrauen in einen Zug verladen wurde. Hier entdeckte Arnold erleichtert seine beiden Schwestern wieder. Erstaunlicherweise wurden die Juden mit einem Personenzug und nicht in Güterwagen verschleppt - ein erster Hinweis auf den makabren Charakter des Theresienstädter Ghettos oder Zufall? Auf jeden Fall war es verboten, an die Fenster zu treten und hinauszuschauen oder gar die Abteile zu verlassen. Vor den Abteiltüren standen bewaffnete Polizisten.

Wenn wir selber auch nicht an das Fenster treten durften, so konnte doch niemand verhindern, daß unsere Blicke und Gedanken umso stärker zum Fenster hinausgingen. Der Zug dampfte langsam aus dem Bahnhof heraus, heraus aus der Stadt, in der ich das Licht der Welt erblickt hatte und die ich liebte mit all ihren Schönheiten und Schwächen, in der ich verbunden war mit vielen Menschen. Meine Gedanken gingen zurück zu meinen Kinderjahren, die nicht sehr glücklich waren, aber doch manch liebe Erinnerung bargen. Unbarmherzig rollten die Räder weiter hinaus.

Als wir am Elbsandsteingebirge vorbeifuhren, war das für mich ein herrlicher Anblick und schrecklich zugleich, war ich doch oft im Sommer dort auf Radtour gewesen oder gewandert. Da hat das Herz geblutet. Dann ging es durch bis Bauschowitz.

Der Bahnhof von Bauschowitz/Bohusovice wurde benutzt, um nach Theresienstadt zu gelangen, das noch keinen eigenen Gleisanschluß besaß.

Der Anblick, der sich uns bot, nachdem SS-Leute uns mit Schäferhunden aus den Abteilen gejagt und nach Theresienstadt getrieben hatten, war nicht gerade beruhigend. Wuchtige Festungsbollwerke und ein Festungsgraben riegelten den Zugang zur Stadt ab. Wir gelangten nur über ein Brücke herein, die von tschechischer Gendarmerie bewacht war. Rechts und links an der Straße stauten sich armselige Gestalten, die von Gendarmen für die Dauer unseres Durchzuges zurückgehalten wurden. Offenbar sollten sie nicht mit uns in Kontakt treten können.

Erst später wurde uns klar, warum. Wir wurden in die sogenannte Quarantäne, eine vom Lager abgetrennte Ecke geführt und dort geplündert. Was sie uns in Berlin nicht genommen haben, haben sie uns da geklaut, Mantel, saubere Wäsche. Erst danach wurden wir ins Lager gebracht. Wir waren in Theresienstadt.

Das Ghetto Theresienstadt nimmt unter den von den Deutschen errichteten Konzentrationslagern eine einmalige Sonderstellung ein. Bereits während der Wannseekonferenz hatte Reinhard Heydrich über die Bildung dieses Ghettos berichtet, in das in erster Linie Juden über fünfundsechzig Jahre, prominente und international bekannte oder kriegsschwerbeschädigte Juden und recht willkürlich auch Mischlinge „überstellt" werden sollten. „Mit dieser zweckmäßigen Lösung werden mit einem Schlag die vielen Interventionen ausgeschaltet", lautete die zugrunde liegende Überlegung dieses Mannes, den Franz Schönhuber in seiner Autobiographie von 1989 mit bewunderndem Unterton als „sportlich und musisch, aber auch eiskalt berechnend" charakterisiert.

Vielen, gerade älteren Juden wurde von SS und Gestapo vorgegaukelt, es handele sich bei Theresienstadt um ein Altersheim oder einen Kurort, Bad Theresienstadt, um sie zur ruhigen Abfahrt zu bewegen und ihnen gleichzeitig ihr letztes Geld aus der Tasche zu locken, denn natürlich war ein Platz im „Reichsaltersheim" nicht ganz billig.

Wegen der angestrebten Propagandafunktion wurde das Lager, mit dem die Nazis ihr Gesicht wahren wollten, nicht in Baracken errichtet, sondern in eine richtige Stadt verlegt. Die Wahl war deswegen auf Theresienstadt, diese von Kaiser Joseph II. im 18. Jahrhundert errichtete, festungsartig angelegte Garnisonsstadt, gefallen, weil sie zentral lag, die bereits vorhandene Befestigung die Bewachung erleichterte, die Gebäude „nur“ von Tschechen bewohnt waren, auf die man bei der Räumung der Stadt keine Rücksicht zu nehmen brauchte, und nicht zuletzt auch, weil die Wohnkultur „nicht erstklassig“ war.

Das „Paradiesghetto“ war vielleicht der größte, bestorganisierte und widerlichste Betrug, den Menschen sich je ausgedacht haben. Von den etwa 140 000 Juden, die nach Theresienstadt verschleppt wurden, sind über 88 000 in Vernichtungslager, meist nach Auschwitz, weitertransportiert worden. 3000 von ihnen haben nach dem Krieg noch gelebt. 33 500 Menschen sind in Theresienstadt gestorben. 16 832 von ursprünglich über 140 000 Verschleppten sind im Mai 1945 in Theresienstadt befreit worden.

Doch die jeweils zwischen ihrer Ankunft in Theresienstadt und ihrem Weitertransport in den Osten für kürzere oder längere Zeit im Ghetto befindlichen Menschen wurden von den Nationalsozialisten gebraucht, um die deutsche, vor allem aber die Weltöffentlichkeit über das hinwegzutäuschen, was sie den Juden tatsächlich antaten. So wurde aus Theresienstadt, der von Hunger, Überbevölkerung, Seuchen und ständigen Todestransporten gequälten Stadt, nach außen ein angeblich von den Juden selbstverwaltetes „Paradiesghetto“.

Die Perfidie dieser Täuschung ist kaum zu erfassen und noch weniger zu beschreiben. Der Soziologe Hans Günter Adler, der drei Jahre in Theresienstadt ghettoisiert war und dessen Frau von dort nach Auschwitz transportiert wurde, hat bislang als einziger eine Beschreibung versucht und dafür fast tausend Buchseiten gebraucht.

Jeder muß selber versuchen, sich die Atmosphäre in einer massiv vom Tode gezeichneten Stadt vorzustellen, deren Insassen außerdem ständig miterlebten, wie ihre Familienangehörigen, Freunde und Bekannten an unbekannte Orte im Osten transportiert wurden, von wo man nie wieder etwas von ihnen hörte, und die gleichzeitig dazu mißbraucht wurden, über die Existenz dieser bedrohlichen Orte im Osten und über Elend und Tod im eigenen Lager hinwegzutäuschen.

Adler, aus dessen genauen Recherchen auch die Zahlen der monatlich Deportierten stammen, beschreibt die Atmosphäre im „Paradiesghetto" folgendermaßen: „Nur wer sich ein wenig in diese unwahrscheinliche Welt einzufühlen vermag, kann begreifen und erfassen, inwiefern dieses ‚Ghetto' bei weitem unheimlicher war als alle anderen Lager. Massenmord, eine losgelassene Maschinerie, die täglich Tausende, im Laufe von zwei Jahren Hunderttausende und Millionen von Menschen verzehrte, ist gewiß viel entsetzlicher als das ‚harmlose' und ‚zivile' Theresienstadt. (...) In Theresienstadt aber wirkte ein Spiel in unendlicher vielfältiger Gestalt, ein schauerlicher Karneval, der fast niemandem ganz zum Bewußtsein kam."

Ich bekam die Nummer römisch eins, Strich vierunddreißig, Strich zweitausendsiebenhundertvierundvierzig. Römisch eins stand für Berlin, vierunddreißig bedeutete, daß ich mit dem vierunddreißigsten Transport aus Berlin gekommen war, und der Rest war die fortlaufende Nummer.

Wir wurden in einem ehemaligen Wohnhaus in das Zimmer eingewiesen, in dem wir dann lange leben mußten. Es war etwa dreißig Quadratmeter groß, hatte kahle Wände, keinen Ofen, keine Möbel, es war nichts drin. Sechsundvierzig Häftlinge schliefen dort auf dem kahlen Fußboden. Jedem von uns standen etwa vierzig Zentimeter zu.

Als Arnold nach Theresienstadt kommt, befinden sich in der ursprünglich für 6000 bis 7000 Menschen geplanten Stadt über 50 000 Häftlinge. Einen Monat später, im September 1942 sind es fast 60 000. 3000 Häftlinge werden im August nach Treblinka deportiert. Drei von ihnen überleben. Im September werden 13 004 Menschen nach Treblinka geschafft. Von 13 004 Deportierten entgehen 50 der Gaskammer.

Eins der ersten Dinge, die wir in Theresienstadt gemacht haben, war, uns nach Heinrich zu erkundigen, von dem wir ja nur wußten, daß er seit einiger Zeit verschwunden war. Er war tatsächlich in Theresienstadt! Bei der Selbstverwaltung haben wir erfahren, in welcher Kaserne er „wohnt" und haben ihn dort aufgesucht. Das war eine Freude! Er hat uns erzählt, daß er von der Straße weg verhaftet und nach Theresienstadt geschafft worden war. Gesundheitlich ging es ihm schon nicht mehr sehr gut.

Wir konnten nicht zusammenwohnen, denn Heinrich war ja längst in ein Zimmer eingewiesen. Anna, Elli und ich kamen zunächst in das gleiche Haus, wo allerdings Männer und Frauen strikt getrennt und auf verschiedene Stockwerke verteilt wurden. Nach und nach sind wir dann aber ganz getrennt worden, es wurde ja immer mal ein Zimmer geräumt oder eine Gruppe von Leuten verlegt. Und man mußte sich wirklich in dem Haus aufhalten, in dem man gemeldet war, das wurde kontrolliert.

Die durchschnittliche Wohnfläche jedes Lagerinsassen betrug zwischen anderthalb und zwei Quadratmeter. Bei dieser Berechnung muß man allerdings berücksichtigen, daß den sogenannten Prominenten und Mitgliedern der von den Nazis zwangsweise eingesetzen jüdischen Selbstverwaltung wesentlich mehr Raum zur Verfügung stand, so daß sich die Fläche für die anderen noch dementsprechend reduzierte.

Erst viele Monate, zum Teil sogar erst Jahre später, wurden alle Räume mit den für die KZs typischen dreistöckigen Bettgestellen ausgerüstet. Bis dahin schliefen die Gefangenen zusammengedrängt auf dem blanken Fußboden, jeder auf etwa vierzig Zentimetern.

Auf mehrere hundert Menschen, die in einem Haus lebten, kam häufig nur ein Abort, meist nicht mit Wasserspülung versehen; Toilettenpapier wurde nicht ausgegeben. Ein Brunnen auf dem Hof war in vielen Häusern die einzige Waschgelegenheit. Der jeweilige Hausälteste hatte jemanden zu bestimmen, der die Toiletten bewachte und kontrollierte, daß jeder, der auf dem Klo gewesen war, sich hinterher die Hände in einer bereitstehenden Lysollösung wusch, um die Seuchengefahr einzudämmen. Gerade im Hochsommer 1942, als Arnold und seine Geschwister eingeliefert wurden, hatte die Enteritis-Epidemie (infektiöser Durchfall) ihren Höhepunkt mit monatlich 7000 Erkrankungen erreicht. Fast 5000 Menschen starben allein in diesem Jahr an der Krankeit.

In unserem Zimmer lagen wir außenrum und in der Mitte ebenfalls, dicht an dicht. Da war ein Mann, der lag hinten in der Ecke am Fenster und mußte nachts raus, weil er nicht mehr halten konnte. Er litt wie so viele an Enteritis. Licht durften wir nachts nicht anmachen. Und dann hörten wir und wurden davon wach, wie die anderen schimpften und drohten: Da hatte er unterwegs schon nicht mehr an sich halten können und hatte die, über die er hinwegkriechen mußte, beschmutzt.

Am anderen Morgen waren die Leute nicht mehr bereit, das noch länger mitzumachen. Im Hausflur draußen habe ich dann Hobelspäne aus dem Keller, den man eigentlich nicht betreten durfte, in eine Ecke gestreut, dort mußte er von da an schlafen. Jeden Morgen habe ich ihn als erstes auf den Hof rausgetragen und abgewaschen. Das war eine äußerst schwierige Angelegenheit, nicht nur wegen der unästhetischen Seite dieser Aufgabe, sondern einfach wegen der nicht vorhandenen Möglichkeiten. Es gab keine Gefäße, keine Seife, keinen Lappen und nur kaltes Wasser aus dem Brunnen. Die Hobelspäne habe ich gewechselt, die schmutzigen weggebracht. Das war aber nur fünf, sechs Tage lang nötig, länger hat man in dem Stadium der Krankheit selten gelebt.

Abszesse waren auch sehr schlimm, weil ja keine Medikamente da waren, um sie zu behandeln. Ein Rabbiner, der auf unserem Zimmer war, bekam im Genick einen Abszeß, der wurde immer größer. Der Mann hatte zum Schluß ein Abszeß, der größer war als sein Kopf. Dann ist der aufgebrochen und hat gestunken! Es war nicht zu ertragen. Aber wir hatten natürlich gar keine andere Wahl. Wir mußten warten, bis der arme Teufel für immer seine Augen geschlossen hatte, bis wir ihn raustragen konnten. Das war das Grausame dort. -

In diesem Raum wird Arnold fast eineinhalb Jahre leben müssen, bis er mit anderen Häftlingen im gegenüberliegenden Haus auf dem Dachboden eingewiesen wird. Dort sind sie zwar immer noch über vierzig Personen, aber auf dem Boden ist mehr Platz, so daß sich jeder ein winziges Eckchen zurechtmachen kann. Kurz vor der Befreiung Theresienstadts wird Arnold im Rahmen der Verschönerungsaktionen vor dem zweiten Besuch des Internationalen Roten Kreuzes erneut umziehen müssen.

Der Tagesablauf blieb eigentlich immer gleich. Morgens wurden wir wach, wenn wir überhaupt geschlafen hatten. Nachts gab es ja viel Unruhe. Nach dem Aufstehen Waschen, soweit es möglich war, an dem Brunnen im Hof, unser Haus hatte keinen Waschraum. Handtücher und so weiter gab es auch nicht; einige hatten etwas mitgebracht und in der Kontrolle behalten dürfen, aber die meisten hatten gar nichts. Dann ging man los und holte sich ein bißchen Kaffee an den sogenannten Verteilerstellen, wo man später am Tag auch das Mittagessen holte. Da waren große Kessel aufgestellt, aus denen die Häftlinge des Küchendienstes austeilten. Das war natürlich kein Kaffee, sondern eine Plärre, aber wenigstens warme Plärre.

Wer Glück hatte, besaß noch ein bißchen zu Essen. Bei vielen war es so, daß wenn sie ihr Stückchen Brot für einige Tage bekommen hatten, das haben sie sofort hintereinander aufgefuttert. Wenn man nichts mehr hatte, hat man zumindest den warmen Kaffee getrunken, das war besser als gar nichts. Da gab es auch das Problem, daß nicht einmal alle eine Tasse oder einen Blechnapf hatten, mit dem sie das Zeug holen konnten. Ich habe sehr lange gebraucht, wir hatten ja gar nichts mit, bis ich mal so etwas gefunden habe. Die erste Arbeit, die ich im Lager machen mußte, war Müll wegschaffen. Dabei habe ich einmal eine Konservenbüchse gefunden; die habe ich gründlich saubergemacht und habe sie dann genutzt, um meinen Kaffee und mittags mein Essen zu holen.

Nach dem „Frühstück" wurde das Zimmer sauber gemacht, kontrolliert durch den Zimmerältesten, aber die Menschen waren auch selber daran interessiert, um sich vor Ansteckungen zu schützen. Das war so der Anfang morgens. Ich mußte dann raus, ich war fast der einzige in der Stube, der arbeiten mußte. Die anderen waren ja alle viel zu alt. Ich war für sie noch ein richtiger Lausejunge, und trotzdem war ich ihr Tate, das ist der jiddische Ausdruck für Vater, so haben sie mich immer genannt. Wenn irgend etwas war: Tate!

Viele von ihnen waren so hilflos. Sie hatten den Versicherungen der Gestapo geglaubt, daß Theresienstadt ein Altersheim wäre und hatten viel, viel Geld, teilweise ganze Vermögen für einen Platz in diesem „Reichsaltersheim" ausgegeben, so wie es ihnen vorgegaukelt worden war. Bad Theresienstadt! Auf diese Situation waren sie daher überhaupt nicht vorbereitet, seelisch nicht und auch nicht mit dem, was sie vielleicht von zu Hause hatten mitbringen dürfen.

Ich mußte dann zu der jeweiligen Baustelle, wo ich tätig war, das war unterschiedlich. Mittags konnte ich es mir nicht mal erlauben, zum Essensverteilerpunkt zu gehen, weil ich zu lange weggewesen wäre vom Bau. Zum Abendbrot mußte man meistens wieder von seiner Brotration essen. Also, was wir da für Hunger gehabt haben, kann ich keinem Menschen erklären. Es ist unbeschreiblich.

Die durchschnittliche Arbeitszeit eines jüngeren Theresienstädter Häftlings betrug zwölf Stunden und vierzig Minuten pro Tag, etwa fünfundsiebzig Stunden in der Woche.

Im Prinzip standen ihm dafür 1600 bis 1800 Kalorien am Tag zu. Durch Unterschlagungen, die in der Küche vorkamen, ungerechte Essensverteilung an Prominente und ähnliches, lag der tatsächliche Durchnittswert jedoch wesentlich niedriger, für Alte und Gebrechliche sogar nur bei 400 bis 600 Kalorien, war aber trotzdem immer noch weniger schlimm, als in anderen Konzentrationslagern. Im Warschauer Ghetto lag die offiziell zugestandene Kalorienmenge bei 280 pro Person und Tag.

Das Essen bestand hauptsächlich aus Brot, das portionsweise immer für einige Tage im voraus ausgegeben wurde und für Frühstück und meistens auch das Abendessen herhalten mußte. Mittags, selten auch einmal abends, gab es abwechselnd Wassersuppe oder Kartoffeln mit Tunke. Die Kartoffeln waren häufig faul, das Brot verschimmelt.

Neben der Deportationsangst und den Gerüchten über bevorstehende Transporte, eventuell dafür existierende Listen und so weiter, gab es kein Thema, das Gedanken und Gespräche in Theresienstadt so beherrscht hätte, wie das Essen.

Ich habe immer geschimpft, daß ich mittags oft keine Zeit hätte, mein Essen zu holen. Da hat mich mal einer angesprochen, der mitbekommen hatte, wie schwer es für mich war, nach dem bißchen Futter anzustehen, und bot mir an, das Essen für mich zu holen und bis zum Abend aufzubewahren. Das war für mich eine Hilfe. Aber es war regelmäßig so, daß ich kam und er mir das Essen mit der Bemerkung gab: Ach, ist ja lächerlich, dieses bißchen, wie sollste damit leben? Bis mir ein anderer verriet, daß er mit meinem Essen immer erst hinter den nächsten Bau ging und die Hälfte wegaß. Da habe ich mir die Essenskarte von ihm wiedergeben lassen und habe mein Essen doch selber geholt.

Ich habe ihm das nicht zum Vorwurf gemacht, der Drang leben zu wollen, essen zu wollen, war bei allen so groß. Ich habe selber auch mal Kartoffeln aus dem Vorratslager geklaut. Aber mir hat es eben gefehlt. Das Essen war sowieso meist nur eine Wassersuppe, aber wenigstens warm, oft auch Kartoffeln mit ganz selten etwas Fleisch. Für Arbeiter gab es eine Zulage, das war so eine kleine Büchse Leberpaste, die sehr unregelmäßig ausgegeben wurde. Es hat nicht für viel gereicht, aber es hat das Brot wenigstens mal nach etwas anderem schmecken lassen. Margarine reichte auch nie lange, falls wir welche bekamen.

Wir haben auch Pakete empfangen dürfen. Mutter hat auf ihre monatlich oder vierteljährlich erlaubten Karten immer geschrieben, was im letzten Paket drin gewesen sei. Das ist aber nie bei uns angekommen. Wenn wir ihre Pakete ausgehändigt bekamen, war ein bißchen Brot drin, oft verschimmelt, oder auch Kartoffeln, na ja, bei dem Hunger, den wir hatten, konnte man sie noch essen. Aber das, was Mutti geschickt hat, haben wir selten bekommen.

Daß ich trotzdem relativ lange halbwegs bei Kräften geblieben bin, lag an meiner eisernen Natur. In meinem Elternhaus war ich ja auch nicht allzu reichlich mit Essen versorgt gewesen, da war ich wahrscheinlich schon daran gewöhnt.

Kurz nach seiner Einlieferung in das Lager hatte Arnold wie alle Häftlinge eine Karteikarte bekommen, auf der er Namen, Herkunftsort, Alter und Beruf eintragen mußte. Vorgewarnt durch das, was er bis dahin in der völlig überfüllten, seuchengeplagten Stadt, in der 40 000 bis 50 000, manchmal auch mehr Menschen veraltete und für höchstens 6000 Menschen angelegte sanitäre Anlagen benutzen mußten, beobachtet hatte, unterschlug Arnold seine Ausbildung als Rohrleger und gab seinen Beruf mit Bauklempner und Dachdecker an.

Der chronische Facharbeitermangel in Theresienstadt befreite den Handwerker schnell von seinem ersten Arbeitseinsatz, der Müllabfuhr. Er wurde einem Kommando zugeteilt, das die Brücke über die Eger direkt vor den Toren der Stadtbefestigung reparieren sollte. Vorangegangen war ein sehr kalter Winter und die Pontons der Brückenpfeiler, die die Pfeiler selber vor dem Eis hatten schützen sollen, waren durch die Eiswucht rausgerissen und zerstört. Nun mußten die Theresienstädter Häftlinge diesen Vorbau erneuern. Unter starker Bewachung der SS teilte sich das Arbeitskommando auf. Einige postierten sich mit Seilen auf der Brücke, andere, unter ihnen Arnold, standen bis weit über die Brust im Wasser und banden die losgeschlagenen Pontonteile an die Taue.

Die auf der Brücke hatten immer enorme Schwierigkeiten, das Zeug aus dem Wasser zu ziehen. Sie haben sich kaputtgemacht, und die SS hat gebrüllt. Da bin ich auf die Brücke gegangen, habe mich auf die schmale Kante vor dem Geländer gestellt, so daß ich direkt über den Tauen stand, und aus dieser Position konnte ich mit Hauruck die Lasten etwas anheben. Die anderen, die hinter dem Geländer standen, haben dann schnell nachgezogen. So haben wir die Teile aus dem Wasser geschafft.

Einige Tage später kam von einer Wassermühle, die ein Stückchen entfernt stand, der Mühlenmeister im Schutz der Brücke unbeobachtet ins Wasser und sagte zu mir: „Warum bist du so dumm und machst so gefährliche Arbeit für dieses Pack?" Ich sagte: „Ich bin von Beruf Handwerker und außerdem stark, die anderen schaffen es nicht und dann kriegen wir alle Ärger." Ich habe das so gesehen, daß jeder Arbeitseinsatz, der verloren ging, kein Schaden für die SS war, sondern eine Erhöhung der Schwierigkeiten für die Lagergemeinschaft. Es mußte doch jedem logisch denkenden Menschen klar sein, daß die SS trotz aller Arbeitskräftesorgen nicht die vorgesehene Arbeit beschränken oder reduzieren würde. Damit ergab sich für mich von selber, daß jeder, der sich vor der Arbeit drückte oder bei der Arbeit extra wenig tat, das nur auf Kosten eines anderen oder vieler anderer tun konnte. Denn die SS bestand auf der Fertigstellung der Arbeit in entsprechender Zeit, das war doch klar.

Am nächsten Tag kam der Müller wieder und gab mir, versteckt vor der SS, heimlich ein Brot. Das war für uns wie Kuchen. Das Lagerbrot bestand teilweise aus Kastanienmehl und war unglaublich bitter. Unter der Brücke haben wir dann das Brot zerbrochen, und nach und nach, so daß es der SS nicht auffiel, hat jeder dort unten seinen Teil bekommen und es essen können wie Kuchen.

Im Oktober 1942 werden 9866 Häftlinge Opfer der Transporte, 30 von ihnen bleiben am Leben. Erstmals, und von da an immer, heißt das Ziel der Transporte Auschwitz.

Arnolds jüngste Schwester Anna arbeitete zunächst in der Tischlerei, wo sie von den SS-Aufsehern mit Peitschenhieben, Faustschlägen und Tritten angetrieben wurde. Später wurde sie zusammen mit Elli in die Glimmerwerkstatt gesteckt, wo beide zwölf Stunden am Tag von einem Block Glimmer dünne Blätter abspalten mußten, eine sehr schwierige und staubige Arbeit, bei der die Aufseher aber immerhin aufpassen mußten, bei Schlägen nicht die dünnen, für die deutsche Rüstungsindustrie wichtigen Glimmerblätter zu gefährden.

1993 suche ich Anna auf, um vorsichtig anzufragen, ob sie eventuell bereit ist, einige kleine Gedächtnislücken Arnolds durch ihre Erinnerungen zu stopfen. Sie reagiert fast panisch, verneint vehement. Bei einer Tasse Kaffee, später beim Mittagessen, zu dem sie mich trotzdem einlädt, geraten wir ins Reden, unterhalten uns über alles mögliche, über ihre Existenz als selbständige Ladeninhaberin in der DDR, über die Wende, ihre Kindheit.

Nur ein Thema, ein Zeitabschnitt wird konsequent ausgespart. Als wolle Anna mir ihre panische Reaktion und ihre Ablehnung erklären, fügt sie ab und zu, vollkommen unvermittelt, einen Satz in ihre Erzählungen ein: „Ich habe zu vielen Menschen die Augen geschlossen, ich kann mich nicht erinnern. - Einige Körperstellen tun immer noch weh, obwohl die Ärzte nichts finden können. - Meine Kinder und Enkel wissen nichts davon. - Ich habe Angst vor den Ideen, den dummen Gedanken, auf die manche kommen könnten, wenn sie das von mir wissen." Diese Sätze verteilen sich über ein mehrstündiges Gespräch.

Auf einmal springt die alte Dame entschlossen auf. Ebenso unvermittelt wie sie die aus dem Zusammenhang gerissenen Sätze zuvor gesprochen hat, holt sie einen Umschlag aus den Tiefen einer Schublade. Heraus fallen Aufnäher aus dem KZ Theresienstadt und gelbe Stoffbögen mit dem aufgedruckten Davidstern. „Eigentlich sollte man das alles kurz und zackig verbrennen!" sagt sie mit Tränen in den Augen, rafft alles wieder zusammen und schiebt es in die Schublade ganz hinten. Ich bin ihr sehr dankbar.

Auf ihren Wunsch hin habe ich ihren und die anderen Namen von Arnolds Geschwistern für diese Aufzeichnungen geändert.

Arnold wurde, nachdem die Arbeit an der Brücke beendet war, zu Dachreparaturen eingesetzt. Da er der einzige Dachdecker im Lager war, schickte ihm die jüdische Selbstverwaltung jüngere Häftlinge, die er anlernen sollte. Schließlich konnte man von niemandem wissen, wie lange er in Theresienstadt bleiben würde.

Neben dieser Hauptbeschäftigung wurde Arnold überall dort hingeschickt, wo ein gelernter Handwerker nötig war. Ob es darum ging, ein Haus abzureißen, weil die SS Steine für ihr Viertel benötigte, oder ob auf dem Gebäude der SS-Kommandantur auf einer Fläche von zwei mal vier Metern ein fünfundzwanzig Meter hoher Fahnenmast errichtet werden sollte, ob in der Wäscherei ein Abfluß verstopft war und entlang der Rohre alles aufgegraben werden mußte, ob der Ofen des bekannten Rabbiner Leo Baeck streikte, für viele Arbeiten, bei denen das mangelnde bzw. nicht vorhandene Werkzeug mit Einfallsreichtum und handwerklichem Geschick ausgeglichen werden mußte, wurde Arnold von der jüdischen Selbstverwaltung herangezogen.

Natürlich habe ich auch viel in unserem Haus gemacht. Als es Herbst und damit empfindlich kalt wurde, entwickelte sich das Essen zu einer Qual. Erst mußte man lange mit ungenügender Kleidung in der Kälte anstehen. Wenn man dann den Schlag höchstens lauwarmer Suppe oder Kartoffeln erhalten hatte und damit in die Ubikation zurücklief, wurde das Essen eiskalt. Die alten Leute, die das fressen mußten, haben mir leid getan, aber es gab keine Möglichkeit, das Essen aufzuwärmen, aus den normalen Räumen hatte die SS ja nach der Räumung der Stadt Öfen und Herde herausreißen lassen. Auch die Räume waren eisig.

Wenn ich auf Dachböden arbeiten mußte, was beim Dach-

decken natürlich ständig der Fall war, dann habe ich unter dem zurückgelassenen Gerümpel der ehemaligen Bewohner immer nach Sachen gesucht, die man noch verwenden konnte. So habe ich nach und nach alles gefunden, was man für einen Herd braucht. Da ich auch ungefähr über die Statik eines Hauses Bescheid wußte, habe ich also geschaut, wo ich ein paar Steine raushauen kann. Alles habe ich nach und nach ins Zimmer geschmuggelt. Vom Festungswall habe ich Hosentaschen voller Lehm mitgebracht. Damit habe ich begonnen, einen Herd zu bauen.

Damals lebte der Rabbiner in unserem Zimmer noch. Er kam zu mir und bat, daß er ein Fundament mit Gottes Segen legen dürfte. Da kam also eine kleine Büchse mit einem Fetzen Papier - Papier an sich war schon ein Wunder, das bekamen wir nicht - mit einem hebräischen Gebet unten rein. Als der Ofen fertig war, da hatte ich lange viel Schlafenszeit drangegeben, wurde im ganzen Haus gefeiert, das Essen gewärmt.

Während des Abends steht plötzlich Alexander Sussmann, ein älterer Herr aus Arnolds Zimmer auf, bittet um Ruhe und trägt ein Gedicht/Gebet vor, das er in der Euphorie des Tages, es ist der 30. Oktober 1942, verfaßt hat.

Nichts kann eindringlicher die Bedeutung des Ofens für die Menschen beschreiben:

„Zur Einweihung das Herdes.

Das Werk, zu dem wir den Grund gelegt,
Ist jetzt vor uns erstanden.
Wir sehen froh und tief bewegt
Das Feuer in steinernen Banden.

Dem Mann, der dieses Werk vollbracht,
Sind wir im Herzen verbunden.
Aus Liebe für uns hat er's gemacht
In seinen Feierstunden.

Jetzt sehen wir mit Zuversicht
Dem harten Winter entgegen.
Wir hoffen und harren, wie's unsre Pflicht,
Du, Herrgott, gib Deinen Segen."

Ich habe dann angefangen, an Dachböden Balken rauszuschneiden, die für die Statik nicht unbedingt erforderlich waren, kleingehauen und unter dem Mantel ins Zimmer gebracht. Dabei hat mich mal die Ghettowache angehalten und gefragt, wo ich das her habe. Ich hatte es natürlich gefunden. Sie wollten wissen, wofür ich das brauchte, Öfen waren verboten, und mir das Holz wegnehmen. Da bin ich aber deutlich geworden und habe gesagt, daß ich das zum einen nicht für mich, sondern für alle geklaut hätte und daß ich ehemaliger Deutscher Boxmeister im jüdischen Sport sei. Da haben sie mich gehen lassen.

Abends, wenn ich ins Zimmer kam, hieß es: Unser Tate kommt. Der Zimmerälteste, ein Wiener, sagte eines Abends zu mir: „Der Sussmann kann nicht sterben, weil du nicht mit ihm sprichst." Sussmann lag auf dem Fußboden, kaum etwas unter sich. Ich habe mich neben ihm niedergekniet und fragte: „Alex, was hast du denn, wie geht es dir denn?" Da drehte er den Kopf rum und sagte so mit einer letzten Andeutung von Lächeln: „Arnold, ich weiß, daß ich sterben muß. Ich habe eine Bitte. Wenn du es überstehen solltest, dann schreibe meinen Söhnen, wo und wie ich gestorben bin." Das habe ich ihm versprochen.

Er hatte einen kleinen Zettel dabei, auf dem Namen und Adresse seiner Söhne standen, die in Guatemala lebten. Diesen Zettel hat er mir gegeben. Am anderen Morgen war er tot. Das Zettelchen habe ich ständig bei mir getragen, in der Wäsche versteckt. Als ich am Flecktyphus erkrankte, wurden mir die Sachen ausgezogen und verbrannt, ich war ja besinnungslos. Da war der Zettel weg.

An einem anderen Abend wurde ich zu den Frauen in die erste Etage gerufen. Dort hieß es: „Arnold, die Frau ... ist gestorben." Ich weiß nicht mehr wie sie hieß, eine bildhübsche alte Dame. Natürlich mußte ich sie runtertragen, die Frauen sollten ja nicht mit einer Toten im Zimmer schlafen. Da habe ich sie schön in eine Decke gewickelt und die Treppe runtergebracht, eine Wendeltreppe. Und mit einem Mal fing die Dame an zu röcheln! Vor Schreck hätte ich sie fast fallengelassen. Aber dann habe ich festgestellt, daß ihr Kopf nach hinten gekippt und wahrscheinlich ein letzter Rest Luft aus den Lungen entwichen war.

Sie war wirklich tot, und ich habe sie runtergebracht, in den an sich verbotenen Keller, und für die Nacht auf einen Berg Hobelspäne gebettet. Am anderen Morgen habe ich sie an den Straßenrand gelegt, da wurde sie so wie üblich von den Leichenwagen abgeholt.

Alle diese Menschen mit Seele, die man da sterben sah, das war ganz fürchterlich. Es geschahen so viele zu Herzen gehende Dinge, vieles, was immer noch weh tut.

Von den nach Theresienstadt verschleppten Menschen waren 78 424 Frauen und 52 528 Männer, darunter etwa 7000 Kinder unter fünfzehn Jahren. Etwa 70 000 Menschen kamen aus der Tschechoslowakei, 40 000 aus Deutschland, 15 000 aus Österreich, 5000 aus Holland und 467 aus Dänemark. Von weiteren 10 000 Menschen sind Geschlecht, Alter und Herkunft unbekannt. Insgesamt haben also über 140 000 Menschen das „Paradiesghetto" passiert.

Von Januar 1942 bis Oktober 1944 wurden in 67 Transporten über 88 000 von ihnen in den Osten deportiert. Das heißt, daß im Schnitt alle zwei Wochen über 1300 Menschen weggebracht wurden. Wenn man noch die in Theresienstadt gestorbenen abzieht, für die sich der Transport erübrigte, ist noch nicht einmal jeder sechste Gefangene den Transporten entgangen. Nicht einmal jeder achte hat seine Deportation in das Konzentrationslager Theresienstadt überlebt.

Transporte wurden von der jüdischen Selbstverwaltung nach Anweisung der SS zusammengestellt. Die SS forderte eine bestimmte Zahl, fast immer tausend Menschen pro Transport, und legte die Gruppe fest, aus der die zu Deportierenden ausgesucht werden sollten, zum Beispiel nur ältere Menschen oder nur Arbeitsfähige oder nur Frauen. Dementsprechend machte die jüdische Selbstverwaltung die sogenannten blauen Zettel fertig, auf denen den Betroffenen mitgeteilt wurde, wann und wo sie sich „für einen Arbeitseinsatz im Osten" einzufinden hätten.

Von Anfang an wurde den Häftlingen konsequent verschwiegen, wo die Transporte hingingen und was an ihrem Ziel auf sie wartete, obwohl zumindest die Judenältesten genau darüber Bescheid wußten. Einige Lagerinsassen versuchten vergeblich, an Informationen zu kommen, zum Beispiel wurden zum Transport eingeteilte Häftlinge aufgefordert, einen Zettel mit ihrem Zielort unten am Waggon zu befestigen, damit man, falls die Waggons zurückkommen würden, etwas erfahren könnte.

Obwohl oder gerade weil man jedoch nie etwas Genaueres ergründete, hatte jeder panische Angst, einem Transport zugeteilt zu werden, Angst vor dem Fremden, das vom Grauen unbestätigter Gerüchte und ungewisser Ahnungen erfüllt war.

So beschreibt Adler, wie 1943 ein Transport mit 1260 Kindern aus Bialystok eintraf, die eventuell zum Austausch gegen deutsche Kriegsgefangene verwendet werden sollten. Kurz nach ihrer Ankunft sollten die Kinder gruppenweise in das Desinfektionsbad geführt werden, wogegen sie sich jedoch in panischer Angst wehrten, bis sie von den Deutschen mit Gewalt hineingestoßen wurden. Obwohl den Häftlingen unter Androhung der Todesstrafe das Sprechen mit den Kindern verboten worden war, konnte ihnen dieses merkwürdige Verhalten nicht verborgen bleiben und sie hörten auch die „Gas, Gas"-Rufe, die von den Kindern ausgestoßen wurden. Obwohl die meisten Häftlinge sich weigerten und von ihrem Wissen her gar nicht in der Lage waren, hieraus konkrete Rückschlüsse zu ziehen und bis kurz vor der Befreiung nicht bewußt zur Kenntnis nahmen, was sie erwartete, wurde auf jede Andeutung von Transport mit absoluter Panik reagiert.

Das volle Ausmaß des Grauens wurde erst kurz vor der Befreiung mit dem Eintreffen von Evakuationstransporten anderer Konzentrationslager allgemein bekannt und wahrgenommen.

Im Januar 1943 wurden 6000 Menschen nach Auschwitz deportiert, 67 von ihnen werden überleben. Im Februar sind es 1001, von denen 29 zurückkehren.

Als meine kleine Schwester Elli deportiert wurde, das war sehr früh, in einem der ersten Transporte dreiundvierzig, da wußten wir noch nichts. Ich weiß nicht, warum Elli betroffen war und wir nicht. Ich hatte eigentlich immer mehr Angst beim Heinrich, weil der schwer TBC-krank war, also nichts machte, nicht arbeiten gehen konnte.

Anna und Elli haben Glimmer gespalten. Die Frauen, die das gemacht haben, wurden seltener abtransportiert, weil das kriegswichtig war. Aber eigentlich wurden Mischlinge sowieso nur ganz selten deportiert. Warum nun gerade die Elli ... Wir haben das gar nicht fassen können, aber wir haben nicht gewußt, daß die abtransportierten Menschen vergast werden. Einige, vor allem jüngere, wurden ja auch erst zum Arbeitseinsatz genutzt.

Ich hatte die sanfte Hoffnung, daß ein Bekannter von Elli, der im selben Transport war, ein tschechischer Gutsverwalter, Arbeit „im Osten", wo auch immer das sein mochte, finden würde und sie schützen könnte. Ich weiß nicht, was mit Elli passiert ist, ob sie sofort umgebracht worden ist oder ob sie erst noch zum Arbeitseinsatz mußte und erst zum Schluß, als die Menschen massenhaft vergast wurden, umgekommen ist. Immer wieder denke ich, wie es ihr wohl ergangen sein mag, aber du wirst verrückt, wenn du darüber nachgrübelst, und du kriegst sie dadurch nicht wieder.

Die von der Bundesrepublik Deutschland in den achtziger Jahren herausgegebene, äußerst unvollständige Liste ermordeter Juden weiß von Elli Munter nur zwei Daten: geboren am 5. Januar 1922 in Berlin, verschollen in Auschwitz. Offensichtlich ist also auch aus den von den Nationalsozialisten angelegten Transportlisten, soweit sie noch existieren, nichts Genaueres zu entnehmen.

Wir werden wirklich nie mehr etwas über Ellis Schicksal nach der Deportation aus Theresienstadt erfahren können. Ellis offenes Ende ist einer der vielen Gründe, warum auch dieses Kapitel der deutschen Geschichte offen bleiben wird. Es hinterläßt zu viele offene Fragen, für die es nie mehr eine Antwort geben wird, und die veschiedenen, alle gleich grausamen Möglichkeiten der Beantwortung werden uns auch in Zukunft quälend begleiten.

Schrecklich war auch, daß wir der Mutter, die uns ja schreiben durfte, nicht sagen konnten, daß Elli auf Transport gegangen war. Aber Mutti erkundigte sich natürlich, weil sie keine Karten mehr von ihr erhielt.

Auf jeder Karte hieß es: Was macht Elli? Warum schreibt sie nicht? Oft rot unterstrichen. Und ich konnte es ihr nicht schreiben, durfte ja auch gar nicht, weil die Karten zensiert wurden, da durfte nichts von Transport drinstehen.

Elli hat noch zum Abschied gewunken. Ich winkte zurück.

Von März bis August 1943 fanden keine Deportationen aus Theresienstadt statt. Im September gingen 5007 Menschen nach Auschwitz auf Transport. Von ihnen überlebten 37.

Im Oktober 1943 wurden die 1260 Bialystoker Kinder mit ihren 53 Begleitpersonen nach Auschwitz verschleppt. Aus diesem Transport gibt es keine Überlebenden.

Im Zusammenhang mit den Transporten war die penible Buchführung der SS über den Menschenbestand in Theresienstadt durcheinandergeraten. Im November 1943 wird daher eine sogenannte Volkszählung angeordnet. Nachdem in der Nacht vom 10. auf den 11. November in den Ubikationen, wie die Unterkünfte nach tschechischem und österreichischem Militärbrauch genannt werden, gezählt worden war, wurden die Gefangenen nach der durchwachten Nacht aus dem Lager heraus in den Bauschowitzer Kessel getrieben, ein an Theresienstadt angrenzendes, von sanften Gebirgszügen eingezäuntes Gebiet.

Unter schärfster Bewachung müssen die Lagerinsassen sich zu Hunderterblocks aufstellen. Die SS-Leute treffen erst viel später ein, die Zählung dauert viele Stunden. Um 17 Uhr zieht die SS ab. Um halb neun kommt für die Juden der Befehl zum Aufbruch zurück ins Lager, nachdem sie fünfzehn Stunden in Kälte und Regen gestanden haben und nicht sicher sein durften, je wieder in dieses oder ein anderes Lager oder irgendwohin zurückzukehren. Während der gesamten Zeit haben die Frauen und Männer ihren Platz nicht verlassen dürfen, auch nicht zum Austreten.

Aber noch grausamer war der Rückmarsch! Alle wollten nur zurück, raus aus der Nässe. Auf dem Platz sind schon viele liegen geblieben und unterwegs auch. Selbst für mich, ich war ja ein junger Mann und hart im Nehmen, war es hart an der Grenze. Ich konnte mich nur noch mühsam zurückschleppen, rein in die Bude, hinlegen und weg.

Eines Nachts, auch um die Zeit der „Volkszählung" herum, wurde Arnold wachgemacht. Zusammen mit anderen mußte er in größter Eile eine frisch geräumte Kaserne so zurechtmachen, daß sie zu einem Empfangshaus wurde, also Wände rausreißen, Räume größer machen, oberflächlich anputzen und anstreichen. Zum Schluß wurden Tische und Stühle reingestellt, manierlich aussehende Räume waren bereit ...

Am nächsten Tag kam ein Zug mit dänischen Juden. Sie wurden empfangen von der SS, die die Zugtüren öffnete, den Damen die Hand reichte, damit sie aussteigen konnten, und sie in die in der vorhergehenden Nacht fertiggestellte Kaserne begleitete. Dort wurden die Dänen freundlich begrüßt und bewirtet. Anschließend wurden sie aufgefordert, über den Empfang brieflich nach Hause zu berichten. Erst, nachdem diese Briefe geschrieben waren, wurden die Neuankömmlinge aller ihrer Wertgegenstände beraubt, mit Judensternen ausstaffiert und dem normalen Lagerleben ausgesetzt.

Obwohl die 450 dänischen Juden die kleinste Gruppe im Lager blieben, veränderten sie das Antlitz der Zwangsgemeinschaft ganz entscheidend. Nach ihrer Deportation hörten die Interventionen der dänischen Behörden und des dänischen Königs, die einen Besuch des dänischen Roten Kreuzes in Theresienstadt anstrebten, nicht mehr auf, bis ihnen im April 1944 endlich nachgegeben werden mußte.

Der Besuch wurde für den 23. Juni 1944 vereinbart. Bereits Ende 1943 hatte die SS unter dem Eindruck der dänischen Forderungen begonnen, das Lager äußerlich präsentabel zu machen. Diese „Stadtverschönerung" wurde nun mit allen zur Verfügung stehenden Mitteln betrieben. Es wurde sogar der Kommandant, Obersturmführer Burger, gegen den Obersturmführer Rahm eingetauscht, dem man die Organisation der angeordneten Farce eher zutraute.

Vor allem mußte natürlich die Stadt von ihrer Überbelegung befreit werden. Grundlegender Bestandteil der Stadtverschönerung war von Dezember 1943 bis zum Mai 1944 der Abtransport von 12 555 Juden nach Auschwitz, wodurch bis zum Mai 1944 die Zahl der in Theresienstadt anwesenden Häftlinge auf 28 000 reduziert wurde.

Fast jeder dritte Gefangene mußte der Verschönerung des Lagers weichen.

Ich habe ständig Angst gehabt, was mit mir passieren würde, das hat alles beherrscht, zusammen mit dem Wunsch, überstehen zu wollen. Da hat man immer dran gedacht. Angst hat man wirklich immer gehabt, vor allem wegen der Transporte, wegen der Vollpfropfung des Lagers, der Seuchen, des Hungers, ich hatte auch Angst, umgebracht zu werden wegen der Dinge, die ich getan habe, daß sie dahinterkommen würden, daß ich den Ofen errichtet und die Dachböden ausgebaut hatte und so. Eigentlich hat man nur noch fressen und schlafen wollen und um sich dagegen durchzusetzen, dazu hat man Kraft gebraucht! Bei mir kam diese Kraft ein bißchen aus meiner Hilfsbereitschaft für andere und vor allem durch die kulturellen Veranstaltungen.

Damit sind natürlich nicht die offiziellen kulturellen Veranstaltungen gemeint, die von der SS befohlen wurden. Diese Veranstaltungen, in erster Linie musikalische Darbietungen, gehörten wie auch die Orchester an der Todesrampe von Auschwitz zu den perversen Maßnahmen der SS, um das Grauen zu verschleiern, und sollten speziell in Theresienstadt den sorgenfreien und paradiesischen Zustand jener Stadt hervorheben, die „der Führer den Juden geschenkt hatte".

Abends jedoch, wenn die SS sich in ihr Viertel zurückgezogen hatte und die Häftlinge unter sich waren, begann die eigentliche Theresienstädter Kultur; Musik, Theater, Vorträge, gespeist eben aus jener seelischen Not, die teils die Verhältnisse meistern wollte, teils eine zeitweilige Flucht aus der Gegenwart anstrebte.

Die Lagerkommandanten ließen den Juden hierin erstaunliche Freiheit, zynisch hatten sie erklärt: „Sie mögen nur spielen!" - denn sie wußten im Gegensatz zu den Häftlingen sehr genau, was diese erwartete, sobald sie Theresienstadt verlassen mußten.

Ich glaube, daß es eine Eigenschaft der Juden ist, jemanden, der nicht ihr Wissens- oder Bildungsniveau hat, nicht abzustoßen, sondern erst recht zu sich heranzuziehen, um ihr Wissen weiterzugeben. So bin ich in einen Kreis gekommen, der sich häufig zu Vorträgen mit anschließender Diskussion traf. Da ging es meist um Einzelheiten aus dem jüdischen Leben, um Philosophie, Kunst und Musik, aber auch „Nathan der Weise", „Faust" und andere Theaterstücke wurden gelesen.

H. G. Adler schreibt in seinem Buch über Theresienstadt: „Eigenartig war das private Kulturleben im Lager, das sich oft auf persönliche Arbeit oder intimen Austausch beschränkte, wiederholt jedoch auch die Öffentlichkeit erreichte. Ein großes Verdienst gebürte dem betagten Philipp Manes aus Berlin, dessen Eifer und geistiges Interesse ihn liebenswürdig machten. Seine Stelle als Leiter des Orientierungsdienstes (dessen Aufgabe darin bestand, verirrte und verwirrte Menschen in ihre Ubikation zurückzubegleiten) genügte ihm nicht und ließ ihm Zeit, über 500 Vorträge und andere Darbietungen zu veranstalten, die lange in seinem dunklen, winkligen Dienstraum in B V stattfanden."

Ich wurde von einigen Leuten aus diesem Kreis angesprochen, ob es nicht irgendeine Möglichkeit gäbe, sich einen größeren Raum zu schaffen, wo diese Veranstaltungen stattfinden könnten. Ich habe dann ein Haus ausgesucht, in das die SS keinen Fuß mehr setzte, weil dort Fälle von Typhus aufgetreten waren. Der Boden dieses Hauses war noch nicht in kleine Kämmerchen unterteilt. Da habe ich auf der einen Seite die Fußbodenbretter rausgerissen und daraus in der anderen Hälfte Bänke und ein etwas erhöhtes Podest geschaffen.

Von Leichenhaufen habe ich Decken runtergerissen und in Chlorwasser ausgewaschen, die kamen als Umkleidung um das Podest. Ein Maler hat uns zwei große Bilder auf Papier an die Wand gemalt. In das schräge Dach habe ich ein Fenster gebaut. Das war gar nicht so einfach, ich war ja kein Tischler. Aber ich habe Doppelfenster aus solchen Häusern ausgebaut, wo doppelte nicht nötig waren, einen Rahmen gefertigt und auf dem Dachboden eingesetzt. Kehlen habe ich aus Dachpappe hergestellt, Blech hatten wir ja nicht.

Da fanden dann die Veranstaltungen statt. Es gab so viele wissenschaftliche Vorträge, die für mich als einfachen Arbeiterjungen interessant waren.

Ich sage das heute mit ehrlichem Empfinden, ich bin in der Hinsicht in Theresienstadt sehr reich geworden. -

Von Philipp Manes findet sich unter Arnolds Papieren folgende Widmung:

„Es ist nicht ganz einfach, einem Himmelsstürmer irdische Dinge zu sagen, die seiner hochstrebenden Art genehm sind.

Denn Sie, mein lieber Munter, kommen aus einer so ganz anderen Sphäre, wie die unsrige es ist. Und doch verbindet uns etwas - Sie, den tätigen Handwerker - mich, den geistigen Arbeiter: die Freude am Schaffen und Gelingen.

Erst waren Sie anteilnehmender Zuhörer, dann griffen Sie aktiv ein und verwandelten durch Ihrer Hände Arbeit den häßlichen, unwirtlichen Boden in einen Raum, in dem die Musen sich - unter dem Gesichtswinkel Theresienstadts gesehen - heimisch fühlen durften.

Ihre ganze freie Zeit widmeten Sie diesem Werk.

Daß meine Gruppe sich auf Boden Q 307 entfalten konnte, verdankt sie allein Ihrer Tätigkeit und Tüchtigkeit, dafür bleibt Ihnen allzeit verbunden Ihr Philipp Manes."

Philipp Manes hat diese Dankesworte am 9. September 1944 geschrieben. Am 28. Oktober wird er mit dem letzten Transport nach Auschwitz deportiert und dort vergast.

Der Graphiker und Schauspieler Julius Arnfeld würdigt Arnolds Leistung im Dezember 1944 durch eine Federzeichnung von Goethe, die er durch ein Zitat des Dichters ergänzt:

„‚Nimmer sich beugen, kräftig sich zeigen, rufet die Arme der Götter herbei!'

Wenn wir Kulturpioniere ein wetterfestes Dach hier in Theresienstadt über unseren Häuptern spürten, so danken wirs dir, lieber Arnold Munter! Das möge ein Symbol für unser aller Zukunft sein."

Professor Saudek, der berühmte tschechische Bildhauer, hat Spinoza gezeichnet und dazu vermerkt:

„Im Anfang alles Menschentums war das Ungewisse, das Chaos. Das zu bezwingen, zu ordnen, zu rhythmisieren scheint mir die Aufgabe der Philosophie, der Kunst zu sein. Betrach-

1. Dezember 1944
Nimmer sich beugen, kräftig sich zeigen,
Rufet die Arme der Götter herbei!
[Goethe]
Wenn wir Kulturpioniere ein wetterfestes Dach hier
in Theresienstadt über unseren Häuptern spürten,
so danken wirs dir, lieber Arnold Munter!
Das möge ein Symbol für unser aller Zukunft sein!

ten wir alles ‚unter dem Scheintod der Ewigkeit'. In diesem Sinne, lieber Herr Munter, gehen wir den gleichen Weg."

Einige weitere Zeichnungen und Gedichte hat Arnold Munter zusammen mit einer kleinen Tonvase von Professor Saudek aus Theresienstadt retten können, weil er die kostbaren Schätze sofort nach Erhalt unter einer Bohle des Dachbodens versteckte und so vor dem Zugriff der SS sicherte, die 1944 viele Künstler wegen Verbreitung von Greuelpropaganda auf Transport geschickt und ihre Werke vernichtet hatte. Diese unvergleichlichen Zeugnisse einer unvorstellbaren Daseinsform sind heute im Deutschen Historischen Museum ausgestellt.

Es haben sich auch die Religionen untereinander getroffen. Ein katholischer Priester aus Wien hat mich mal angesprochen und gebeten, ob ich nicht auch einen Raum für die Ostermesse schaffen könnte. Das war, glaube ich, schon vierundvierzig.

Da habe ich in der gleichen Weise einen zweiten Boden zurecht gemacht, gar nicht weit von dem ersten, im gegenüberliegenden Haus. Die Nägel habe ich wie zuvor im Bauhof gestohlen, das war Sabotage und lebensgefährlich.

Als die Messe stattfinden sollte, bin ich hingegangen, habe mich auf die letzte Bank gesetzt und habe gelauscht. Das war ein beruhigendes und schönes Erlebnis, diesen Menschen geholfen zu haben, daß sie diese für sie so wichtige Messe hören konnten.

Aus dieser Zeit stammt eine Wesensbeschreibung Arnolds, die die tschechische Schriftstellerin Anna Aurednicek, eine weise Frau von über achtzig Jahren für ihn und über ihn zu Papier brachte:

„In meinem Leben bin ich vielen Sammlern begegnet. Der eine sammelte Briefmarken, der andere Autogramme. Ich sammele interessante Menschen, Persönlichkeiten. In Theresienstadt habe ich meine Sammlung bereichert. Auch Sie, junger, bejahender, arbeitsfreudiger Mann sind in der Kette einge-

„Sub specie aeternitatis." (Spinoza).

Im Anfang alles Menschentums war das Ungestaltete, das Chaos. Dies zu bezwingen, zu ordnen, zu rhythmisieren scheint mir die Aufgabe der Philosophie, der Kunst zu sein. Betrachten wir alles „unter dem Sehwinkel der Ewigkeit."

In diesem Sinne, lieber Herr Münzer, gehen wir den gleichen Weg.

22.IV.15.

[illegible]

reiht. Auf Ihren Lebensweg gebe ich Ihnen den Ausspruch eines großen Weisen: ‚fort se jede', d.h. Vorwärts! Also vorwärts, lieber Herr Munter, eine Devise, die ohnehin in Ihrer Wesensart liegt."

Aber natürlich entging auch Arnold nicht der Versuchung, für einige Zeit wenigstens in Gedanken dem Ghetto entfliehen zu wollen.

Abends habe ich mich manchmal in die Toreinfahrt gestellt, wo es schön hallte, und habe gesungen. Eines Abends kam ein kleiner alter Jude auf mich zu, stellte sich vor mich hin und fragte: „Nu, wo haben Sie gesinget, wo haben Sie studieret?" Ich sagte, ich sänge nur so zum Vergnügen. „Ich werde Ihnen geben Unterricht." Das war der Bruder des berühmten Operettenkomponisten Leo Fall. Leider ist er wenige Wochen später gestorben.

Aber später, schon zu der Zeit der „Verschönerung", habe ich auf einem Dachboden ein Harmonium gefunden. Das durfte ich mit runternehmen, um es zu reparieren, damit es vielleicht beim Besuch der Delegation eingesetzt werden könnte. Ich hatte zwar keine Ahnung davon, aber ich habe es irgendwie repariert, mir hat dieses Tüfteln ja immer viel Spaß gemacht. Nur eine Stimme blieb immer kaputt ... Da kamen dann abends mal die Müller-Hess, die berühmte Opernsängerin, und der Kammersänger Nadolewitsch, da haben wir geschmettert. Damit hat man sich ein bißchen geholfen. Wir haben uns überhaupt viel vorgegaukelt. Ganz selten mal haben wir abends Skat gespielt. Wir hatten ganz alte Karten, die fehlenden hatte einer nachgemacht. Wenn wir dann in der Runde saßen, haben wir geträumt, daß da ein Glas Bier dabeisteht.

Aber der Theresienstädter Wirklichkeit entkam man nicht, der betörende Wahn hielt nie lange.

Im Zusammenhang mit den Massendeportationen im Mai 1944, die das Lager verschönern sollten, kam es zu einem schauerlichen Schauspiel. Die 2500 für diesen Transport bestimmten Menschen waren mitsamt einer Transportreserve bereits in der Kaserne C III untergebracht, vor deren Hintertoren die mittlerweile bis nach Theresienstadt verlegten Gleise der Reichsbahn verliefen.

Am späten Nachmittag erscheint Rahm, läßt die „Teilnehmer" des Transportes wiederholt an sich vorbeidefilieren und siebt viele Stunden lang, zunächst bei Tageslicht und nach Einbruch der Dunkelheit im Schein starker Reflektoren etwa 600 Personen aus.

Als ihm bewußt wird, daß der Transport so nicht mehr vollständig ist, siebt er die bereits Ausgeschiedenen noch einmal durch. Bei dieser Selektion bleiben nur noch 150 vom Transport ausgenommen. Der Schindluder, der hier mit Menschenleben getrieben wird, zieht sich bis weit nach Mitternacht hin. Aus den offenen Laubengängen und Fenstern der Kaserne verfolgen Scharen von Gefangenen die gespenstischen Prozessionen von der ersten bis zur letzten Minute.

Am nächsten Tag füllt Rahm die in den Waggons durch seine „Begnadigungen" entstandenen Lücken durch eine wilde, von ihm persönlich durchgeführte, willkürliche Menschenjagd auf. Das Lager ist in Aufruhr.

Dabei war die Atmosphäre im Lager schon normal so, daß du die Straße entlang gegangen bist und nie gewußt hast, ob du am anderen Ende noch ankommst.

Zur selben Zeit wurden alle Straßen hergerichtet, gewalzt und gesäubert, der Stadtplatz begrünt und mit 1200 Rosenstöcken und einem Musikpavillon versehen. Überall wurden schön geschnitzte Wegweiser zur Bank, Post, Bibliothek, Feuerwehr, zum Kinderspielplatz usw. aufgestellt.

Die noch vorhandenen Menschen wurden stärker zusammengepfercht, um einige Häuser, durch die man die Delegation des Internationalen Roten Kreuzes führen wollte, freizubekommen. Diese wurden mit richtigen Möbeln versehen, mit Bildern geschmückt, die man aus leergeräumten Häusern Prager Juden entwendet hatte. Nur eine Person oder Familie wurde pro Zimmer eingewiesen. Auch die zu ebener Erde gelegenen Räume von Häusern, die die Kommission nicht betreten, sondern nur daran vorbeikommen würde, wurden geweißt und hergerichtet.

Schon vorher war eine Bank mit dem dazugehörigen Geld ins Leben gerufen worden. Diese speziell für Theresienstadt entworfenen und hergestellten Ghettokronen, die neben hebräischen Schriftzeichen Moses mit den Gesetzestafeln zeigten, waren natürlich völlig wertlos. Zur Vervollkommnung des Bildes von Theresienstadt als einer normalen Stadt wurden zwar Läden eingerichtet, in denen aber praktisch nicht eingekauft werden durfte. In den Schaufenstern waren als „Ware" Gegenstände ausgestellt, die den Juden bei ihrer Ankunft im Lager weggenommen worden waren.

Vor dem Besuch der Delegation des IRK sollten die Häuser in den Straßen, durch die sie kommen würden, gestrichen werden, mit sehr bunten Farben.

Aus Prag wurden dazu Gerüste geliefert, von der Firma Rossek. Von der Selbstverwaltung erhielt ich den Auftrag, das Gerüstbauen zu lernen, denn die Leute von der Firma durften nur zwei Tage im Lager arbeiten. Ich wurde von einem dieser Leute, der deutsch sprach, angelernt.

Der Mann von der Gerüstefirma sagte zu mir, es sei gut für seine Leute, wenn möglichst oft mal ein Teil kaputtginge, zerbräche und ausgetauscht werden müßte. Also habe ich vorsichtig Teile zerbrochen, meldete dann, daß die Qualität der Gerüste sehr schlecht sei, wir bräuchten unbedingt neue Teile. Dann kamen die Prager Gerüstbauer, trafen sich mit tschechischen Kameraden aus dem Lager und so funktionierte ein Informationsstrom zwischen Lager und Außenwelt, Informationen kamen rein und gingen raus. Tatsächlich hat meine Mutter mir nach dem Krieg erzählt, daß man von BBC Nachrichten aus Theresienstadt gehört hätte.

Natürlich brachten sie für ihre tschechischen Kameraden auch Lebensmittel mit. Von einem dieser Leute habe ich einmal ein Stückchen Salami bekommen. Das war ein Ereignis!

Einmal, ich weiß nicht mehr, ob das vor dem ersten oder zweiten Besuch einer Delegation war, mußte ich ein Gerüst im Ratssaal bauen. Der Ratssaal hatte hervorragende Dekkenmalereien und hoch an den Wänden angebrachte Fresken. Dafür mußte ich ein Gerüst austüfteln und bauen, das nirgendwo an die Wand stieß. Von diesem Gerüst aus mußten Häftlinge ringsum die Malereien mit Brotscheiben abreiben. Dadurch wurde angeblich der Staub aus den kleinen Poren, die sich ja auch bei Ölmalerei bilden, herausgesogen und das Gemälde reiner. Ich habe in der Zwischenzeit an dem Dach, wo ich gerade arbeiten mußte, weitergemacht.

Nach einiger Zeit bin ich gucken gegangen, wie weit die waren. Ich bin also rübergegangen zum Rathaus, der Ratssaal war in der ersten Etage. Im Foyer stand in einer Ecke am Fenster Obersturmführer Rahm, der Kommandant des Lagers, und beobachtete Häftlinge, die dort Garagen bauen mußten. Wir hatten ja strenge Grußpflicht; ich habe mal miterlebt, daß ein alter Lagerinsasse, der einen SS-Mann nicht rechtzeitig gegrüßt hatte, auf der Stelle erschossen worden war. Also. Kopfbedeckung ab, Hände an die Hosennaht und melden: Römisch eins, vierunddreißig, zweitausendsiebenhundertvierundvierzig.

Er kam zu mir, der Lagerkommandant und ich waren ganz alleine in dem Foyer, und sagte:

„Was machst du hier?“

„Herr Obersturmführer, ich will sehen, ob die im Saal fertig sind.“

„Was geht dich das an?“

„Herr Obersturmführer, ich bin der Gerüstbauer.“

„So. Was machst du sonst?“

„Ich bin Spengler und Dachdecker.“

„Wo arbeitest du gerade?“

„Q vierhundertzehn, Dachinstandsetzung.“

„Was stehst du dann hier rum?“

„Herr Obersturmführer, ich stehe nicht rum, Sie haben mich aufgehalten.“

Zack! Da hat er mir die ganze Seite zerschlagen, Kiefer angeknackst, Zähne auf der Seite raus.

Im ersten Moment sind tausend Gedanken durch meinen Kopf geflitzt, ich war drauf und dran, zurückzuschlagen. Es war mir blitzschnell klar, daß ich ihn erledigen konnte, mir vielleicht sogar seine Pistole aneignen konnte, ihn erschießen und sogar, weil ich ja oftmals außerhalb arbeitete, entkommen konnte, ich wußte ein Tor, das nur von zwei Mann bewacht war - rohe Gedankenfetzen und gleichzeitig aber auch schon: Arnold, wenn du das machst und selbst wenn es dir gelingen sollte, von dem Lager wird keiner übrigbleiben. Lidice, diese restlose Tötung und Ermordung aller Menschen, da wäre keiner übriggeblieben. Da habe ich mich umgedreht, bin die Treppe runtergerast, zur Straße, erstmal in den Rinnstein, um meine Zähne und das ganze Blut auszuspucken und dann schnellstens auf das Dach, falls der vielleicht nachkommt.

Die tragische Geschichte von Lidice war in Theresienstadt deshalb besonders gut bekannt, weil am 10. Juni 1942, sechs Tage nach dem erfolgreichen Attentat tschechischer Widerstandskämpfer auf Heydrich, dreißig junge Männer aus Theresienstadt mit Schaufeln ausgerüstet und auf einen Lastwagen geladen worden waren. Nach etwa eineinhalb Tagen war die Gruppe übermüdet, mit blutigen Händen, Schwielen und vollkommen apathisch zurückgekommen. Lange hatten sie das ihnen auferlegte Schweigegebot nicht gehalten: Nachdem sie zu einem von SS umzingelten brennenden Dorf gefahren worden waren, hatten sie sechsunddreißig Stunden lang unter ständigen Drohungen und Peitschenhieben ein Massengrab ausheben müssen, vier Meter tief und zwölf mal neun Meter groß, Leichen entkleiden und hineinstapeln, am Ende nur noch hineinwerfen müssen. Die SS hatte den Berg mit zwei erschossenen Hunden gekrönt. -

Im Zuge der Verschönerungen wurde Arnold auch beim Bau eines Musikpavillons, in dem das Rote Kreuz mit Musik empfangen werden sollte, und beim Bau einer wunderschönen Kinderkrippe eingesetzt. In der Mitte der Krippe war das Dach offen, direkt darunter wurde ein Planschbecken angelegt. Rundherum angeordnet waren die bestens ausgestatteten Zimmer, überquellend von hochwertigen Spielzeugen und mit Bettchen, die mit weißen Decken bezogen waren. Nur haben sich die Kinder gerade mal einen Tag, nämlich als die Delegation kam, in der Krippe aufhalten dürfen. Sie mußten von dort dem Kommandanten entgegenlaufen und ihn begrüßen: Hallo, Onkel Rahm.

Und dieses Schwein hat ihnen über die Köpfchen gestreichelt.

Ich selber mußte beim ersten Besuch der Delegation mit anderen Menschen, die noch eine Figur hatten, ein bißchen nach Mensch aussahen, nicht so wie die vielen Sterbenden und Verreckenden, Spalier stehen an der Straße, wo das IRK durchging. Wir kriegten den Befehl, uns sauber anzuziehen, konnten zu diesem Zweck sogar in der Kleiderkammer, wo die nach der Ankunft geraubten Sachen lagen, etwas beantragen.

Wenn die Delegation vorbeikam, haben wir immer die Kopfbedeckung abnehmen, grüßen und winken müssen. Auch das Kaffeehaus wurde eröffnet. Da gab es Konzerte und „Kaffee". Den Kaffeegrund hat man nach hinten weggeschüttet und da standen schon andere, die das vom Boden gefressen haben, weil sie furchtbaren Hunger hatten. Aber das hat die Delegation nicht gesehen. Meine Schwester mußte, von Tritten und Peitschenhieben am ganzen Körper geschwollen, in der Ballettgruppe „Die Blume von Hawaii" mittanzen.

Von dem Propagandafilm „Der Führer schenkt den Juden eine Stadt", der anschließend, also im August und September neunzehnhundertvierundvierzig von Kurt Gerron gedreht wurde, habe ich nicht viel mitbekommen, außer, daß mal Luftalarm ausgelöst wurde, weil dann alle von der Straße mußten, damit die Stadt in dem Film nicht so überfüllt wirkte.

Einmal habe ich auch eine Szene miterlebt, wie ein Wagen, vollbeladen mit Heu, an der Kirche vorbeifuhr, und oben junge Mädchen in bunten Kleidern und mit Tüchern winkten.

Im September und im Oktober 1944 werden von den knapp 30 000 Lagerinsassen 18 404, fast zwei Drittel aller in Theresienstadt anwesenden Menschen, nach Auschwitz deportiert. Im Lager bleiben 11 000 Häftlinge zurück.

„In vielen Zimmern eingeschaltetes Licht, auf den Gängen lief das Wasser aus den Hähnen. In den Krankenhäusern fielen Patienten aus den Betten und blieben nächtelang auf dem Fußboden, da es an Pflegepersonal mangelte", schrieb Murmelstein, der letzte Judenälteste in sein Tagebuch.

Die Auswahl der Opfer für die letzten zwei der Transporte, 3753 Menschen, die das Lager am 23. und 28. Oktober verließen, übernahmen Rahm und Möhs, ein Abgesandter Eichmanns, persönlich.

Außer den Häftlingen der prinzipiell geschützten Gruppen, nämlich Dänen, konvertierte holländische Juden, andere Ausländer, zu fünfzig Prozent und mehr Kriegsbeschädigte und sogenannte asoziale Elemente, das heißt Kriminelle, hatten alle Gefangenen an den zwei Selektionen teilzunehmen, die einmal alphabetisch und einmal nach Abteilungen vorgenommen wurden.

Jeder hatte vorzutreten und Namen sowie Arbeitsplatz anzugeben. Mit Rotstift notierte Rahm die Verurteilten, mit blau die noch einmal Davongekommenen und übergab die Liste anschließend Murmelstein.

Neben den geschützten Gruppen wurde darauf geachtet, eine Kerntruppe von Handwerkern im Lager zurückzubehalten.

Arnold kann sich noch erinnern, daß er vortreten mußte und nach Name und Beruf gefragt wurde. Der direkt nach ihm vortretende Heinrich Munter wurde nur gefragt, ob er der Bruder von Arnold Munter sei. Arnold beschreibt nicht, was er bei diesen Selektionen und bei dem rapiden Menschenschwund um sich herum empfunden hat.

Er beschreibt keine Gefühle, wenn er vom Konzentrationslager berichtet. Er beschreibt nur, was gewesen ist, Tatsachen, Zahlen. Was seine Erlebnisse in den Menschen ausgelöst haben, muß ich mir größtenteils selber vorstellen. Nachts schlafe ich wieder bei Licht.

Im Februar 1945 wird Arnold gemeinsam mit allen anderen im Lager verbliebenen Handwerkern zu einer Baustelle geschickt, deren Fertigstellung sehr dringend zu sein scheint. Den Häftlingen wird natürlich nicht mitgeteilt, um was für ein Bauprojekt es sich handelt. Trotzdem kommt im Lager das (später bestätigte) Gerücht auf, es handele sich um eine Gaskammer.

Als im Lager darüber geredet wurde, daß die SS eine Gaskammer errichten ließ, hat Rahm uns alle zusammenrufen lassen. Wir mußten uns in einer Reihe vor ihm hinstellen. Er ist vor uns gestanden und hat uns angebrüllt: Was uns einfiele? Sie ließen zum Schutz vor amerikanischen Bombenangriffen einen Bunker bauen, um das Essen für das jüdische Siedlungsgebiet sicher zu lagern, und wir würden solche Greuelmärchen verbreiten! Dabei ist er einmal langsam vor der Reihe hergelaufen und hat jedem, der eine Brille trug, die Brille ins Gesicht geschlagen.

Nicht einmal das bereits zum Tode verurteilte Lager wird von der Propaganda verschont. Die immer gespenstischer werdenden Verschönerungsaktionen nehmen einen letzten grotesken Anlauf.

Im Rahmen der Vorbereitungen auf den zweiten Besuch einer Delegation des Internationalen Roten Kreuzes, der am 6. April 1945 stattfinden sollte, erhielt Arnold den Befehl, aus seinem Massenquartier auszuziehen und wurde in den Block eingewiesen, wo alle Handwerker nun ein Zimmer bekamen. Unter Aufsicht der SS mußten sie diese Zimmer möblieren, wofür ihnen ungehobeltes Holz zur Verfügung gestellt wurde.

Ein Bett, ein Schrank, ein Tisch, eine Bank und eine Küchenattrappe, alles genau vorgeschrieben, mußten angefertigt werden. Scharführer Heindl kontrollierte. Dort lebte Arnold bis zum Schluß.

Kurz vor dem Empfang des IRK gab es einen Ölbrand im Krematorium. Danach saß lauter schwarze Schmiere an den Wänden. Wir mußten also ran, ich das Gerüst bauen und die anderen mit Bürsten saubermachen und hinterher weiß streichen, damit für die Delegation alles schön war.

Wenn man dort reinkam, mußte man zuerst durch den Raum, wo die Toten abgelegt wurden. In diesem Raum lag in einer Ecke eine Decke. Ich bin sofort hingerannt, um mir die Decke zu holen. Da lag unter der Decke ein Gefangener, der wenige Tage vorher in die Kleine Festung gebracht worden war, das war ursprünglich das Militärgefängnis für die Festung gewesen. Nun war es ein Gestapogefängnis, das außerdem als Hinrichtungsstätte für Häftlinge aus dem Ghetto genutzt wurde, die gegen eines der zahlreichen Lagergesetze verstoßen hatten. Auch diesen Mann hatten sie totgeschlagen, zu Fleischklumpen zusammengeschlagen. Die Decke habe ich liegen lassen. In den Öfen konnte man viele halbverbrannte Leichen sehen.

Am Tage des Besuches mußte ich in meinem Zimmer sitzen und ein Buch lesen. Ich habe nur auf die Zeilen gestiert und nach hinten gelauscht, bis ich hörte, wie die Delegation kam und der Judenälteste, Murmelstein aus Wien, zu den Leuten sagte: „Hier sind wir an dem Block wo unsere Handwerker und Spezialisten wohnen. Hier unten wohnt der Dachdecker und Spenglermeister Arnold Munter, ich will mal sehen, ob wir ihn besuchen können." Jedes Wort vorgeschrieben! Er kam rein, klopfte an meine Tür und sagte: „Entschuldigen Sie, Herr Munter, hier ist eine Delegation des IRK, dürfen die mal hereinkommen, ist das möglich?" Ich erwiderte also laut Drehbuch: „Ja, bitte."

Zuerst kamen die Herren der SS, unter ihnen Eichmann, der die Delegation statt des erkrankten Rahm durch das Lager führte, einige weitere SS-Leute und dann erst die Delegation. Einer von ihnen stellte Fragen. Wie es mir ginge, was ich von Beruf sei, ob ich Arbeit hätte, wie es um das Essen bestellt sei? Ich konnte nur erwidern, daß es mir verhältnismäßig gut ginge, ich sehr viel Arbeit hätte und mit dem Essen zurecht käme.

So konnte man es natürlich auch formulieren, so mußte man es formulieren, wenn man nicht direkt, nachdem die Delegation das Lager verlassen hatte, erschossen werden wollte, wie es nach ihrem ersten Besuch passiert war.

In die Sudetenkaserne waren im Juli 1943 Akten aus dem Reichssicherheitshauptamt in Berlin ausgelagert worden. Die Zufahrt zur Kaserne wurde vom Lager abgeriegelt.

Kurz nach dem zweiten IRK-Besuch beginnen aus dem Hof der Kaserne mächtige Rauchwolken aufzusteigen. Der Dachdecker Munter wird von Mithäftlingen angestiftet, vom Dach aus zu beobachten, was da los sei.

Da habe ich also ein günstig gelegenes Dach von innen durchstoßen, kaputtgemacht, um einen Tag später raufzusteigen und das Loch zu reparieren. Von da aus konnte ich sehen, daß SS-Männer mächtige Papierberge, Akten und Karteikarten rausschleppten und verbrannten. Es passierte dann einige Tage später, wahrscheinlich habe ich zu lange an dem Loch rumgefummelt, daß ein SS-Mann von unten brüllte: „Machst du, daß du da verschwindest, du Judenschwein!" Er hat seine Pistole gezogen und hochgeschossen - vorbei. Ich habe mich ganz schnell bis zum First hochgezogen und auf der anderen Seite der Dachschräge bis zur Luke gerettet.

Vom Dach aus habe ich übrigens auch immer die Bombardements beobachtet. Ich habe mir eine Stelle gesucht, wo man klar hören konnte und von unten nicht unbedingt sofort entdeckt wurde. Dort habe ich die Zeit gemessen von dem Über-

fliegen der Flugzeuge über Theresienstadt bis zum Knallen der Detonationen, und anhand dieser Zeitspanne konnte man so etwa ausrechnen, wie weit das Ziel der Bombardements entfernt war.

Die stärksten Bombenangriffe, die ich so je „miterlebt" habe, fanden gleichzeitig in der größtmöglichen noch meßbaren Entfernung statt, das mußte etwa bei Dresden sein. Als wir die massiven Bombenangriffe gesehen haben, war eine gewisse Genugtuung bei uns da, weil wir glaubten, das wären Einsätze gegen die aus dem Osten flüchtende SS, die zu rauhen Mengen an Dresden vorbeizog; auf dem Durchmarsch von Prag kamen sie auch direkt an Theresienstadt vorbei. Wir haben gedacht, die aus Rußland zurückflutende SS würde beschossen.

Vom Dach aus konnte ich beobachten, daß die meisten Flugzeuge nach Theresienstadt flogen und über der Stadt auf das Ziel zuwendeten, jedenfalls haben wir uns das immer eingebildet. Über dem Lager wackelten sie immer mit den Flügeln. Uns ist das wie ein Gruß vorgekommen: Haltet durch, wir retten Euch!

Das hat uns Mut und Kraft zum weiteren Durchhalten gegeben. Ob das nun wirklich so geplant war oder Zufall oder Einbildung, habe ich nie erfahren.

Den Häftlingen ist klar, daß die Aktenverbrennung ein Vorzeichen für die Kapitulation der SS und für den Sieg ihrer Befreier ist. Die erleichterte Stimmung in dieser Zeit der Auflösung der straffen Lagergesetze spiegelt sich deutlich in einem Gedicht für Arnold, das ein Mitglied seiner Arbeitskolonne verfaßt hat:

„Wer steigt auf die Dächer in schwindelnder Höh? - ‚der Munter'
Wer schmettert sein Lied beinah bis zum C? - ‚der Munter'
Wer baut uns Gerüste mit kundiger Hand? - ‚der Munter'
Wer leiht unserer Feuerwehr erst den Verstand? - ‚der Munter'
Wer hat stets ein offenes Herz für die Kunst? - ‚der Munter'

Wer steht in der Frauen besonderer Gunst? - ‚der Munter'
Wer hat alles kunstgerecht demoliert? - ‚der Munter'
Wen ruf ich um Hilfe, wenn 's brenzlich wird? - ‚den Munter'
Mein Wunsch ist darum, er bleib stets gesund - und munter!
Ein Stürmer wie der geht mit diesem Befund nie unter!
Zum Andenken an gemeinsames Schaffen in Theresienstadt:

16. 4. 1945, Ingenieur Weiß"

Die Gefangenen erfahren nicht, daß ein Plan der SS, weitere Transporte abgehen zu lassen, deren Teilnehmer in der Kleinen Festung oder auf freiem Felde abgeschlachtet werden sollen, nur am massiven Druck des Internationalen Roten Kreuzes scheitert.

Trotzdem kommen ihre Erleichterung und das Gefühl, alles überstanden zu haben, zu früh.

Am 20. April erreichen die ersten Evakuationstransporte aus anderen Konzentrationslagern, die die Nazis vor der Entdekkung ihrer Greueltaten durch die anrückenden Russen schützen sollen, nach oft wochenlangen Irrfahrten in verschlossenen Waggons und regelrechten Todesmärschen Theresienstadt. Bis zum 1. Mai, danach geht der Überblick verloren, treffen fast 13 000 Menschen ein, die meisten in einem entsetzlichen Zustand. Ihre Herkunftsorte markieren eine Landkarte des Grauens. Etwa fünfhundert Menschen sind dabei, die einst von Theresienstadt aus deportiert worden waren. Nun werden sie von ihren eigenen Müttern nicht wiedererkannt.

Wir mußten die mit Menschen vollgestopften Waggons ausräumen. Wir haben den Wagen aufgemacht und vorne lagen schon fast alles Leichen, die meisten halbnackend. Wir mußten erstmal die Toten rausholen, damit die noch Lebenden überhaupt rauskonnten. Die völlig verwahrlosten und verlausten Menschen sollten isoliert untergebracht werden, irgendwo, wo Platz war, und desinfiziert werden. Beides war sehr schwierig, wegen des geringen Platzes und weil niemand von ihnen zum Eintritt in Bad oder Desinfektionsanstalt zu bewe-

gen war. Ich habe zwar versucht, die Flöhe, die ich auf den Leib bekam, zu zerdrücken, aber bin doch gestochen worden.

Arnold wird von seiner Schwester, die ihn in seinem Raum besuchen will, mit hohem Fieber vorgefunden. Sofort mobilisiert sie die Ärzte, die nur bestätigten können, daß ihr Bruder sich bei den Neuankömmlingen mit Flecktyphus angesteckt hat.

Es scheint, als wolle der von Flöhen übertragene Flecktyphus die Arbeit der SS über das Kriegsende und die Befreiung des Lagers hinaus fortsetzen und an ihr grausames Ende bringen. Im Lager erkranken über 2500 Personen, allein bis Ende Juni 1945 sterben 502 von ihnen. Theresienstadt wird von den am 10. Mai eintreffenden Russen unter strenge Quarantäne gestellt, sich aufopfernde russische Sanitäreinheiten beginnen mit der Arbeit.

Aber davon weiß Arnold nichts mehr, nur einzelne Punkte tauchen aus dem Dunkel der Erinnerung auf, an eine heiße Dusche, an einen Raum in der Sudetenkaserne, wo neben einigen Betten auch umgedrehte Schreibtische als Krankenlager dienen müssen, an verschiedene Gesichter, die sich über ihn beugen und wieder verschwinden, an Fieberphantasien, irgendwann auch an den ersten sowjetischen Soldaten.

Anna, die nach der Übernahme des Lagers durch das Rote Kreuz zum Küchendienst eingeteilt worden war, besorgte sich einen Ausweis für die Krankenstation, zu der an sich niemand Zutritt hatte, um ihre Brüder zu pflegen und mit Essen zu versorgen. Nicht nur Arnold, auch der mit einer doppelseitigen offenen Lungentuberkulose lebensgefährlich erkrankte Heinrich bedurfte ihrer Fürsorge.

Eines Tages sitzt sie mit mehreren anderen ehemaligen Häftlingen zusammen. Plötzlich erscheinen zwei russische Soldaten und fordern sie auf, mitzukommen. Einen russischen Soldaten vor sich und einen hinter sich, so wird der nur wenige Tage zuvor befreite KZ-Häftling abgeführt. Aus sicherer Entfernung rufen die anderen, entsetzt geflüchteten Häftlinge hinter ihr her. „Regt euch nicht auf, ich bin gleich wieder zurück", antwortet sie. Dafür erhält sie einen derben Gewehrstoß ins Kreuz.

Anna wird zum Kommandanten geführt, der ihr über einen Weißrussen als Dolmetscher den Grund ihrer Verhaftung mitteilt: „Wo hat dein Bruder gedient? Wo sind seine Orden?"

Es stellt sich heraus, daß der schwer fiebernde Arnold von sich gegeben hat, daß er ehemaliger SS-Mann sei, seine Orden lägen beim Lagerleiter und auf der Krankenstation sei er aufgrund von Schußverletzungen. Die Russen vermuten in ihm einen getarnten SS-Mann und haben ihn bis zur Klärung erst mal völlig sich selbst überlassen.

Anna kann das einfach nicht fassen. Furchtlos geht sie auf den Kommandanten los: Ob keiner seiner klugen Ärzte auf den Gedanken gekommen sei, mal die Decke zu lüften und nach angeblichen Schußwunden Ausschau zu halten, sich zu überlegen, daß Fieberphantasien in Arnolds schwerem Krankheitsstadium normal sein könnten, ob er es richtig fände, einem Kranken aufgrund solcher Verdächtigungen keine medizinische Hilfe mehr angedeihen zu lassen, statt ihn erst mal zu heilen, um dann die Vorwürfe zu klären, bevor er tot ist und vielleicht doch unschuldig. Sie erzählt auch von der Szene, in der Arnold einem russischen Soldaten gegenüber mit der Begründung, er müsse erst entbinden, das Essen verweigert hat. Der Kommandant wird kleiner und kleiner. Am Ende entschuldigt er sich.

Der Zug nach Theresienstadt/Terezín fährt durch wunderschön gewellte, frühlingsgrüne Landschaft. Das paßt überhaupt nicht zu den Vorstellungen, die ich mir von dem Ort des Konzentrationslagers gemacht habe. Vor meinem geistigen Auge habe ich Theresienstadt immer als eine von einer Mauer umzingelte Stadt gesehen, die sich übergangslos auf steinigem Wüstenboden erhebt, aber doch nicht in so einer lieblichen Landschaft.

Terezín selber kann seine Herkunft als k.-u.-k.-Garnisonsstadt nicht verbergen. Die wuchtigen, nach wie vor völlig intakten Festungsbollwerke, Kasematten und Gräben umschließen eine niedliche kleine Stadt, die sich gerade aufgrund der engen Umgrenzung einen fast dörflichen Charakter erhalten hat und kaum einen Hinweis auf die jüngste Vergangenheit freigibt. Sie ist so klein, daß man immer wieder an denselben Gebäuden vorbeikommt, aber jedesmal muß ich von neuem auf meinen Plan schauen, ob da nun die Ghettowache (heute Kulturhaus), die Siechenstation (heute Kaserne), die SS-Kommandantur mit Folterkeller (heute Sparkasse), das „Kaffeehaus" (heute Textilgeschäft) oder die SS-Unterkunft (heute Parkhotel) gewesen ist, so wenig deutet noch darauf hin.

Auf der Suche nach einem Museum oder ähnlichem gerate ich an ein amerikanisches Ehepaar, von dem ich vermute, daß es die Stadt aus demselben Grund aufgesucht hat, wie ich. Sie können mir allerdings gar nicht weiterhelfen, wissen nicht einmal, wie dieses besonders reizende kleine Städtchen heißt, in dem sie auf der Durchreise nach Prag nur zufällig auf der Suche nach einem Café Halt gemacht haben, weil es ihnen so gut gefiel. Ich nenne ihnen den Namen des Ortes und kann mir nicht verkneifen, auch auf die jüngere Geschichte dieser „little lovely town" in groben Zügen hinzuweisen. Ihre Reaktion wechselt von Unglauben zu Entsetzen: „What a shame!"

Ein gemeinsames Interview eines Passanten (zum Glück auf englisch, ich weiß nicht, ob ich hier deutsch sprechen wollte) fördert zutage, daß es tatsächlich ein seit 1991 existierendes Ghetto-Museum gibt, auf dessen Rückseite wir uns befinden. Nachdem die Tschechen sich sechsundvierzig Jahre nach Beendigung des Krieges zur Errichtung des Museums durchgerungen haben, sind erstmalig auch Bronzetafeln mit Erläuterungen an einigen Häusern, die im Lager eine besonders zentrale Funktion hatten, angebracht worden.

Als ich vor dem Haus stehe, in dem Arnold die ersten Jahre im Lager gelebt hat (heute ein Molkereiwarenladen), und mich umdrehe, um das gegenüberliegende Haus, in dem er sich mit

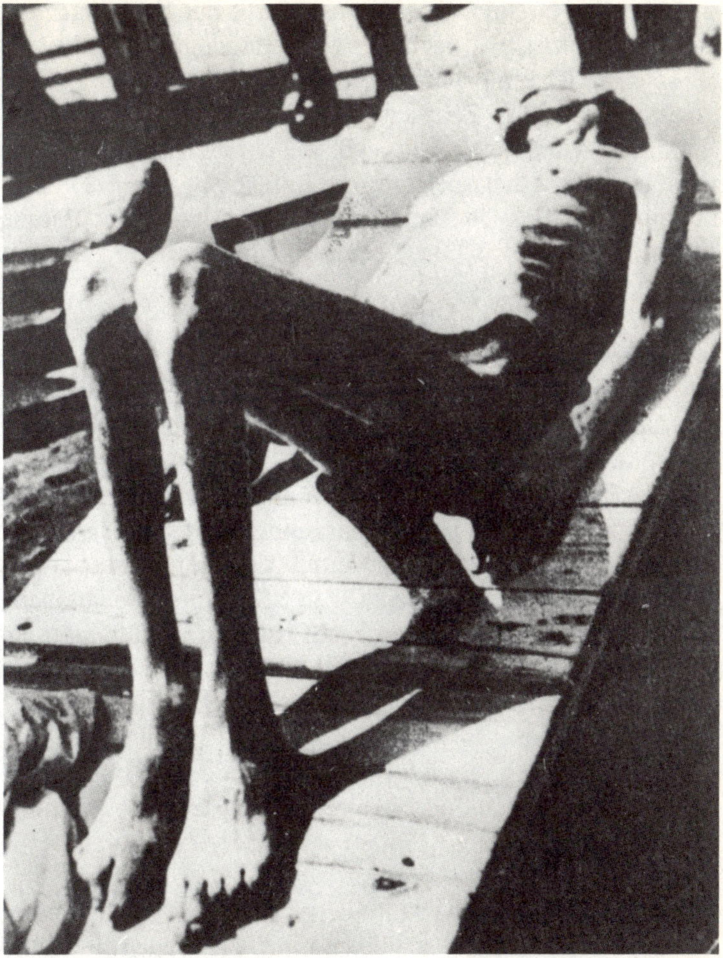

Als Arnold Munter einige Jahre nach Kriegsende in die CSR fährt, erhält er vom Präsidenten der Tschechischen Widerstandsbewegung dieses Foto, das von russischen Soldaten in Theresienstadt aufgenommen worden ist und den flecktyphuskranken Arnold zeigen soll. Seine Schwester, die ihn damals pflegte, hält das für sehr gut möglich.

anderen den Dachboden zurechtgemacht hat, zu betrachten, erhalte ich einen Faustschlag in die Magengrube. „Block D III/L2 6-8“ ist immer noch säuberlich auf dem Gebäude zu erkennen. Von dem Zeitpunkt an ist mir übel.

Plötzlich wird mir auch bewußt, daß nur jemand die bis heute intakten Tore in den Auslässen der Befestigungsanlage schließen muß, um den Ghettozustand wieder herzustellen. Ist die scheinbare Normalität des Lebens hier immer noch grausiges Theater?

Terezín macht einen überfüllten Eindruck. Dabei werden heute vielleicht wieder 6000 Personen, darunter viele Soldaten, dort wohnen. Es mag an den engen Gassen und lückenlosen Häuserreihen liegen, die sich innerhalb der Befestigung zusammendrängen.

Es erscheint mir fast ausgeschlossen, sich vorzustellen, daß dort bis zu 60 000 Menschen zusammengepfercht waren, die zudem noch ein ummauertes Viertel der Stadt, das für die SS reserviert war (in dem ehemaligen SS-Kameradschaftsheim befindet sich das Parkhotel), nicht betreten durften, und auf die Fläche des Marktplatzes verzichten mußten, weil dort in einem riesigen Zirkuszelt Glimmer gespalten und Motoren verpackt wurden.

Ich bin heilfroh, als ich die Stadt wieder verlassen kann. Und das war damals nur im verriegelten Güterwagen möglich.

Mitte Juli ist Arnold so weit wieder hergestellt, daß er einen ersten Brief nach Hause schreiben kann. Wenn auch die Schrift noch sehr zitterig ausfällt, seine Worte sind es nicht:

„Meine Lieben!

Große Freude über Euern Brief, ist es doch ein Gruß von Denen, die das Schicksal uns erhalten hatt. Meine schwere Krankheit habe ich mit Gottes Hilfe und auch der Hilfe vieler edler Menschen glücklich überstanden. Bin noch nicht 100% der alte Arnold, aber mein Glaube und Energie werden es wieder schaffen. Eine große Frau schrieb mir ein Wort eines Weisen in mein Erinnerungsbuch: ‚fort se jede‘, das heißt Vorwärts, in diesem Sinne will ich schließen in der Hoffnung recht bald bei Euch zu verweilen.

Tausend Grüße und Küße Euer Arnold.“

„Vorwärts! Ich wollte überall mitwirken."

(1945-1951)

Fast auf den Tag genau drei Jahre nach Arnolds Verhaftung organisierte die für die Auflösung des Lagers und den Rücktransport der ehemaligen Häftlinge in ihre Heimatländer verantwortliche tschechische Repatriierungskommission einen Lastwagentransport nach Berlin. Anna, die der Ansicht war, daß ihre beiden nicht als transportfähig eingestuften Brüder nur zu Hause eine Chance hatten, wieder gesund zu werden, sorgte dafür, daß diese auf dem Lastwagen einen Platz erhielten. Eine gewisse Rolle mag hierbei russischer schwarzer Tee aus der Lagerküche gespielt haben. Der für die Küche zuständige russische Offizier, der um ihre Sorge für die beiden schwerkranken Brüder wußte, hatte sie auf diese Kostbarkeit aufmerksam gemacht und den Schlüssel stecken lassen ...

Anna selber blieb noch einen Monat in Theresienstadt, wo sich fast niemand mehr um die noch nicht in die Heimat zurückgebrachten, zumeist alten ehemaligen Häftlinge kümmerte.

Der Transport - erstmals hatte dieses Wort keinen grauenvollen Hintersinn mehr - mit ihren Brüdern verließ das Lager am 18. Juli 1945.

Unterwegs haben wir uns die Augen aus dem Kopf geschaut: endlich mal wieder Land sehen!

An der tschechischen Grenze wurden wir von tschechischen Grenzsoldaten empfangen und es begann etwas, womit wir nie gerechnet hätten; das ist eine sehr unangenehme Erinnerung. Einer von ihnen bewachte uns von einer kleinen Anhöhe aus mit einer Maschinenpistole, die anderen Grenzer sprangen sofort auf den Wagen und fingen an, alle Gepäckstücke zu öffnen, und man kann wohl sagen, zu räubern.

Heinrich und ich hatten zusammen einen riesigen Koffer, den hatte ich, wie so vieles andere auf einem Dachboden gefunden. Es stand noch der Name der jüdischen Familie drauf, die damit ins Lager gekommen war. In diesem Koffer hatte ich all die Bilder und Gedichte, die ich im Versteck gerettet hatte, verwahrt. Außerdem hatten wir im Lager noch etwas Geld, tschechisches Geld von der Repatriierungskommission, und vor allem auch etwas zu essen, jeder einen Margarinewürfel und etwas Brot, erhalten.

Als einer der Soldaten anfing, sich an unserem Koffer zu schaffen zu machen, rief ich ihm zu: „Pozor - Flecktyphus!" Da bekamen sie alle einen Schock, ließen von dem Koffer ab, vom Gepäck überhaupt, und liefen weg. Es war bekannt, daß im Lager bis zum Schluß Flecktyphus grassierte, daher bin ich damit durchgekommen. Ich sah dementsprechend aus.

Das erste, was wir danach sahen, war Dresden. Wir hatten die massiven Bombardements ja bis ins Lager gehört und voller Genugtuung geglaubt, daß die flüchtende SS in der Nähe der Stadt angegriffen worden sei. Als wir nun Dresden sahen, ich glaube, wir haben alle geweint.

Ich hatte die ganze Kultur so geliebt, und nun war alles kaputt, das habe ich nicht begreifen können. Es ist dann sehr still geworden auf dem LKW.

Nachher ging es weiter über Landstraßen, da habe ich nie genau gewußt, wo wir waren, aber wir haben die Felder gesehen, es war ja immerhin Juli, die reichen Felder, das hat uns bewegt. Das Durchqueren der Wälder war eine Freude, die ich drei Jahre nicht mehr erlebt hatte, die herrlichen Wälder. Ich besinne mich noch, daß der Kraftfahrer an einer Stelle schlappmachte, nicht mehr konnte und sagte, er müsse stehenbleiben und eine Stunde schlafen. Wir haben ja fast den ganzen Tag gebraucht von Theresienstadt bis Berlin. Er legte sich an dem Waldrand hin und schlief. Das war Frieden.

Anschließend ging es weiter, nach und nach habe ich schon wieder einige Dörfer und Landschaften erkannt, die mir von früher vertraut waren, aber ich konnte alles nur mit einem wehen Gemüt wiedersehen. Unbeschreiblich, so viel Zerschlagenes und Zertrümmertes.

Als es nach Berlin reinging, hat das Herz bei der Frage, wie es dort aussehen würde, bei Verwandten und Bekannten und vor allem im Elternhaus, gebibbert. Für uns, die wir in Berlin zu Hause waren, war die Ansicht unserer Heimatstadt genauso ein Schock wie zuvor Dresden, obwohl wir ja dadurch schon auf einiges vorbereitet waren.

Wir wurden im Wedding beim jüdischen Krankenhaus abgesetzt. Wir wollten aber nach Hause, zu Mutti. Zum Laufen war ich noch zu schlapp. Wir haben versucht, den Lastwagenfahrer zu überreden, uns noch weiterzufahren. Er erklärte sich auch bereit, aber nur unter der Bedingung, daß er dafür von uns etwas zu Essen bekäme. So war der Mann. Wir haben nicht lange verhandelt, sondern gegeben, was er verlangte. denn das wichtigste war für uns in dem Moment nur, unsere Mutti wiederzufinden und die anderen Geschwister, die nicht weg waren, Erik und Gisela. So haben wir ihn mit dem bißchen an Margarine, das wir noch bei uns hatten, bezahlt, obwohl er wußte, wen er nach Hause bringt, und wir ja noch sehr elendig aussahen. Das hat mich sehr bewegt und ein Gefühl von Haß gegen den Faschismus hat der Mann noch geschürt.

Mutti hat uns heulend umarmt. Wir haben uns alle lange nicht fassen können. Zu Hause hatten sie zwar seit Kriegsende gehofft, daß wir irgendwann kommen würden, aber auch gewußt, daß Heinrich und ich so schwer krank waren.

Der erste richtige Wortwechsel war dann, daß ich zur Mutti sagte:

„Mama, Elli ist nicht mehr."

Sie sagte dann: „Euer Papa ist auch tot."

Die ersten Tage und Wochen in Berlin verbrachte Arnold größtenteils im Bett. Nur langsam begann die Begegnung mit Nachkriegsdeutschland.

Lebensmittelkarten mußten beantragt werden, was nur möglich war, nachdem man sich zuvor bei der polizeilichen Meldebehörde hatte registrieren lassen.

Das Formular der Anmeldung Arnolds in Berlin, die mit einem amtlichen Stempel des 14. Polizeireviers für den 26. Juli 1945 bestätigt wurde, war noch mit Auszügen aus der Reichsmeldeordnung vom 6. Januar 1938 versehen, hob die Meldepflicht für Angehörige von Wehrmacht und SS-Verfügungstruppe auf und präzisierte die Frage nach der Religion mit folgenden Worten: „Angehöriger einer Religions- oder Weltanschauungsgemeinschaft, gottgläubig oder glaubenslos?" Der KZ-Heimkehrer ließ die Spalte offen. Ob ihn die Anmeldung auf jenem Formular gestört hat?

Ach, was sollte mich das stören? Ich habe gewußt, daß es zu Ende ist, und habe das Neue gesucht. Ich bin mit den Gedanken und Vorstellungen aus dem Konzentrationslager gekommen, das Leben wieder zu packen, das Leben wieder zu ergreifen, wieder in meinem Beruf zu arbeiten, wieder Mitglied der SPD zu werden, das war für mich wichtig: die politische Arbeit, die Verfolgung der Verbrecher des Faschismus, aber auch der Gedanke, mit den Menschen zu sprechen und ihnen bewußt zu machen, wie falsch sie sich verhalten haben. Es war nicht der Gedanke des Hasses, der bei mir im Vordergrund stand, aber ich wollte alles aufspüren, bewußt machen, nichts verschweigen, und denen, die Verbrecher waren, sagen, daß sie es waren.

Dieser Vorsatz sollte sich nicht so einfach verwirklichen lassen. Nach und nach traf Arnold Bekannte und Freunde wieder. Er begegnete auch der Frau, die ihn einige Jahre zuvor angespuckt und mit „dreckiger Judenjunge" beschimpft hatte. Als sie ihn erblickte, lief sie ihm entgegen und rief: „Ach, Herr Munter, daß Sie noch leben! Ihre Mutter wird doch glücklich sein, daß sie es überstanden haben." Arnold konnte keine Antwort darauf geben, konnte sich nur umdrehen und weggehen. Und noch heute ist er sicher, daß sie es war, die ihm ein seltsames Unbehagen, fast Angst vor Frauen einflößte und ihn, den mittlerweile dreiunddreißigjährigen Mann abhielt, um jeden Preis nachholen zu wollen, was er eventuell versäumt hatte.

Normalerweise verhielten sich die Leute Arnold gegenüber weder besonders freundlich noch besonders feindlich. Es war eher ein langsames Näherkommen. Vielen war gar nicht bewußt, wo er herkam. Arnold wußte hingegen nicht immer, wie sich die Menschen, mit denen er zu tun bekam, noch wenige Monate zuvor verhalten hatten. So ergab sich ein langsames Tasten von beiden Seiten.

Ich habe immer versucht, die Leute, die ich traf, nach dem zu beurteilen, was sie gemacht hatten, und nicht danach, ob sie vielleicht Parteimitglied waren oder sonstwie organisiert. Ich meine, so ein armer Hitlerjunge, der hatte ja gar nichts anderes kennengelernt als Heil Hitler!, der war ja in den Dreck reingewachsen. Ich habe also versucht, nicht auf alle zuzugehen und als erstes zu sagen: Was warst du gestern, was bist du für ein Lump?, sondern habe versucht, auch darüber zu reden, was werden sollte. Das ist mir aber nicht immer gelungen.

Manchem deutschen Soldaten, der so tat, als habe er nichts gemacht, habe ich die Frage gestellt, wer denn nun die russische Zivilbevölkerung niedergeschossen hat und die Juden dort. Wo sind die, die in den kleinen Ortschaften in Rußland die Frauen und Kinder zusammengetrieben haben, ihnen befohlen haben, eine große Grube zu graben und alle reingeschossen haben? Wo sind die Menschen? Und wo waren die anderen?

Ich habe jedenfalls nicht immer gleich erzählt, wo ich herkam, ich bin vielen Fragen ausgewichen. Die Nachwehen waren noch zu stark.

Arnold versuchte sofort, alte sozialdemokratische Genossen wiederzufinden und Kontakt zu seiner Partei, der SPD, aufzunehmen. Auf den ersten suchenden Gängen durch Berlin mußte er die vollen Ausmaße der kriegerischen Zerstörung seiner Heimatstadt in allen Einzelheiten wahrnehmen.

In Berlin waren seit 1940 in 363 Luftangriffen 45 000 Tonnen Bomben niedergegangen. Diese hatten über ein Drittel aller Wohnungen total zerstört, fast alle anderen teilweise zerstört oder mindestens beschädigt. Aus den Berliner Trümmern hätte man einen 35 Meter breiten, fünf Meter hohen Damm bis ins Ruhrgebiet bauen können. Dabei war Berlin nur eine der vielen stark zerstörten Städte Deutschlands und bei weitem nicht die am schlimmsten getroffene. Während die deutsche Luftwaffe im Verlauf des gesamten Krieges 90 000 Tonnen Bomben auf England geworfen hatte, belegten England und Amerika Deutschland mit insgesamt fast 2 Millionen Tonnen Bomben.

In mir wuchs die Erkenntnis, was die Menschen in Berlin mitgemacht hatten. Ich habe diese Bombardierung verbrecherisch gefunden, und da würde ich mich jederzeit mit jedem drüber streiten. Was haben denn die Amerikaner oder die Engländer von den Bomben auf Städte, Menschen, Wohnhäuser gehabt? Vielleicht haben sie wirklich die Antreiber treffen wollen, aber die Menschen unten konnten ja schlecht Zeichen geben: „Hallo, ich nicht, ich bin kein Nazi!" Praktisch hat es doch so ausgesehen, daß die Bomben wahllos abgeworfen worden sind, und wahllos Wohnhäuser und Menschen getroffen haben.

Bombenabwurf auf Betriebe, das war verständlich, da sage ich nichts gegen, und auch, daß in einer Gegend, in der ein Riesenbetrieb war, auch mal Wohnungen kaputtgegangen sind. Das ist ein Problem, das man in der Situation nicht überwinden kann, das läßt sich nicht verhindern. Aber wie man hier ganze Wohngebiete zertrümmert hat, dafür gibt es bei mir kein Verständnis. Das hat eher noch Gemeinschaft gestiftet unter den Deutschen, Haß ausgelöst und zwar nicht gegen die Nazis, sondern gegen die, die sie angeblich davon befreien wollten und dafür wahllos Bomben warfen. Das hat den Krieg eher verlängert.

Der russische Text lautet übersetzt:"Die Fahne des Sieges über dem Reichstag in Berlin am 1. Mai 1945". Foto des Kriegskorrespondenten der PRAWDA Viktor Tjomin (aufgenommen im Moment des Sturms auf den Reichstag vom Flugzeug aus, am 1. Mai 1945). Es erhielt in der Sowjetunion und im Ausland Goldmedaillen.
Diese historische Aufnahme schenke ich zum Andenken Arno Munter und Hanne-Lore, der Fotograf V. Tjomin, Berlin 18.12. 1980."

Die Menschen in den Lagern haben sich ja auch an dem Glauben hochgehalten, daß sie in ihre Wohnungen fahren können, wenn es vorbei ist. Einen Dreck haben sie dann gefunden. Das verurteile ich nach wie vor. Mir blutet heute noch das Herz, wenn ich sehe, was alles zerstört worden ist an Schönem und Historischem.

Natürlich muß man auch sagen, daß viel gerettet worden wäre, wenn die Städte kampflos übergeben worden wären, aber das hat der Fanatismus nicht zugelassen, bis zum letzten wurde die Heimat verteidigt, wie Hitler das gefordert hat, auch wenn sie dabei in Schutt und Asche ging. Ich weiß auch, daß die Bombardierung von Dresden als Vergeltung dafür genannt worden ist, daß die Deutschen Coventry zerbombt haben. Aber das war doch eine faschistische Regierung, die die Bombardierung Coventrys angeordnet hatte, da konnte doch eine andere Regierung nicht genauso handeln. Deren Zielsetzung mußte doch sein, den Faschismus, der diese Bombardierung hervorgebracht hatte, schnellstens zu zerstören, aber doch nicht, möglichst viele Deutsche zu töten und Wohnraum zu zerstören und selber so zu handeln wie die Nazis.

Beim deutschen Angriff auf Coventry sind fünfhundertvierundfünfzig Menschen ums Leben gekommen. Wieviele Menschen beim amerikanischen Luftangriff auf das mit Flüchtlingen vollgestopfte Dresden gestorben sind, wird man wohl nie so genau erfahren, aber man schätzt zwischen fünfundzwanzigtausend und mehreren hunderttausend Toten.

Ich habe beim Anblick der lückenhaften Wohngebiete immer das Bild unserer Familie vor mir gesehen, und anderer Familien genauso. Überall waren ja nun Lücken. Es ist kein Haus zerstört worden, ohne das gleichzeitig Menschen starben. Das hat mich sehr bewegt, zutiefst bewegt.

Immerhin fand Arnold auf diesen Gängen, wonach er suchte: sozialdemokratische Freunde und Genossen.

Den Weg zur Neu- oder Wiedergründung von Parteien hatte am 10. Juni 1945 der Befehl Nr. 2 der Sowjetischen Militäradministration freigegeben. Dort hieß es unter anderem, es sei „auf dem Territorium der Sowjetischen Okkupationszone in Deutschland die Bildung und Tätigkeit aller antifaschistischen Pateien zu erlauben, die sich die endgültige Ausrottung der Überreste des Faschismus und die Festigung der Grundlage der Demokratie und der bürgerlichen Freiheiten (...) zum Ziel setzen." Weiter hieß es in dem Befehl, daß alle eventuellen Parteien ihre Vorschriften und Programme bei den Organen der städtischen Selbstverwaltung und beim Militärkommandanten registrieren lassen und ihnen eine Liste der führenden Mitglieder aushändigen müßten und daß ihre Arbeit für die Dauer der Okkupation der Kontrolle und den Instruktionen der Sowjetischen Militärischen Administration unterstehe. Dieses Vorgehen entsprach weitgehend dem der westlichen Alliierten, die ab Herbst 1945 ebenfalls Parteien zuließen.

Die einzige Organisation, die von diesem Befehl nicht überrascht wurde, war die KPD, die schon einen Tag später, am 11. Juni, mit ihrem Gründungsaufruf an die Öffentlichkeit treten konnte. In diesem Aufruf wurden weder Marx noch Engels erwähnt, auch der Begriff Sozialismus kam im Gründungsaufruf zur Kommunistischen Partei Deutschlands nicht vor. Statt dessen wurde „völlig ungehinderte Entfaltung des freien Handels und der privaten Unternehmerinitiative auf Grundlage des Privateigentums" verlangt.

Das Programm, das die überrumpelte SPD nur wenige Tage später, am 15. Juni 1945 vorlegte, verschmähte den Begriff Sozialismus hingegen nicht. Zu diesen beiden Parteien gesellten sich dann im Lauf der folgenden Tage die CDU, die eine Sammlungsbewegung aller antifaschistischen und demokratischen Kräfte außerhalb von KPD und SPD sein wollte, und die „Wirtschaftspartei" LDP.

Die erste Stimmung der Sozialdemokraten nach dem Krieg war, daß man erstmal alle zusammengesucht hat, die noch sozialdemokratisch waren und wieder sein wollten. Ich hatte ja viele gekannt und habe mich sofort bei denen gemeldet, die noch da waren. Ich war auch bei der Zentrale in der Ziethenstraße, die ich noch kannte, denn sie war schon vor neunzehnhundertdreiunddreißig dort gewesen, um mich zu melden und mitzuteilen, daß ich wieder mitarbeiten wollte. Dort wurde ich offiziell wieder als Mitglied der Sozialdemokratischen Partei aufgenommen und erhielt sogar die Ehrenmarke. Es wurde also in meinen Parteiausweis eingetragen, daß ich vor der Nazizeit Sozialdemokrat gewesen war, in der Nazizeit zur Partei gehalten hatte und nun wieder Mitglied wurde.

Die ersten Aktiven nach dem Krieg haben sich vor allem bemüht, innerhalb der Partei schnell wieder die nötigen Struk-

turen herzustellen, das ist auch gut gelaufen. Dafür habe ich mich nach meiner Rückkehr auch sehr eingesetzt und dadurch wurde ich Mitglied der SPD-Kreisleitung von Berlin-Mitte, wo ich dann wohnte. Es ergab sich, daß ich mich außerdem hauptsächlich um die Jugend kümmerte. Wir haben einen Raum für die Jugendarbeit gesucht und in der Zionskirchstraße, Ecke Fehrbelliner ein freistehendes, unbewohnbares Zimmer gefunden. Da es kaputt war, konnten wir es bekommen, kostenlos, und dann haben wir „unseren" Raum in Ordnung gebracht. Die Gitter, die da heute noch drin sind, ohne die hätten wir uns damals nicht getraut zu tagen, haben wir aus Ruinen gesucht und eingesetzt. Da traf sich die Jugend, die sozialdemokratische Jugend zu Versammlungen, Diskussionen, aber auch zu kulturellen Veranstaltungen. Irgendwann wurde ich Kreisjugendwart.

Ich habe mich in dieser Zeit von meinem Interesse her, also schon ehe ich Stadtrat wurde, sehr für den Aufbau eingesetzt, also selber Schutt weggeräumt und mich bemüht, andere zum Mitmachen anzuregen.

Arnolds Interesse am Wiederaufbau und seine beruflichen Aktivitäten bedingten sich wohl gegenseitig. Jedenfalls begann der KZ-Heimkehrer schon im September 1945, kaum zwei Monate nach seiner Rückkehr als Schwerstkranker nach Berlin, wieder in seinem Beruf zu arbeiten. Klempnermeister Crusius, bei dem er vor dem Krieg schon mal aushilfsweise tätig gewesen war, hatte Arnold als Chef der Handwerkskammer einige Jahre zuvor viel geholfen. Bei ihm nahm Arnold Arbeit an.

Kurz nach der offiziellen Anmeldung bei der Polizei hatte Arnold auch einen Antrag auf Anerkennung als Opfer des Faschismus in einem extra dafür eingerichteten Büro in Berlin-Mitte gestellt. Das offizielle Aufnahmegespräch führte Hans Schmirgal, ein kommunistischer Widerstandskämpfer. Nachdem Arnold den Schein vorgewiesen hatte, der ihm in Theresienstadt mitgegeben worden war, eine Repatriierungsbestätigung, die bewies, daß er aus einem Konzentrationslager entlassen worden war, und die Dauer seiner Haft angab, war der formelle Teil bald abgeschlossen.

Die beiden Männer gerieten ins Reden, tauschten ihre Erfahrungen in der illegalen Arbeit aus.

Mein nervlicher Zustand war so, daß ich lieber nicht gleich alle Türen aufgemacht habe, man war noch sehr vorsichtig. Vorsichtig habe ich von der Roten Hilfe, vom Seglerverein und vom Lotterieverein Glücksstern erzählt. Erst, nachdem ich etwas Zutrauen gefaßt hatte, habe ich betont, daß ich selber Sozialdemokrat war und mit Kommunisten und Parteilosen in einer Gruppe gearbeitet habe.

Über diese Zusammenarbeit kamen die beiden auch auf die Zeit vor 1933 zu sprechen. Arnold erzählte auf die Frage, was er denn als Bewohner von Berlin-Mitte so alles erlebt habe, von den vielen Arbeiterdemonstrationen, vergaß auch nicht die tagelange Straßensperre und den Hausarrest nach dem Polizistenmord am Bülowplatz, dessen unmittelbarer Zeuge er gewesen war. Interessiert beugt sich sein Gegenüber vor: „Weißt du denn schon, wer das gewesen sein soll?“ Arnold verneint. Der Mann macht eine bedeutungsvolle Pause. „Erich Mielke“, sagt er dann. Arnold bleibt völlig ungerührt. Erich Mielke - der Name ist ihm überhaupt kein Begriff, den hat er noch nie gehört.

Als anerkannte Opfer des Faschismus, OdF, haben wir bessere Lebensmittelkarten, also größere Rationen bekommen. Das war allerdings ziemlich theoretisch, denn wo nichts da war, konnte man auch mit Schwerarbeiterkarten wenig ausrichten.

Eigentlich haben wir gehungert, wie alle Leute, aber die ganze Verwandtschaft und Bekanntschaft, die wir noch hatten, die haben sich bemüht, uns zu helfen, das war da. Verhungert sind wir nicht. Ich bin jedenfalls nie hamstern gefah-

ren, überhaupt nicht, das habe ich abgelehnt. Wir sind wohl rausgefahren ins Grüne, wie viele Berliner, und haben Pilze und Heidelbeeren gesucht, es war herrlich, wenn man etwas fand. Aber gehamstert habe ich nie und auch den Schwarzmarkt grundsätzlich abgelehnt, ganz davon abgesehen, daß wir nach wie vor nichts zu tauschen gehabt hätten. Und wir haben von Freunden bekommen, diese Hilfsbereitschaft war vorhanden, obwohl alle Hunger hatten. Später bekam ich dann auch wegen der TBC Unterstützung.

Als OdF haben wir auch schon Ende des Jahres eine Wohnung bekommen, in der Artillerie-, heutigen Tucholskystraße. Wir wohnten wieder in der Spandauer Vorstadt, beim Scheunenviertel.

Natürlich war die relative materielle Sicherheit, die uns anerkannten Opfern des Faschismus vermittelt wurde, wichtig. Was mich aber stärker zu dieser Organisation hinzog und wichtiger, manchmal denke ich sogar, lebenswichtiger war, als die besseren Lebensmittelkarten, waren die Kontakte, die ich dort zu anderen Verfolgten des Naziregimes knüpfen konnte, zu Leidensgenossen, die als einzige wirklich ermessen konnten, was man selber erlebt hatte. Schon bald haben wir Verfolgten und Widerstandskämpfer uns regelmäßig getroffen.

Jeder wurde aufgefordert zu berichten, was er mitgemacht hat. Wir wollten das ganze Ausmaß und alle Formen dieser Verbrechen kennenlernen und waren auch getrieben durch den Gedanken, daß wir Naziverbrecher suchten. Nicht jeden, der Mitglied der NSDAP gewesen war, sondern die Verbrecher unter ihnen.

Für die anderen, die sogenannten Mitläufer, gab es auch damals schon die Formulierung bei uns, die bis heute gilt: „Vergeben ja, vergessen nie". Ich glaube es war ganz logisch, daß wir zusammengefunden haben.

Schon kurz nach Arnolds Rückkehr in die SPD, im Spätherbst 1945, begann die Führung der KPD auf eine schnelle Vereinigung der beiden Arbeiterparteien zu drängen.

Direkt nach dem Krieg waren es die sozialdemokratischen Funktionäre gewesen, die eine einheitliche Arbeiterpartei angestrebt hatten. Diesen Anspruch hatten sie sogar in ihrem Gründungsaufruf festgeschrieben, in dem es hieß: „Wir wollen vor allem den Kampf um die Neugestaltung auf dem Boden der organisatorischen Einheit der deutschen Arbeiterklasse führen! Wir sehen darin eine moralische Wiedergutmachung politischer Fehler der Vergangenheit, um der jungen Generation eine einheitliche politische Kampforganisation in die Hand zu geben. (...) Wir bieten unsere Bruderhand allen, deren Losung ist: Kampf gegen Faschismus, für die Freiheit des Volkes, für Demokratie, für Sozialismus."

Die KPD lehnte jedoch alle Angebote der SPD ab, eine einheitliche Organisation zu bilden. Die KPD-Spitze war fast ausschließlich aus Funktionären zusammengesetzt, die die gesamte Nazizeit in der Moskauer Emigration verbracht und die dortigen Säuberungen überstanden hatten, demnach die Durchsetzung der Stalinschen Linie in der deutschen KPD zu garantieren schienen. Es gibt wohl kaum einen Zweifel daran, daß diese Parteiführung nicht zuletzt mit Hilfe der Besatzungsmacht die Position der KPD vor eventuellen Verhandlungen über eine einheitliche Partei stärken und die KPD-Mitglieder auf die vorbehaltlose Unterstützung der Politik Stalins einschwören wollte, um sie gegen sozialdemokratische Ideen zu immunisieren.

Die Direktive Ulbrichts für die Arbeit der nach ihm benannten, schon einige Tage vor Kriegsende aus Moskau eingeflogenen Gruppe, die die Struktur des Verwaltungsapparates der Vorkriegszeit, gekoppelt mit neuen politischen Maßgaben, in der sowjetischen Besatzungszone herstellen sollte, schien auch für die Frage der Vereinigung der Arbeiterparteien zu gelten: „Es ist doch ganz klar: Es muß demokratisch aussehen, aber wir müssen alles in der Hand haben." Diesen Ausspruch überliefert Wolfgang Leonhard, Mitglied der Gruppe Ulbricht, in seiner Autobiographie.

Die Niederlagen der Kommunisten gegen die Sozialdemokraten bei den Parlamentswahlen in Österreich und in Ungarn im November 1945 ließen es der deutschen KP-Führung jedoch angeraten erscheinen, es in Deutschland gar nicht erst soweit kommen zu lassen.

Massiv wurde nun auf eine Vereinigung der beiden Parteien hingearbeitet. Mittlerweile hatten die Sozialdemokraten aber die Politik der KPD studieren können, die deutlich erkennen ließ, daß die Parteispitze entgegen ihren Beteuerungen und gegen ihren Gründungsaufruf sehr wohl das Sowjetsystem auf Deutschland übertragen wollte. Ihre Bevorzugung durch die Sowjetische Militärische Administration war nicht zu übersehen.

Die SPD-Führung in Berlin unter Otto Grotewohl hatte ernsthafte Zweifel, ob eine Vereinigung unter diesen Voraussetzungen überhaupt noch gleichberechtigt sein konnte und sie ihre Forderungen würde durchsetzen können. Grundsätzlich hielt sie an dem Vorhaben einer Vereinigung fest, diese sollte nun aber nicht mehr sofort, sondern zum entsprechenden Zeitpunkt, wenn man sich auch inhaltlich geeinigt haben und eine organische Einigung möglich sein würde, erfolgen. Daran war der KPD jedoch in keiner Weise gelegen. Massiv versuchte sie nun, die Vereinigung so rasch wie möglich unter Dach und Fach zu bringen. Zu Hilfe kam ihr dabei ganz gegen seinen Willen Kurt Schumacher, der Vorsitzende der westdeutschen SPD, der radikaler Gegner einer wie auch immer gearteten Vereinigung war, den Kommunisten die Alleinschuld für jegliches Versagen der Arbeiterklasse zuwies und daraus den Schluß zog, daß „ohne diese kommunistische Haltung die Nazi nicht an die Macht gekommen" wären. In der Form konnte das die Berliner SPD-Führung nicht mittragen und geriet damit zwischen alle Stühle.

In dieser Situation waren es hauptsächlich zwei Aspekte, die schließlich zur Vereinigung geführt haben und die die ostdeutsche Legende von der ganz und gar freiwilligen ebenso wie die westdeutsche Legende von der puren Zwangsvereinigung widerlegen. Tatsächlich gab es nach wie vor, vor allem an der Basis, durchaus bei vielen Mitgliedern beider Parteien den Wunsch nach Vereinigung, Genossen, die das im KZ und im gemeinsamen Kampf gegen den Faschismus gewachsene Bündnis von Kommunisten und Sozialdemokraten auf diese Weise bestätigt sehen wollten. Auch schien das (Lippen-)Bekenntnis der KPD zur parlamentarischen Demokratie und zu einem deutschen Weg zum Sozialismus viele Hindernisse aus dem Weg zu räumen und Unterschiede zu verwischen.

Andererseits wurden Vereinigungsgegner in der SPD von der Sowjetischen Militäradministration teils leicht, teils ganz massiv bis hin zu Redeverboten und Verhaftungen unter Druck gesetzt und nicht wenige landeten in einem der elf ursprünglich für Naziverbrecher eingerichteten sowjetischen Internierungslager auf ostdeutschem Boden. Gleichzeitig wurde die Parteiführung durch die Zwangsvereinigung verschiedener Ortsverbände durch die jeweiligen sowjetischen Ortskommandanten vor vollendete Tatsachen gestellt.

Einen letzten Versuch im März 1946, die Vereinigung durch eine Urabstimmung unter SPD-Mitgliedern in Berlin zu bremsen, verhinderte die Sowjetische Militäradministration, indem sie die Wahllokale im Osten der Stadt durch Soldaten schließen ließ. In Westberlin sprachen sich 82 Prozent aller Mitglieder gegen, 12 Prozent für eine Vereinigung mit der KPD aus, gleichzeitig stimmten 62 Prozent für eine enge Zusammenarbeit, ein Bündnis mit der KPD, „welches gemeinsame Arbeit sichert und Bruderkampf ausschließt".

Auch wir trugen uns mit der Meinung, daß die beiden Arbeiterparteien sich vereinigen sollten. Aber das war kein Prozeß von heute auf morgen. Daher war ich mit dieser Form der Vereinigung auch nicht einverstanden und das habe ich deutlich gesagt. Ich habe gemeint, daß die Parteien zusammenwachsen müssen, sowohl in inhaltlichen Erkenntnissen wie auch in konkreten Festlegungen, und diesen Prozeß hat es ja nicht gegeben, die Vereinigung wurde beschlossen.

Damals, in der illegalen Arbeit, da wußten wir nichts von Kommunisten und Sozialdemokraten und das habe ich auch neunzehnhunderfünfundvierzig so empfunden, als wir wieder zusammenkamen. Wir hatten wie damals eine gemeinsame Aufgabe, die wir gemeinsam angehen sollten, aber dafür mußte es zuerst eine sachliche Klärung geben, um zur gemeinsamen Partei zu kommen. Das konnte doch auch nicht weiter schwierig sein. Ich meine, wir hatten nichts gegeneinander, ganz im Gegenteil, und wir hatten die Erfahrung des gemeinsamen Kampfes. Also warum sollte es so schwierig sein, in einer gemeinsamen Diskussion ein gemeinsames Programm zu finden? Wenn wir Widerstandskämpfer oder OdF zusammenkamen und darüber gesprochen haben, dann habe ich diese meine Meinung klar und deutlich zum Ausdruck gebracht.

Dann kam eine Vorladung: Ich hätte in der sowjetischen Kommandantur am Märkischen Museum zu erscheinen. Zum angegebenen Termin, dem 9. November 1945, ging ich dorthin und wurde zu einem sowjetischen Offizier gebracht, der mich dem Datum entsprechend begrüßte: „Herzlichen Glückwunsch, Genosse Munter, zur Novemberrevolution!“

Und dann haben wir über die Vereinigung von KPD und SPD gesprochen. Es kam die Frage, warum ich nicht für die Einheit beider Parteien sei. Ich habe versucht, zu erläutern, daß ich für eine Vereinigung sei, aber nicht sofort, unter diesen Bedingungen, die Parteien müßten zusammenwachsen. Die Diskussion ging hin und her - ich kann das gar nicht mehr alles so rekapitulieren, es kamen auch häufiger andere Angehörige der Kommandantur in den Raum und schalteten sich ein. Ich wurde mehrmals aufgefordert, doch die sofortige Vereinigung zu befürworten, blieb aber bei meinem Standpunkt. Die ganze Unterhaltung war sehr sachlich und freundlich und zum Schluß wurde mir dann genauso sachlich und freundlich gesagt: „Na, überlegen Sie sich das, Sie wissen, wir können auch anders.“

Das hat mein Verhältnis zu den Russen sehr beeinflußt. Ich habe später noch viel mit ihnen gemacht und war auch nicht von ihnen abgeschrieben. Aber dieser Offizier hat das Gefühl, daß ich gegenüber der SU hatte, verletzt. Es gab eben auch bei den Russen, dem Volk, das ich wegen seiner Zerschlagung des Faschismus wirklich verehrte, solche und andere.

1990 gab das Ministerium für Innere Angelegenheiten der UdSSR bekannt, daß von den insgesamt 122 671 Deutschen, die von 1945 bis 1950 in einem der sowjetischen Speziallager einsaßen, 42 889 Menschen an Hunger, Kälte, Krankheit und Seuchen starben, 19 450 nach Sibirien verschleppt wurden, gegen 756 Personen im Rahmen der Entnazifizierung Todesurteile ausgesprochen wurden und 45 262 wieder freigelassen wurden.

Die Anklagen gegen die Inhaftierten reichten dabei von Naziverbrechen bis Trotzkismus und Sozialdemokratismus.

Am 21./22. April 1946 trat der Vereinigungsparteitag von KPD und SPD im Admiralspalast zusammen und besiegelte die Vereinigung der beiden Parteien zur SED, zur Sozialistischen Einheitspartei Deutschlands. In der Viermächtestadt wurde die SED allerdings erst fünf Wochen später anerkannt und mit ihr gleichzeitig wieder die SPD, so daß in Berlin SED und SPD nebeneinander existierten, ein weiterer Beweis dafür, daß Berlin im Spannungsfeld zwischen den auseinanderstrebenden Entwicklungen der westlichen und der sowjetischen Besatzungszonen lag.

Bei der Vereinigung haben wir Flugblätter herausgegeben: „Zusammenschluß nicht jetzt, sondern ein gemeinsames Zusammenwirken von KPD und SPD im Sinne von Marx, Bebel, Liebknecht und Luxemburg."

Am 20. Oktober 1946 sollten in Berlin der Magistrat und gleichzeitig auch die Bezirksverordnetenversammlungen gewählt werden. Arnold hatte sich aktiv und intensiv an den

Vorbereitungen zu den Wahlen sowie am Wahlkampf beteiligt und wurde als Abgeordneter für die Bezirksverordnetenversammlung Berlin-Mitte vorgeschlagen. Einen Monat vor den Wahlen erreichte die Kreisleitung der SPD Berlin-Mitte ein Vorschlag der SED auf Listenverbindung bei den Wahlen zur Bezirksverordnetenversammlung. Die Kreisleitung, darunter Arnold, weist dies bestimmt und trocken zurück: „Werte Genossen, Euer Antrag auf Listenverbindung der SED und SPD für die Bezirksverordnetenvorschläge ist hiermit als abgelehnt zu betrachten. Mit sozialistischem Gruß, die Kreisleitung."

Die Stimmenauszählung für die Magistratswahl ergibt 48,7 Prozent für die SPD, 22,2 Prozent für die CDU, 19,8 Prozent für die SED und 9,3 Prozent für die LDP. Die Ergebnisse für die zwanzig Bezirksverordnetenversammlungen sind sehr ähnlich. Arnold wird Abgeordneter der Bezirksverordnetenversammlung von Berlin-Mitte.

Ich hatte so eine gewisse Kampfstimmung: Vorwärts, wir müssen was schaffen! Ich wollte überall mitwirken. Es war für mich natürlich ein schönes und stolzes Gefühl, daß ich gewählt wurde, und es war für mich ein genauso stolzes Gefühl, daß wir Aufträge bekamen, also Dinge entschieden, Beschlüsse faßten, mit denen oft Aufträge an uns verbunden waren, dies oder jenes durchzusetzen, zu organisieren, egal, ob wir das dann selber machten oder andere suchten, denen wir die Aufgabe übertragen konnten.

Die erste Sitzung der demokratischen Bezirksverordnetenversammlung nach dem Naziterror fing sofort ganz sachlich an, die einzelnen Fraktionen wurden vorgestellt, der Vorsitzende gewählt, aber das Gefühl war bei allen zweifellos ein stolzes, zu wissen, wir hatten die Verantwortung von einer großen Anzahl Menschen übertragen bekommen! Viele von uns hatten ja nur kurze Zeit vorher noch im KZ gesessen.

Die politische Arbeit war natürlich restlos von den drängenden Problemen der Nachkriegszeit geprägt, also von der

Notwendigkeit, Elend, Hunger, Wohnungsnot und die Kälte des beginnenden Winters zu lindern. Dabei konnten die Aufgaben der BVV ganz unterschiedliche Formen annehmen und hatten oft kaum noch direkt mit der Politik zu tun, zum Beispiel haben wir mal in Zusammenarbeit mit der SED versucht, eine ausreichende Versorgung unseres Stadtbezirkes mit Heizmaterial sicherzustellen. Die sowjetischen Freunde stellten uns mehrere LKW zur Verfügung, wir nahmen zu den Forststellen Verbindung auf, die uns Holz herbeischafften, und das fuhren wir dann in die Stadt und gaben es den Kohlen- und Holzhändlern mit der Auflage weiter, es nur an ältere und kranke Menschen zu verteilen.

Wir haben grundsätzlich versucht, den Schwarzhandel zurückzudrängen. Da wurde ja mit allem Möglichen gehandelt, auch Gestohlenes war darunter und vor allem viel Schieberware. Uns war klar, daß die Leute, die auf dem Schwarzmarkt ein Brot verkauften, das Brot schon zu überhöhten Preisen dem Bäcker abgekauft hatten, also nicht über ihre Marken erhalten hatten, und so wurde es dem normalen Verbraucher entzogen.

Damals ist ein Abgeordneter der CDU bei der Frage, wie man die Schwarzhändler am besten zur Verantwortung ziehen könnte, aufgestanden und hat gesagt: „Geht mal in die Schwarzkopffstraße, da sitzen die Juden doch." Da war natürlich eine Bombe geplatzt. Ich sprang hoch und habe gegen die infame Verhaltensweise dieses Mannes, die Schuld für den Schwarzhandel den Juden zuzuschieben und damit schon wieder eine Hetze gegen sie auszulösen, erregt protestiert. Die Sitzung wurde auf Forderung der SED sofort unterbrochen, die Fraktionen zogen sich zurück, und wir von der SPD, einigten uns einstimmig darauf, dieses Verhalten auf gar keinen Fall durchgehen zu lassen.

Als die Versammlung fortgeführt wurde, bekam ein CDU-Mann das Wort und begann, den Ausspruch zu verniedlichen: Er sei unüberlegt gewesen, sie seien zwar nicht einverstanden damit, aber es wäre nicht so gemeint worden. Daraufhin habe ich beantragt, die Entschuldigung nicht anzuerkennen und den Mann aus der BVV auszuschließen. Das ist dann auch gemacht worden.

Dieser Vorfall hat meine Aufmerksamkeit sehr darauf gelenkt, auf die Herkunft von Menschen in verantwortlichen Ämtern zu achten, damit sich da niemand einschleichen konnte, der aktiver Nazi gewesen war.

So haben wir auch ein bißchen auf die Verwaltung, und vor allem auf die Schulen geschaut, daß keine ehemaligen Nazis Lehrer wurden, und dazu beigetragen, die Frage der Neulehrer zu regeln, und Schulleiter auszubilden. Ansonsten gehörte die sogenannte Entnazifizierung nicht zu unserem Arbeitsgebiet.

Unter Arnolds Verantwortung gerieten aber auch so kuriose Dinge wie die Beschwerde, daß das Leichenschauhaus in der Hannoverschen Straße nicht in Ordnung sei, die Leichen würden nicht ordnungsgemäß eingefroren, es sei unsauber, Ratten liefen herum. Damals wurde eine Gruppe zusammengestellt, die diese Zustände unter Kontrolle nehmen sollte, und Arnold wurde die zweifelhafte Ehre des Verantwortlichen zuteil. Die Bezirksvertreter machten sich auf den Weg ins Leichenschauhaus. Der verantwortliche Professor empfing die Gruppe, die sich vorstellte und die Beschwerden erläuterte. Erwartungsgemäß bestritt er alle angeblichen Mißstände, aber die Politiker mußten sich natürlich selbst überzeugen und baten ihn, sie herumzuführen.

Als erstes brachte er uns in die Sezierräume, riß die Türen auf, weil er dachte, er könnte uns einen Schreck einjagen, und vor uns lag eine Tote, aufgeschnitten, eine Frau, die bei einer Abtreibung gestorben war, ein junges Wesen. Er dachte wohl, wir würden danach nichts mehr begucken wollen, aber wir mußten ja. Im nächsten Raum lag ein Mann, der nach Aussage des Arztes von Rauchsüchtigen ermordet worden war, die ihm seine Zigaretten abnehmen wollten. Der wurde gerade seziert, und das hat mir dann doch einen kleinen Schock versetzt, obwohl ich ja einiges gewöhnt war: der Arzt schnitt die Leiche auf, und die Schwester, die ihm dabei assistierte und der er seine Befunde diktierte, mußte ihm immer zwischendurch Brothappen in den Mund schieben, er hatte wohl gerade Hunger und selber die Hände in der Leiche. Da bin ich ja doch blaß geworden. Anschließend haben wir die Kühlschränke, die langen Röhren, wo die Toten reingeschoben werden, begutachtet, die waren tatsächlich nicht ganz in Ordnung, aber von Ungeziefer oder Ratten haben wir nichts gesehen. Dort mußten wir von da an regelmäßig kontrollieren.

Aber der Schwerpunkt der Arbeit lag natürlich beim Wiederaufbau und bei sozialen Fragen.

Neben seinem Mandat in der Bezirksverordnetenversammlung, der Arbeit als Kreisjugendwart und diversen anderen Parteiaktivitäten, traf Arnold sich regelmäßig mit anderen Widerstandskämpfern und Opfern des Faschismus. Eines der zentralen Anliegen, das von Arnold mit großem Eifer verfolgt wurde, war dabei die Berliner Gründung und Zulassung der Vereinigung der Verfolgten des Naziregimes (VVN), die in ganz Deutschland im Entstehen war. Diese Vereinigung hatte zwei große Anliegen: zum einen wollte sie die Interessen der Verfolgten vertreten, also eine gerechte Wiedergutmachung durchsetzen, und zum anderen eine neue totalitäre Herrschaft verhindern.

Als wir dann endlich die Zulassung erhielten und ein Vorsitz gegründet werden mußte, wurde ich von vielen Menschen angesprochen, die meinten, ich sei der Richtige dafür.

Ich hatte schon bald nach meiner Heimkehr angefangen, mich mit jüdischer Geschichte und Kultur zu beschäftigen, habe mir die Synagoge beschaut. Ich hatte zwar vor der Nazizeit auch Juden gekannt, aber mich nie so für das interessiert, was man als jüdischer Mensch zu tun und zu lassen hatte. Erst jetzt, als ich wußte, was sie mitgemacht hatten, und nach-

Um 1947

dem ich in Theresienstadt schon viele Einblicke in ihre Religion bekommen hatte, versuchte ich, mehr über sie zu erfahren, zu studieren, was man über das jüdische Leben wissen sollte. Daher hatte ich Kontakte zur Jüdischen Gemeinde, sie baten mich auch häufiger mal um Hilfe, wenn es darum ging, etwas auszubessern oder instandzusetzen und ich machte das immer gerne.

So habe ich auch auf Bitten von Rabbiner Riesenburger die Mikwe, das rituelle Bad für die Frauen in der Tucholskystraße, das von den Nazis zerstört worden war, restauriert. Unter den riesigen Hofflächen der Tucholskystraße sind Bassins, in die das Regenwasser der Dächer eingeleitet wird; in der Mikwe darf das Wasser nicht von Menschenhand eingespeist werden. Das war alles noch in Ordnung, nur die überirdischen Rohrleitungen waren zerstört. Für die Reparatur habe ich Rohrleitungen aus anderen jüdischen Einrichtungen geborgen und wiederverwendet.

Von der jüdischen Gemeinde in der Oranienburger Straße, dessen Vorsitzender Rabbiner Riesenburger war, wurde ich für den VVN-Vorsitz vorgeschlagen, aber nicht nur von dort, auch von anderer Seite kamen viele auf mich zu, sicher, weil ich Sozialdemokrat war. Sehr wohlweislich wurde nämlich von uns darauf geachtet, daß nicht nur Kommunisten, wie es Kurt Schumacher später auslegen wollte, sondern daß alle, die im Kampf gegen den Faschismus gestanden, unter dem Terror gelitten und ihn überlebt hatten, gemeinsam den Kampf weiterführten gegen den Faschismus in jeder seiner Ausprägung und mit allen seinen Wurzeln und für die soziale Sicherheit und Gerechtigkeit ehemaliger Verfolgter und Widerstandskämpfer. Es haben sich in der VVN fast alle eingefunden, die zu den Verfolgten gehört hatten, rassisch Verfolgte, religiös Verfolgte, christliche Widerstandskämpfer, Kommunisten, Sozialdemokraten.

Bei uns Sozialdemokraten kam natürlich die Fragestellung auf, ob wir Mitträger dieser Organisation sein konnten, der die Kommunisten ganz eindeutig ihren Stempel aufdrücken wollten. Gerade das wollten wir eben nicht zulassen, sondern wir wollten als großes Kollektiv der Antifaschisten zusammenarbeiten und die Maßnahmen zur restlosen Beseitigung des Faschismus sichern. Logisch war es auch, daß viele Sozialdemokraten befürchteten, die SED würde die Organisation für sich mißbrauchen, also ausschließlich ihren Widerstand und ihre Verfolgung herausstellen. Und das war erst recht ein

Grund für uns, mitzumachen und darauf hinzuweisen, daß wir als Sozialdemokraten im Widerstand mit dabei waren.

Bei unseren Treffen unter Opfern des Faschismus oder Widerstandskämpfern hatte ich schon Professor Walter Bartel, den persönlichen Referenten von Wilhelm Pieck, und Heinz Galinski, den stellvertretenden Vorsitzenden der Berliner Jüdischen Gemeinde kennengelernt. Wir drei bildeten dann den Vorsitz der Berliner VVN. Ich wurde auch Mitglied des gesamtdeutschen Rates, in dem Mitglieder aus allen Teilen Deutschlands saßen, um auch in diesem Rahmen unsere Forderungen voranzutreiben. Hier ging es außer um das Aufspüren Schuldiger vor allem um die Erhaltung von ehemaligen KZ als Gedenkstätten und die Errichtung von zentralen Denkmälern.

Als Mitbegründer der Berliner Vereinigung der Verfolgten des Naziregimes erhielt Arnold im Lauf des Jahres 1948 die Aufforderung, bei den Sozialdemokraten über Ziele und Aufgabenstellung dieser Vereinigung zu sprechen. Arnold berichtete darüber in einem Vortrag im Haus der Sozialdemokratie an der Ziethenstraße. Mittendrin öffnete sich plötzlich die Tür und herein kam Kurt Schumacher, der sich häufig in Berlin aufhielt. Er mischte sich nachdrücklich in die Diskussion ein, die immer heftiger wurde und stellte auf ihrem Höhepunkt fest, daß wegen der vielen kommunistischen Mitglieder die Mitgliedschaft in VVN und SPD unvereinbar sei.

Da habe ich ihm wiedersprochen und gesagt: „Wissen Sie, ich habe in meiner Gruppe mit Parteilosen und Kommunisten zusammengearbeitet und die Verbundenheit mit dieser Gruppe werde ich nie aufgeben."

Wenige Wochen später, am achten August neunzehnhundertachtundvierzig, bekam ich einen Brief, daß ich aus der Partei ausgeschlossen wurde.

Da ich bei weitem nicht der einzige war, der eine solche Nachricht erhalten hatte und es auch andere Sozialdemokra-

ten gab, die ohne Mitglieder der VVN zu sein mit dieser Politik der Parteiführung nicht einverstanden waren, hatten wir hier in Berlin auf einmal einen Kreis von innerparteilicher Opposition. Ich kann mich noch erinnern, daß sich dieser Kreis von Genossen das erste Mal am sechsten Oktober in der Konditorei Glaser in der Wallstraße traf und dort beschloß, weiter als Sozialdemokraten für sozialdemokratische Politik und gegen dieses Verhalten der Parteileitung zu kämpfen. Alle ausgeschlossenen Kameraden wurden aufgefordert, ihren statutenwidrigen Ausschluß durch Einspruch rückgängig zu machen - ohne Erfolg.

Es kamen dann immer mehr Leute zusammen, eben nicht nur anerkannte Widerstandskämpfer, die von der SPD ausgeschlossen worden waren, sondern auch nach wie vor offizielle Mitglieder der Partei. Da waren zum Beispiel Hans Müller, Erich Geske und Hans Bullerjahn, mit denen gemeinsam ich vorgeschlagen wurde zur Leitung der Opposition. Mit zunehmender Zahl der Leute, die sich uns verbunden fühlten, ergab sich die Überlegung, wie wir weitermachen wollten. Das Problem stellte sich vor allem für diejenigen, die wie ich aus der Partei ausgeschlossen worden waren.

So kam es zur Gründung der Sozialdemokratischen Aktion, SDA, die zwar über ein eigenes Statut und eigene Mitgliedschaft verfügte, sich aber immer als ein Teil der SPD, ein oppositioneller Parteiflügel, angesehen hat. Wir wurden als Fraktion schnell von der SED anerkannt und bekamen die Möglichkeit, uns über Rundfunk und in einer eigenen Zeitung, der „Freien Presse", mit dem Vorgehen unserer Partei auseinanderzusetzen und bei öffentlichen Veranstaltungen über die sozialdemokratische Opposition zu informieren. Im Prinzip ist das Programm ja schon im Namen enthalten.

Die Haupttaktik der SED, ihre Vormacht vor den anderen Parteien zu sichern, bestand in der Bündnispolitik. So wurde bereits im Juli 1945 mit allen Parteien ein „fester Block aller antifaschistischen demokratischen Parteien" gebildet, in dessen Zentralausschuß jeweils fünf Vertreter jeder Partei saßen. Nach diesem Muster wurden auch lokale Blockausschüsse gebildet. Ziel des Blocks oder der Einheitsfront, wie er offiziell auf Antrag der CDU genannt wurde, waren die Säuberung Deutschlands von der NS-Ideologie, wirtschaftlicher Wiederaufbau, Herstellung voller Rechtssicherheit auf der Grundlage eines demokratischen Rechtsstaates, Geistesfreiheit, Anerkennung der Besatzungsbehörden und der Pflicht zur Wiedergutmachung. Auf diese Kompromißformeln hatten sich die Vertreter der vier Parteien einigen können und gemeint, daß diese Forderungen am besten nicht gegeneinander, sondern mit vereinter Kraft einzulösen seien.

Der Ausschuß mußte seine Beschlüsse einstimmig, also mit Zustimmung aller Parteien treffen. Wie viel sich die KPD von diesem Instrument versprach wird deutlich, wenn man sich vor Augen hält, daß die CDU ihre Zulassung durch die Sowjetische Militäradministration erst erhalten hatte, nachdem sie sich zur Mitarbeit im Block bereit erklärte. Tatsächlich liefen die Prozesse im Block zunächst vergleichsweise demokratisch ab, auch wenn die KPD, später SED, durch ihre guten Kontakte zur SMA ein gewisses Übergewicht hatte. 1948 begann die SED jedoch, ihre Vormachtstellung im Block dadurch zu zementieren, daß sie die Massenorganisationen, die de facto Organe der SED waren, also den Freien Deutschen Gewerkschaftsbund (FDGB), die Freie Deutsche Jugend (FDJ) und den Demokratischen Frauenbund Deutschlands (DFD) in den Block miteinbezog und in Zusammenarbeit mit der SMA die Gründung zweier weiterer Parteien maßgeblich anregte. Tatsächlich wurden die Deutsche Bauernpartei (DBD) und die Nationaldemokratische Partei Deutschlands (NDPD), in der sich hauptsächlich ehemalige Offiziere und nominelle Parteigenossen, also Mitglieder der NSDAP, die sich nicht aktiv politisch betätigt hatten, sammeln sollten, von ehemaligen SED-Funktionären und Altkommunisten geleitet. So erreichte die SED auf einem - für denjenigen, der nicht hinter die Kulissen der Besatzungsbehörde und ihrer Zusammenarbeit mit der SED-Führung schaute - demokratisch anmutenden Weg ein nicht mehr zu zerstörendes Übergewicht im Block.

Im September 1948 kam es auch in Ostberlin zur Gründung eines gemeinsamen Blockausschusses der antifaschistisch-demokratischen Parteien, dem neben der SED, CDU, und LDP auch die oppositionellen Sozialdemokraten angehörten. Schon bald wurden auch hier Vertreter der NDPD, der DBD, des FDGB, der FDJ und des DFD zur Mitarbeit eingeladen.

Am 23. Juni 1948 wurde die nach der drei Tage zuvor erfolgten Währungsreform in Westdeutschland ausgegebene Deutsche Mark auch in den Westsektoren Berlins eingeführt. Dieses Vorgehen veranlaßte die SMA, die Verkehrsverbindungen nach Berlin zu sperren, um die sowjetische Zone solange vor der Überschwemmung mit der im Westen entwerteten, im Osten aber noch voll gültigen Reichsmark zu schützen, bis dort ebenfalls eine Währungsreform durchgeführt sein würde.

Das wertlose Geld hatte die Arbeit bis dahin mächtig erschwert.

Das meiste Material haben wir uns zwar sowieso aus den Trümmern suchen müssen, Gußrohre, alte Herde, alles Mögliche, um es wieder zu verarbeiten. Wir haben auch verzinktes Rohr für Instandsetzungsarbeiten geborgen und wiederverwendet. Ganz, ganz selten gab es einmal etwas neues Material. Schwierig war aber nicht nur Material zu besorgen, sondern vor allem, es zu bezahlen oder Rechnungen zu schreiben. Das Geld war ja praktisch nichts wert, und wer gab schon gute Ware oder Arbeit für Papier ab? Oft lief das auf schwarzen Markt hinaus, etwas, wo ich nicht hineingezogen werden wollte.

Einmal habe ich für eine kleine Seifenbude Installationen gemacht. Als ich fertig war, stellte sich heraus, daß sie keinen Pfennig Geld zum Bezahlen hatten und mir stattdessen Seifen geben wollten. Was sollte ich mit solchen Mengen Seife? Darum habe ich sie verkauft, aber nicht für zwanzig bis dreißig

Mark, wie sie auf dem schwarzen Markt gehandelt wurden, sondern ich habe mir ausgerechnet, wieviel Geld ich für meine Arbeitsleistung an der Seifenbude kriegen mußte und habe dementsprechend das Stück Seife für sieben Mark verkauft.

Eine neue Währung an sich war daher schon nötig, aber die einseitig im Westen durchgeführte Währungsreform ist bei uns schlimm angekommen. In der Diskussion darüber wurde vor allem betont, daß es nun galt, trotzdem unsere finanzielle Sicherheit zu gewährleisten. Daher bekamen wir dann Banknoten, die durch einen Stempelaufdruck, ein großes eingekreistes B, gekennzeichnet waren.

Die neue Westwährung hat sich sehr schlimm ausgewirkt und unmittelbar zu Mißbrauch geführt, also zum Aufbau eines einzigartigen Schiebersystems, das uns sehr viel Schaden zugefügt hat. Für eine Mark West gab es damals immerhin sieben Mark Ost.

Die Tatsache, daß die Blockade aber weder nach der Ausgabe der notdürftig mit Stempeln versehenen Geldscheine im Osten, noch nach der Ausgabe neuer Banknoten, die am 25. Juli 1948 erfolgte, beendet wurde zeigt, daß ihre Ursachen viel tiefer lagen.

Die separat durchgeführten Währungsreformen zerrissen Deutschland zwar als Wirtschaftsgebiet und führten zur Spaltung Berlins, zementierten damit aber mehr oder weniger eine schon vorher vollzogene politische Trennung.

Ein ganzes Bündel von Faktoren hat zum kalten Krieg und damit letztlich zur Spaltung Deutschlands geführt, ein Prozeß, in dem deutsche Politiker nur eine sehr untergeordnete Rolle gespielt haben.

Wie weit der von den Siegermächten nach Deutschland hineingetragene Konflikt die Menschen im Osten und Westen schließlich ergriff und vereinnahmte, zeigt eine Veranstaltung, die die Berliner Vereinigung der Verfolgten des Naziregimes unter Leitung ihrer Vorsitzenden Walter Bartel, Heinz Galinski und Arnold Munter im September 1948 organisierte: ein internationaler Gedenktag für die Opfer des Naziregimes, „den Toten zum Gedenken, den Lebenden zur Mahnung", der daran erinnern sollte, daß nur wenige Jahre zuvor mehr als sechs Millionen jüdische Menschen ermordet worden waren und von 800 000 verhafteten Kämpfern gegen den Faschismus nur 300 000 die unerhörten Qualen und Foltern in den Lagern und Gefängnissen überlebt hatten. - Es kamen Delegationen aus allen Teilen Europas, der Präsident der FIAPP (der internationalen Föderation ehemaliger politischer Gefangener), Vertreter des Verbandes ehemaliger KZ-Häftlinge Österreichs, französische Widerstandskämpfer, Norweger, Polen, Dänen, Albaner, Tschechen, Russen, Jugoslawen, Spanier und auch eine niedersächsische Delegation. Ehemalige Lagergemeinschaften von Auschwitz, Sachsenhausen, Mauthausen, Theresienstadt, Buchenwald und anderen Konzentrationslagern tagten. Eine Demonstration im Berliner Lustgarten zum Gedenken der Opfer des faschistischen Terrors, an der fast eine halbe Million Berliner teilnahm, beendete den Tag.

Die Atmosphäre zwischen Ost und West zu diesem Zeitpunkt wird eindrucksvoll demonstriert nicht nur durch das Verbot entsprechender Aufmärsche im britischen und amerikanischen Sektor, sondern vor allem auch durch die Reaktion der unabhängigen Westberliner Gewerkschaftsorganisation auf die Einladung der VVN, sich an diesem Gedenktag zu beteiligen: „In der Anlage senden wir Ihnen das Schreiben von 20. 8. 48 zurück, da wir an derartigen Veranstaltungen nicht interessiert sind. Wir bitten, auch in Zukunft, von solchen Einladungen Abstand zu nehmen. Stempel, Unterschrift." Aus.

Am 29. November 1948 berief Ottomar Geschke, SED, stellvertretender Stadtverordnetenvorsteher im Gesamtberliner Magistrat, über Rundfunk eine außerordentliche Stadtverordnetenversammlung für den kommenden Tag ein, an der außer Delegierten der am Block beteiligten Parteien und Massenorganisationen auch Vertreter der Betriebe teilnehmen sollten. Auf dieser Versammlung sollte auf Anregung der SED ein neuer demokratischer Magistrat gewählt werden, um den 1946 ordentlich gewählten Gesamtberliner Magistrat, der der Durchführung der geteilten Währungsreform zugestimmt hatte und daher von der SED nur als Spaltermagistrat bezeichnet wurde, abzulösen.

Ich arbeitete in meiner Werkstatt in der Dragonerstraße, deren Leitung Crusius mir schon Mitte sechsundvierzig übertragen hatte, als am neunundzwanzigsten November achtundvierzig Hans Bullerjahn zu mir kam und sagte: „Arnold, du sollst morgen Stadtrat für Bau- und Wohnungswesen werden." Ich sagte nur zu ihm: „Du bist ja verrückt." Meine Teilnahme an der außerordentlichen Stadtverordnetenversammlung war schon gesichert, ich hatte eine Karte vom demokratischen Block erhalten. Bullerjahn hat dann eine ganze Weile mit mir diskutiert, und ich habe ihm klar und eindeutig gesagt: „Du weißt, ich habe überhaupt keine Erfahrung in Verwaltungstätigkeiten, Amtsabläufen und ähnlichem." Zum Schluß habe ich ihn buchstäblich rausgeschmissen. Dann kam Walter Bartel. Der persönliche Referent Piecks sagte zu mir: „Wilhelm ist der Meinung, ihr als zuverlässige und verdiente politische Menschen müßt die Funktionen übernehmen und euch bemühen, all das zu erlernen, was notwendig ist, um die Funktionen auszuüben."

Am Morgen des 30. November kamen in verschiedenen Ostberliner Betrieben die Arbeiter und Angestellten zusammen und wählten Delegierte zur außerordentlichen Stadtverordnetenversammlung, die in der Deutschen Staatsoper stattfinden sollte. Von den 1616 Teilnehmern waren etwa 1150 Delegierte aus Betrieben, 200 Vertreter des Demokratischen Blocks, weiterhin die Stadt- und Bezirksräte und 26 Mitglieder der SED-Fraktion des alten Gesamtberliner Magistrats. Die Versammlung erklärte den „Spaltermagistrat" für abgesetzt und beschloß, einen „provisorischen demokratischen Magistrat" aus Vertretern der im Block vereinten Parteien und Massenorganisationen zu wählen. -

So kam es dazu, daß ich am anderen Tag dort gewählt wurde. Der Oberbürgermeister, Friedrich Ebert, wurde vorgeschlagen und von der Versammlung bestätigt. Er stellte dann alle Kandidaten vor und lud zu ihrer Befragung ein. Mich fragte allerdings niemand was. Ich wurde einstimmig gewählt und war plötzlich Stadtrat. Ich habe dieses Vorgehen demokratisch gefunden. Die Menschen, die bei der Magistratsbildung mitbestimmten, waren ja nicht irgendwelche, sondern Werktätige, gewählte Vertreter von den Belegschaften der Betriebe, deren Interessen sie wahrzunehmen hatten, und es kam ja darauf an, daß die Werktätigen, die die Verantwortung trugen und den Aufbau leisten mußten, entschieden. Es war eine ganz wichtige Frage damals, daß die, die verantwortlich waren für den Aufbau dieses Staates, aktiv sein mußten, und das waren eben die Werktätigen. Das würde ich nicht als undemokratisch hinstellen, das nicht, was sich später so entwickelt hat, da kann man teilweise schon anderer Meinung sein.

Es war klar, daß wir alle, die wir gewählt worden waren, uns fleißig bemüht haben, die Arbeit zu leisten. Keiner von uns hatte Erfahrung im Verwaltungsgebiet. Wir haben im Rahmen dieser Arbeit als Funktionäre des Staatsapparates zusammengefunden und überlegt, was wir tun können, um die einzelnen Aufgaben zu lösen, schneller voranzukommen.

Mir oblag ja nicht nur der Wohnungsbau, sondern auch die schnelle Instandsetzung des Straßen- und Verkehrswesens, U-Bahn, S-Bahn und so weiter. Die U-Bahn war durch den Krieg fast restlos zerstört. Im April neunzehnhundertfünfundvierzig war die Tunneldecke der U-Bahnlinie zwischen Märkischem Museum und Klosterstraße unterhalb der Spree von einer Bombe getroffen und die Linie von der Spree überschwemmt worden, und noch im Mai hatte die SS die Tunneldecke der Nord-Süd-S-Bahn nahe dem Anhalter Bahnhof, wo sie den Landwehrkanal unterquerte, gesprengt. Das Wasser war acht Kilometer bis Friedrichstraße geflossen, es hatte unter den verwundeten Soldaten und der Zivilbevölkerung, die sich dort zum Schutz vor den in Berlin tobenden Straßenkämpfen ver-

Stadtrat Arnold Munter (links) mit dem Ostberliner Oberbürgermeister Friedrich Ebert (Mitte) und einem Mitarbeiter

steckt hielten, mehrere hundert Tote gegeben. Insgesamt war ein Drittel der U-Bahnstrecken im Zentrum überflutet.

Das mußte alles wieder in Gang gebracht werden. Dabei war es ganz wichtig, die Bevölkerung im Rahmen des Nationalen Aufbauwerkes miteinzubeziehen, um den Schutt aus den Straßen zu beseitigen, aus den Trümmern Material zu gewinnen, Mauersteine, Dachziegel und was alles möglich war, um im Reparaturprozeß mit dem Material zu arbeiten. Diese Masseninitiativen fand ich ganz wesentlich. Natürlich konnten mehr Menschen einfach auch mehr schaffen, aber vor allem war es doch der Sinn vom Sozialismus, selbst mitzuarbeiten, Eigeninitiative zu entwickeln, um besser leben zu können. Das ist so ähnlich wie die Bürgerinitiativen heute.

Beim Aufbau hat uns natürlich die Demontage behindert, aber ich sehe das heute noch so, daß die Russen derart unter dem Krieg gelitten hatten, auch wegen all ihrer Toten, daß sie drauf angewiesen waren, erstmal ganz viel rauszuschleppen, Bahnschienen und so weiter, damit sie überhaupt bei sich wieder etwas aufbauen konnten.

Ich habe mir dann sehr viele Bücher gekauft, meist im Antiquariat, es gab ja noch kaum neue, und habe gebüffelt, wie so ein kleiner Affe. Formuliert haben wir damals alle: „Am Tage regiert und nachts studiert." Probleme, die tagsüber angefallen waren und mit denen man nicht so schnell fertig wurde, weil es ja immer um Sachen ging, mit denen man sich vorher nicht beschäftigen mußte, hat man abends nachgelesen, versucht, in das Thema reinzukommen. Für mich war das besonders schwer, und ich hatte da sehr aktiv zu sein, weil in meiner Abteilung ja nur studierte Menschen arbeiteten, Statiker, Bauingenieure und so weiter.

Die Hauptfrage, Wohnungswesen, war dabei gar nicht mal so problematisch. Da mußte man in erster Linie sozial richtig entscheiden. Schwieriger war zum Beispiel das Aufbauen mit Architekt Henselmann, dem Architekten der Stalinallee, der eine Weile bei mir war. Ich habe wirklich Tag und Nacht gebüffelt und bin reingewachsen in diese Dinge.

Auf die Frage wie sich denn sein Privatleben in dieser Zeit gestaltete, ob er Freizeit gehabt und was er in dieser privat und mit Freunden unternommen habe, antwortet Arnold:

Ach, wenn es möglich war, sind wir rausgefahren in die Mark oder haben Konzerte besucht und uns vor allem mit dem Zu-

stand Berlins beschäftigt, also wo wir helfen konnten und Menschen unterstützen konnten, ihre kaputten Wohnungen alleine wieder instand zu setzen oder neuen Wohnraum, zum Beispiel auf Dachböden zu schaffen. Wir haben einfach immer geschaut, wo wir etwas tun können.

Zu Weihnachten 1948 erhielt Arnold einen ganz besonderen Weihnachtsgruß. In einer einfachen weißen Klappkarte heißt es: „Die sowjetische Kommandantur der Stadt Berlin wünscht Ihnen zu Weihnachten frohe Feiertage und weitere Erfolge in Ihrem Kampf um ein einheitliches demokratisches Deutschland im Jahr 1949."

Arnolds „Kampf" hatte allerdings in erster Linie näherliegende Ziele.

Ich war ja damals schon ein verliebter Mensch, in das schöne alte Berlin, und daher habe ich mich sehr stark für den Erhalt übriggebliebener alter Reste eingesetzt. Das sind so viele kleine Erinnerungen an leider oft auch vergebliche Auseinandersetzungen. Zum Beispiel sollte die „Letzte Instanz", das Restaurant schräg vis-à-vis dem Stadtgericht in der Littenstraße, abgerissen werden, zusammen mit den Resten der Stadtmauer. Da habe ich mich mit meinem Protest durchsetzen können, und so steht es heute noch da, gemeinsam mit den zwei, drei benachbarten Häusern. Natürlich hatte ich die Möglichkeit, viel in den alten und historischen Bauten rumzukommen. In diesen Häusern bin ich mal in den Keller gestiegen, weil es hieß, die Häuser seien, um die Hintermauer zu sparen, direkt an die Stadtmauer rangebaut worden, als diese nicht mehr notwendig war. Tatsächlich habe ich in den Kellern noch die ganz alte originale Stadtmauer vorgefunden.

Die Ruine der ältesten katholischen Kirche Berlins in der Klosterstraße habe ich auch sichern können. Es war beabsichtigt, einen Wendekreis für die U-Bahn zu bauen, der teilweise das Kirchengelände unterhöhlte; die Bauten liefen bereits. Als ich auf der Baustelle herumgeklettert bin, habe ich den Bauleiter gefragt, ob der Erhalt der Ruine gesichert sei. Darauf hat er nur geantwortet: „Die Garantie übernehme ich nicht." Die Baustelle habe ich sofort einstellen lassen. Für so etwas brauchte man schon ziemlich großen Mut. Leider hat das nur selten funktioniert.

Ich erinnere mich zum Beispiel an die Raabediele in der Raabegasse, das Stammlokal des Dichters Raabe, das so gestaltet war, wie er das geliebt hatte. Mit der Gastwirtin, die die Wirtschaft übernommen hatte, kam ich ins Gespräch. Diese Frau zeigte großes Interesse daran, den alten Zustand wieder herzustellen und hat sich dafür sehr eingesetzt, von mir unterstützt, soweit das notwendig war. Als das Staatsratsgebäude gebaut wurde, ließ man die schräg dahinter liegende Raabediele verschwinden.

Andere historische Bauten ließen sich einfach nicht mehr retten, wie zum Beispiel auch die Petrikirche, die war einfach runter, da war leider nichts zu machen.

Auf den Erhalt einer anderen Kirche, der Marienkirche, sprach mich mal der zuständige Pfarrer, Probst Grüber, der Vorsitzende des evangelischen Hilfswerkes für ehemals rassisch Verfolgte, an. Ich habe ihm einen finanziellen Beitrag von der Stadt zusichern können. So wurde die Marienkirche wieder instandgesetzt.

Zu dieser Baustelle bin ich oft rübergegangen und habe mich mit Probst Grüber getroffen, so daß wir uns später sogar duzten, er war als aktiver Christ, der verfolgten getauften Juden geholfen hatte, lange in Sachsenhausen und Dachau gewesen. Er merkte meine Liebe zur Musik und von da an erhielt ich immer eine Karte für die Konzerte, die in der Kirche stattfanden. Wenn ich dazu abends in die Kirche kam, pflegte er mir zuzuzwinkern und lächelnd nach oben, in die ehemalige Fürstenloge, zu weisen. Die habe ich aber nur wenig in Anspruch genommen, die Akustik an der Seite war nicht besonders günstig, da saß ich doch lieber unten.

Im Hohen Steinweg, der damals von der Marienkirche zum Roten Rathaus hinüberführte, stand meines Wissens nach ei-

nes der ältesten Häuser Berlins, noch mit herrlichen Kellergewölben, die eine Gaststätte beherbergten. Trotzdem fällte der Magistrat den Beschluß, dieses Haus abzureißen, und ich erhielt den Auftrag, diesen Beschluß auszuführen. Das habe ich versucht zu verhindern, indem ich darauf verwiesen habe, daß es eines der ältesten, wenn nicht das älteste Haus Berlins sei. Das Haus sollte aber nicht alleine abgerissen werden, der gesamte Straßenzug sollte weg, wahrscheinlich weil man den Platz (das heutige Marx-Engels-Forum) völlig neu gestalten wollte. Es gab auch böse Zungen, die sagten, daß der Oberbürgermeister freie Sicht aus seinem Fenster im Roten Rathaus anstrebte. Jedenfalls wurde mir nachgewiesen, daß das Haus nicht besonders alt sei, und wurde mitsamt der ganzen Häuserzeile abgerissen. Unter dem Schutt hat man dann Gruben mit Küchenabfällen gefunden, die bewiesen, daß es eben doch eines der ältesten Häuser der Stadt gewesen war.

Aber das wichtigste bei meiner Arbeit war und blieb der Wohnungsbau, Schaffung von Wohnraum. Ich habe mich sehr darum bemüht, möglichst viele Häuser, die nur beschädigt waren, wieder instandsetzen zu lassen, damit alte Bausubstanz erhalten blieb. Oft ging das auch schneller. Viel konnte ich auch in Zusammenarbeit mit dem NAW, dem Nationalen Aufbauwerk, machen.

Es waren damals viele Probleme, die es zu lösen galt, und ich muß offen sagen, mir hat das Riesenfreude gemacht, geleitet von dem starken Gefühl für die werktätigen Menschen, das ich immer hatte. Das Schlimme war nur, daß ich dann zusammenbrach.

Bei einem der Gespräche Anfang 1949, die der Stadtrat Arnold Munter regelmäßig mit Abteilungsleitern durchführte, in denen beraten und Maßnahmen festgelegt wurden und er aus den Magistratssitzungen berichtete, schoß ihm mit einem mal ein Schwall Blut aus dem Mund. Er wurde sofort ins Krankenhaus gebracht. Dort liegt er eine Weile, gepeinigt von dem Gedanken, daß ohne ihn bestimmt nichts geht. Viel zu früh läßt er sich aus dem Krankenhaus entlassen. Der Rückfall, diesmal noch heftiger als zuvor, ist vorprogrammiert.

Der schwerkranke Arnold wird in eines der ersten Nachkriegsautos, die in der DDR produziert wurden, einen EMW (Eisenacher Motorenwerke, später Wartburg getauft), gepackt und in das Carl-von-Ossietzky-Heim in Sulzhayn im Südharz gebracht. Dieses Heim war eine speziell für lungenkranke Opfer des Faschismus gedachte Einrichtung der Vereinigung der Verfolgten des Naziregimes, da Lungentuberkulose eine sehr häufig auftretende Folge von Konzentrationslagerhaft war. Dort wurde Arnold zweimal an der Lunge operiert.

Das war für mich natürlich eine wunderbare Sache, das Heim lag mitten im Wald und ich war mit Widerstandskämpfern zusammen. Natürlich hat man auch manches Elend gesehen, das nah ging und Angst machte, viele, die an KZ-Folgen starben. Getan wurde für uns sehr viel von den Ärzten, das Essen war für die damalige Zeit auch nicht schlecht. Ich entsinne mich, daß wir viel Harzer Käse essen mußten, der sollte gut sein für die Zellbildung, damit die Löcher in der Lunge schneller verwuchsen.

Im August neunzehnhundertneunundvierzig wurde ich aus dem Sanatorium entlassen, nachdem ich am dritten März eingeliefert worden war. Nun kam ich zurück, mußte aber noch einen Pneu tragen, eine Kanüle, die durch die Rippen durchzuschieben war und alle vierzehn Tage mit frischer Luft aufgepumpt wurde. Fünf Jahre habe ich den Pneu getragen, naja, das habe ich auch überstanden.

An den Tag der Gründung der DDR, den siebenten Oktober neunzehnhundertneunundvierzig, kann ich mich ehrlich gesagt nicht erinnern. Ich habe mich damals schon gefreut, daß es die Möglichkeit der Entwicklung eines sozialistischen Staates auf deutschem Boden gab und daß eine gewisse Trennung zu den Westsektoren da war, aber der Tag selber oder die spezielle Gründung haben mich nicht besonders bewegt. Die

Entwicklung war ja aufgrund der verschiedenen politischen Zielsetzungen der Alliierten irgendwie klar. Natürlich hat mich die Tatsache, Stadtrat in der Hauptstadt der DDR zu sein, schon berührt.

Im August 1950 erreicht den Stadtrat für Bau- und Wohnungswesen, der soeben mit Schonungsauflage aus einem zweiten, kürzeren Sanatoriumsaufenthalt entlassen worden ist, der Befehl, das Berliner Stadtschloß abreißen zu lassen.

Zu diesem Zeitpunkt konnte das Berliner Stadtschloß auf eine sehr bewegte (Bau-)Geschichte zurückblicken. Nach der Grundsteinlegung durch Kurfürst Friedrich II., am 31. Juli 1443, war das Schloß in Form einer Wasserburg entstanden und erstmalig ständige Residenz der brandenburgischen Kurfürsten geworden.

Kurfürst Joachim II. hatte das Schloß ab 1537 völlig umgestalten lassen. Seine Baumeister verliehen ihm die Form als Renaissanceschloß, die es bis zum Schluß beibehielt. Der wesentliche Umbau, der das Bild des Schlosses bis in die Gegenwart prägte, war von Kurfürst Friedrich III., dem späteren König Friedrich I. von Preußen ab 1688 in die Wege geleitet worden. Sein Baumeister Andreas Schlüter, Architekt und Bildhauer, ließ das Schloß durch die Neugestaltung der Fassaden und den Bau des Hofes II, des sogenannten Schlüterhofes, zu dem wichtigsten barocken Profanbau nördlich der Alpen werden.

Weitere, unbedeutendere Aus- und Umbauten folgten im Laufe der Zeit. Kaiser Wilhelm II. verlieh dem Schloß einen klangvollen Ruf, weniger durch architektonische Maßnahmen, als vielmehr durch die prunkvollen Feste, die vor allem in dem berühmten, vollständig mit weißem Marmor ausgekleideten Weißen Saal des Schlosses stattfanden. Hier unterschrieb er aber auch Kriegserklärung und Abdankungsurkunde.

Am 9. November 1918 wurde im Berliner Stadtschloß zum letzten Mal Geschichte gemacht: Karl Liebknecht verkündete von einem seiner Balkons die erste sozialistische Republik auf deutschem Boden. Danach beherbergte das Schloß in seinen über 1200 Räumen Museen, wissenschaftliche Institute usw. Am 3. Februar 1945 wird das Gebäude bei einem gewaltigen amerikanischen Bombenangriff in Brand geschossen. Das vier Tage lang wütende Feuer zerstört die Innenräume nahezu restlos, läßt jedoch die Außenmauern und den Schlüterhof sowie einige Gebäudeteile um diesen herum stehen.

Im August 1946 wird im ehemals Weißen, mit einer Notdecke versehenen und mit Ziegelsteinen geflickten Saal eine Austellung zum Thema „Berlin plant" eröffnet. Im Oktober 1946 findet hier eine Ausstellung zur modernen französischen Malerei statt, im Dezember folgt die Ausstellung „Wiedersehen mit Museumsgut". Im März 1948 wird sogar eine Ausstellung zum 100jährigen Jubiläum der Revolution 1848 angeboten.

Am 22. Oktober 1948 muß das Gebäude jedoch auf Veranlassung des Gesamtberliner Magistrats hin baupolizeilich gesperrt werden. Der von der Alliierten Kommandantur in Auftrag gegebene Übersichtsplan über das Ausmaß der Zerstörung von Berlin vom 23. Januar 1946 weist das Schloßgebiet als gänzlich zerstörte Fläche aus. Insgesamt sind die Zerstörungen jedoch geringer als zum Beispiel am Reichstag oder anderen, wiederhergestellten Gebäuden. Ausschlaggebend für eine Entscheidung über den Wiederaufbau des Schlosses konnte daher nicht in erster Linie das Ausmaß der Zerstörungen sein, diese ließ Urteile in beide Richtungen zu, sondern der Wille der verantwortlichen Politiker.

Auf dem dritten Parteitag der SED am 22. Juli 1950 führte Walter Ulbricht in seinen Erläuterungen zum neuen Fünfjahresplan unter anderem aus: „Die wichtigste wirtschaftspolitische Aufgabe ist der Wiederaufbau der zerstörten Städte der Republik, in erster Linie der Hauptstadt Deutschlands, Berlin. (...) Das Zentrum unserer Hauptstadt, der Lustgarten und das Gebiet der jetzigen Schloßruine, müssen zu dem großen Demonstrationsplatz werden, auf dem der Kampfwille und Aufbauwille unseres Volkes Ausdruck finden können."

Gemäß seinen Ausführungen beschließt der Ministerrat am 23. August 1950, bestätigt von der Volkskammer, den endgültigen Abriß des Schlosses. Trotz massiver Proteste aus verschiedenen Teilen der Bevölkerung, die sich zumeist auf die Stellung des Schlosses in der deutschen Geschichte, im Stadtbild Berlins und in der Kunstgeschichte beziehen, wird der Termin für die erste Sprengung auf den 6. September, also kaum zwei Wochen nach dem Ministerratsbeschluß festgelegt - für deutsche Behörden eine beachtliche Geschwindigkeit, die vielleicht nicht trotz, sondern gerade wegen der Proteste vorgelegt wurde.

Die Sprenggruppe unterstand meiner Fachabteilung, so daß ich unmittelbar dafür zuständig war, den Beschluß umzusetzen. Das Schloß war zwar teilweise Ruine, aber teilweise auch in durchaus erhaltungsfähigem Zustand. Gerüchte über seinen Abriß hatte es schon vorher gegeben, ich hatte aber nie so recht daran glauben können, auch nicht wollen. Nun bat ich den Oberbürgermeister, noch einmal mit den zuständigen Leuten zu sprechen. Ich habe im besonderen auf den Schlüterhof hingewiesen, der noch verhältnismäßig gut erhalten war und notdürftig als Museum genutzt wurde. Kurze Zeit später kam Friedrich Ebert auf mich zu und sagte: „Herr Stadtrat, es ist endgültig beschlossen und abgesprochen", er sagte mir nicht mit wem, „das Schloß muß abgerissen werden."

Übrigens war das Schloß damals im Besitz des Staates, nicht im Besitz Berlins.

Die erste Sprengung fand am 6. September statt und wurde im vorderen Teil durchgeführt. Da ich ziemlich dicht dabei sein wollte, habe ich mit dem Sprengmeister abgemacht, daß ich mich hinter dem Kaiser-Wilhelm-Denkmal, das dort noch stand, einem mächtigen Bronzeklotz, verstecken durfte, um so, aus der Deckung heraus, die Sprengung zu beobachten. Die Linden wurden weiträumig von der Volkspolizei gesperrt, denn es mußte mit mächtigen Mengen Dynamit gearbeitet werden, die Grundmauern des Stadtschlosses waren bis zu fünf Meter dick. Die erste Sprengung erschütterte den Boden mächtig. Als die hochgeschleuderten Steinmassen und der Staub sich wieder etwas gelegt hatten, näherte ich mich der Sprengstelle. Auf einmal kam ein Auto angefahren, sowjetische Offiziere, alarmiert von der Explosion, sprangen heraus, kamen auf mich zu und protestierten: „Warum sprengst du Schloß? Wir haben Kreml auch nicht gesprengt nach Revolution."

Das war für mich eine Bestätigung, daß ich mit meiner Haltung recht gehabt hatte. In Kreisen der Fachleute war bekannt, daß das Schloß auf Befehl von Ulbricht gesprengt wurde, der einen Aufmarschplatz im Berliner Zentrum haben wollte. Offiziell war die Schloßsprengung Teil der „Aktion gegen Junkerbesitz".

Die letzte Sprengung erfolgte am 30. Dezember gegen 15 Uhr. Wenig später wurde mit dem Aufbau einer Tribüne begonnen. In einem von der SED in Auftrag gegebenen Papier hieß es dazu, daß die Partei nunmehr über acht Hektar verfügen könne, das bedeute Platz für 360 000 Personen bei Standkundgebungen - bei vier Personen pro Quadratmeter - und Platz für eine dreiviertel Million bei sechsstündigem Vorbeimarsch und bei einer stündlichen Marschsäulenmasse von 125 000 Personen in Siebzigerreihen. Anläßlich der ersten dergestalt durchgeführten Massenkundgebung auf diesem Gelände, am 1. Mai 1951, erhielt es den Namen Marx-Engels-Platz.

Zu der Zeit der Schloßsprengung hatte ich aber auch eine sehr angenehme Aufgabe auszuführen: Die Gedenkstätte für Sozialisten auf dem Friedhof in Friedrichsfelde sollte wiedererrichtet werden.

Die am 15. Januar 1919 von Soldaten ermordeten Anführer der Novemberrevolution, Rosa Luxemburg und Karl Liebknecht, waren auf dem damals noch an der Peripherie der Stadt liegenden Friedhof in Friedrichsfelde beigesetzt worden. Gemeinsam mit Karl Liebknecht hatte damals zunächst ein leerer Sarg beerdigt werden müssen, da die Leiche Rosa Luxemburgs erst viereinhalb Monate später aus dem Landwehrkanal geborgen werden konnte. Nachdem in den folgenden Jahren jeweils am Jahrestag der Ermordung große Demonstrationen zu den Gräbern der beiden Arbeiterführer stattgefunden hatten, überlegte die Parteiführung der KPD, zu Ehren der beiden Arbeiterführer und weiterer 31 in den Wirren der Novemberrevolution ums Leben gekommener Kommunisten ein Denkmal auf diesem Friedhof zu errichten. Das nach einem Entwurf von Mies van der Rohe, dem späteren Bauhausdirektor, errichtete monumentale Denkmal wurde restlos aus Spenden der Arbeiterschaft finanziert und 1926 von Ernst Thälmann enthüllt.

1935, nachdem sich ein Sonntagsnachmittagsausflug zu diesem Denkmal als ein immer beliebteres Mittel des halböffentlichen Widerstandes entwickelt hatte, ließen die Nationalsozialisten das Denkmal schleifen. Die Gräber Liebknechts und Luxemburgs und der anderen Sozialisten wurden eingeebnet, die Umgebung sorgfältig umgegraben und 1941 mit neuen Gräbern belegt.

1945 wurde das alte Denkmal provisorisch aus Holz und Stoffbahnen nachgebaut, aber bereits ab Ende dieses Jahres bemühte sich Wilhelm Pieck, der 1919 zusammen mit Rosa Luxemburg und Karl Liebknecht verhaftet worden war, um ein neues Denkmal.

Im Lauf der Arbeiten an diesem Denkmal kam ich viel mit Wilhelm Pieck zusammen. Ich hatte den Entwurf für die Gedenkstätte erhalten, der teilweise von Pieck selber stammte, und hatte die Arbeiten zu überwachen. Wenn der Präsident dann hinfuhr, um sich die Fortschritte zu begucken, mußte ich ihn dort immer begleiten.

Die Gedenkstätte war so geplant, daß eine kreisförmige Mauer entstehen sollte, in die neben verschiedenen Gedenk-

tafeln die Namen zahlreicher, im Widerstand oder auch schon früher ums Leben gekommener Kommunisten eingemeißelt werden sollten. Für die Mitte des Kreises war eine Steinsäule vorgesehen, die die von Pieck gewünschte Inschrift „Die Toten mahnen uns" tragen sollte. Um diese Säule herum sollten acht der bedeutendsten Sozialisten, unter ihnen Rosa Luxemburg, Karl Liebknecht und Franz Mehring ruhen.

Wo die beiden ermordeten Arbeiterführer ursprünglich beerdigt worden waren, haben wir alles aufgegraben, um die Särge beziehungsweise, die Leichname an die vorgesehenen Stellen umzubetten, haben aber nichts gefunden außer einem Stück von einem Metallsarg, in dem wohl Rosa Luxemburg beigesetzt worden war, als Wasserleiche durfte man sie nur in einem Zinksarg bestatten. Sonst war alles weg, von den Verbrechern buchstäblich untergepflügt.

Auf einmal kam der älteste Friedhofsarbeiter zu mir und sagte: „Herr Stadtrat, hier irgendwo ist auch Franz Mehring begraben." Wir sind ein Stückchen den Weg hinaufgelaufen, und auf einmal blieb er stehen, deutete mitten auf den Weg und sagte: „Hier unten muß er liegen." Nach weniger als einer halben Stunde hatten wir den schon sehr brüchigen Sarg mit Franz Mehring gefunden. Sehr schnell wurde ein neuer Sarg besorgt und Franz Mehring umgebettet. Das hat mich sehr bewegt, der lag so ruhig da, noch sehr gut erhalten.

Dem Präsidenten ließ ich mitteilen, daß unsere Suche wenigstens für Franz Mehring erfolgreich gewesen war, da kam er sofort. Blitzschnell wurde der Friedhof von den meisten Menschen geräumt und von der Staatssicherheit abgeriegelt, so daß wir beide fast allein an dem Sarg standen. Da habe ich das erstemal gesehen, daß Wilhelm Pieck weinte, er weinte wie ein Kind. Vielleicht auch, weil von seinen ältesten Kampfgefährten sonst nichts mehr zu finden war. Er hatte so eine Eigenart, er trug seinen Hut immer vor der Brust, auf der rechten Seite. So stand er auch damals da und hat geweint.

Mehring ist jedenfalls der einzige, der in dem Rondell um den Stein unter seiner Grabplatte auch wirklich liegt.

Ich kann mich noch daran erinnern, daß Pieck einmal den zuständigen Gärtner gebeten hatte, die kreisförmige Mauer, die die Begrenzung des Denkmals bildete, mit großen breiten Koniferen zu verdecken, damit man nicht mit dem Gedanken reinkam: „Ach, sind das schöne große Mauern", sondern wirklich das Gefühl bekam, ins Grüne einzutreten, wo diese Menschen richtig ruhen konnten. Beim nächsten Besichtigungstermin mußten wir feststellen, daß der Gärtner ganz etwas anderes gepflanzt hatte. Da hat der Pieck mit ihm geschimpft! Wir gingen dann in Richtung auf den Ort, wo das alte Denkmal gestanden hatte; er war recht schweigsam nach all den Tiraden, die er vorher gegen den Gärtner losgelassen hatte. Auf einmal sagte er zu mir: „Rufen Sie doch den Gärtner noch einmal her." Ich habe ihn also gerufen und gedacht, er würde jetzt eine zweite Tracht Prügel kriegen, aber da sagt Wilhelm Pieck zu ihm: „Paß mal auf: Ich bin Präsident und habe eine Riesenverantwortung und so viele Aufgaben. Und da habe ich dich gebeten, daß du das hier so erledigst, wie ich mir das vorstelle, und du machst einfach irgendwas anderes. Du mußt verstehen, daß ich mich darüber geärgert habe. Aber bring das mal in Ordnung, wir vertragen uns schon wieder." Das war Wilhelm, das war er! Ein wunderbarer Mensch.

Man erzählte auch, daß Pieck, der ja gelernter Schreiner war, sich sämtliche Möbel für seine Wohnung selber angefertigt hatte und an dem Tag, als er mit Grotewohl zusammen den Vorsitz der neuen SED übernahm, soll er an seinen Büroschreibtisch einfach eine weitere Platte angesetzt haben, an der er fortan mit ihm arbeitete.

Er war ein herzlicher Mann, so wie ich ihn kennengelernt habe.

Am 14. Januar 1951 wurde die „Gedenkstätte der Sozialisten" eingeweiht. Kurz darauf erhielt Arnold von Bürgermeister Ebert den Auftrag, für die Magistratssitzung den Antrag auf Umbenennung der Frankfurter Allee in Stalinallee zu begründen, da Straßennamen in sein Ressort fielen. -

Das habe ich dann auch begründet, es ist mir nicht schwergefallen, ausgehend von dem genialen Stalin. Mir war damals nichts weiter bekannt, als daß Stalin den Krieg erfolgreich geführt hatte und dadurch den Faschismus zerschlagen hatte. Ich habe Stalin verehrt als den, der schließlich auch mich durch den Kampf seiner Armee befreit hat. Und ich sage das immer wieder: Die Sowjetmenschen haben mir neunzehnhundertfünfundvierzig mein Leben ein zweites Mal geschenkt, mein Leben wäre wenige Tage später zu Ende gewesen.

Der Magistrat hat dem neuen Namen zugestimmt.

Ansonsten hatte ich mit der Stalinallee nicht viel zu tun, daß machte der zuständige Architekt Henselmann gemeinsam mit anderen Architekten. Er informierte mich lediglich über die Fortschritte.

Insgesamt muß ich zur Arbeit als Stadtrat sagen, daß ich nicht besonders frei war in meinen Entscheidungen. Das meiste wurde im Magistrat festgelegt, und ich habe die Ausführung der Beschlüsse unter Kontrolle halten müssen. Es gab schon demokratische Prozesse in der Stadtverordnetenversammlung, aber die SED hat immer alle ihre Forderungen durchsetzen können.

Nach meinem zweiten Sanatoriumsaufenthalt im Sommer neunzehnhundertfünfzig war ich zu siebzig Prozent Invalide geschrieben worden. Ständig bekam ich Schonung auferlegt, und es war abzusehen, daß ich noch häufiger ins Sanatorium würde gehen müssen. Daher habe ich im Juni neunzehnhunderteinundfünfzig mit dem Einverständnis meiner Partei einen Brief an Ebert geschrieben und ihn gebeten, mich von meinem Amt zu entbinden.

Am 21. Juni 1951 erscheint im Neuen Deutschland, dem Zentralorgan der SED, ein Bericht über eine Bürgerversammlung im Friedrichshain, an der Oberbürgermeister Friedrich Ebert teilgenommen hatte. Dem Zeitungsartikel ist zu entnehmen, daß sich die Bürger beschwert hatten, weil ihnen die Instandsetzung ihrer Wohnungen und der Aufbau neuer Wohnungen nicht schnell genug ging. In dem Artikel heißt es: „Oberbürgermeister Ebert (...) versprach der Bevölkerung, daß die Verwaltung in Zukunft operativer arbeiten wird. Fritz Ebert betonte, daß für Menschen, die sich nicht genug um die Sorgen der Bevölkerung kümmern, kein Platz mehr in der demokratischen Verwaltung sein wird. Der bisherige verantwortliche Stadtrat Munter ist gestern von seinem Amt entbunden worden."

Arnold, der immer stolz darauf gewesen ist, gerade und in allererster Linie für die einfache Bevölkerung dazusein, ist schwer schockiert über diese verzerrende Darstellung. Empört bittet er den stellvertretenden Bürgermeister Hans Müller, Mitglied der SDA, zu intervenieren und wendet sich auch persönlich an Ebert.

Dieser antwortete ihm drei Tage später:

„In Bestätigung Ihres Schreibens vom 21. Juni 1951 bedauere ich die in einem Teil der Presse gebrauchten unglücklichen Formulierungen über die Gründe ihres Rücktritts. Ich habe deswegen bereits mit Herrn Bürgermeister Müller eine Korrespondenz geführt und ihm mitgeteilt, daß ich leider nicht in der Lage bin, amtlich eine Klarstellung zu veranlassen.

Mit bestem Dank für die der Stadt Berlin geleistete Arbeit und guten Wünschen für Ihr ferneres Wohlergehen zeichne ich - Ebert."

Es kann schon sein, daß sein Verhalten damit zusammenhing, daß ich eben in der SDA war und er in der SED, und er die Gelegenheit genutzt hat, uns die Schuld in die Schuhe zu schieben, aber hauptsächlich habe ich da so empfunden: Er war eben der Sohn des ersten Präsidenten der Weimarer Republik und ich war ein Arbeiterjunge. Das hat mich eigentlich eher dazu bewogen, zu sagen: Jetzt erst recht!, ich habe nicht aufgegeben, bis heute nicht.

Ich habe allein über zwanzigtausend dokumentierte freiwillige Aufbaustunden geleistet. Angefangen hat das schon sehr früh mit VVN-Kameraden. Wir haben an der Frankfurter Allee begonnen, aufzuräumen. Das lief unter dem Motto: „Die unter dem Faschismus am meisten gelitten haben, fangen als erste an, Schutt und Dreck zu beseitigen."

Für mich war dieses direkte Mitwirken am Wiederaufbau mit das schönste.

Kurz bevor ich von meinem Amt als Stadtrat entbunden wurde, habe ich geheiratet. Meine Frau war die Sekretärin des stellvertretenden Bürgermeisters, mit der traf ich bei der Arbeit öfter mal im Rathaus zusammen. Wir haben uns immer sehr nett unterhalten. Irgendwann hat sie mich mal gebeten, ob es nicht möglich sei, daß sie zu Vorträgen, die ich hielt, mitgenommen werden könne. Von da an sind wir zusammen gefahren, bis ich ihren Eifer empfunden und gemerkt habe, was los war. Da haben wir geheiratet. Sie hatte eine Tochter, deren Vater angeblich gefallen war. Aus dem Grunde habe ich sie dann adoptiert.

Etwa zu Beginn des Jahres 1950 war Arnold eines Tages von der K 5, dem Vorläufer des Ministeriums für Staatssicherheit, angesprochen worden. Dieses Kommissariat der Kriminalpolizei war 1945/46 als „antifaschistisches Polizeiorgan" unter Anleitung und Kontrolle sowjetischer Berater geschaffen worden und sollte unter Anwendung konspirativer Methoden NS-Verbrecher aufspüren, aber auch Sabotageakte gegen Betriebe und anderen Widerstand gegen die neuen Herrscher bekämpfen. Die K 5 unterstand der deutschen Verwaltung des Innern, deren Vizepräsident Erich Mielke war. Nach Informationen dieses Organs sollte der SS-Offizier Rudolf Heindl unter einem falschen Namen in München untergetaucht sein.

Da Arnold Heindl in Theresienstadt begegnet war, wurde er gebeten, nach München zu fahren, um die Gerüchte auf ihren Wahrheitsgehalt hin zu überprüfen. Arnold fuhr zu der angegebenen Adresse, konnte jedoch keine Spur von Heindl ausfindig machen. Einige Tage, nachdem er wieder in Berlin war,

Arbeitseinsatz mit VVN-Kameraden an der Stalinallee (Arnold Munter, Bildmitte, Hinter dem Spaten; um 1949)

läutete das Telefon: „Laß' dich nicht noch einmal in München blicken, dann legen wir dich um."

Einige Monate später stellte er abends fest, daß plötzlich das Telefon tot war, nachdem es den ganzen Tag einwandfrei funktioniert hatte. Arnold fragte den eine Etage höher wohnenden Postangestellten um Rat. Gemeinsam stellten sie fest, daß jemand das in das Gebäude hineinführende Telefonkabel sauber durchtrennt hatte. Am anderen Tag klingelte das notdürftig reparierte Telefon. Diesmal war Arnolds damalige Frau am Apparat: „Sag deinem Kommunistenschwein, wir kriegen ihn schon noch."

Nur wenige Wochen später, Arnold kam von einer Abendveranstaltung der Universität für Marxismus-Leninismus nach Hause: Zunächst hatte er seine Frau bei den Schwiegereltern abgeholt. Gegen 23 Uhr bogen sie in ihre Straße ein. Plötzlich fielen Arnold zwei Schatten hinter dem Bauwagen auf, der vor ihrem Haus geparkt war. Er drehte sich schnurstracks um und ging zum nächsten Polizeirevier. Dort wurden die Befürchtungen des Vorsitzenden der Berliner Vereinigung der Verfolgten des Naziregimes sehr ernstgenommen. Ein Trupp Polizisten machte sich auf, um die Gegend zu kontrollieren. Im frisch gefallenen Schnee konnten die Volkspolizisten die Spuren von zwei Personen vom Bauwagen weg ins Haus, dort in den Keller, durch den Hinterausgang und in die an das Haus anschließende Grünanlage verfolgen. Dort verloren sie sich. Am anderen Tag erfolgte der fast schon erwartete Anruf: „Du kannst noch so vorsichtig sein, wir kriegen dich schon noch!"

Arnold ist nicht der Meinung, daß er mit diesen Einschüchterungsversuchen immer persönlich gemeint war, sondern vielmehr seine Funktion als Vorsitzender der Vereinigung der Verfolgten des Naziregimes, als Stadtrat oder auch seine jüdische Abstammung.

Ich bin heute noch sehr aufmerksam, wenn ich ins Haus reingehe, schaue erst rechts und links, bevor ich aus der Toreinfahrt trete, mich offen sehen lasse, kontrolliere die Grünflä-

che im Hof auf verdächtige Bewegungen. Ich bin insgesamt sehr vorsichtig. Wenn ich einen von denen mal tagsüber treffen würde, ohne daß der gerade irgendwelche bösen Absichten verfolgt, dann würde ich mich gerne mit ihm unterhalten, um bei ihm ein vernünftiges Denken auszulösen.

Nachdem Arnold seiner Aufgabe als Stadtrat entbunden war, durfte er zunächst, da ihm noch strenge Schonung verordnet war, keine neue Arbeit annehmen. Zum ersten Mal seit Jahren hatte er Zeit für sich.

Auch wenn ich die sozialistischen Prinzipien und Grundlagen unserer Politik kannte, wußte ich wenig über die Entwicklung des Kampfes der Sowjetunion und die Basis der Freundschaft zwischen den beiden Staaten. Außerdem war ich daran interessiert, die Staatspolitik konkreter kennenzulernen. Darum habe ich, nachdem ich etwas mehr Zeit hatte, zwischen neunzehnhunderteinundfünfzig und neunzehnhundertzweiundfünfzig, die Abenduniversität des Marxismus-Leninismus in der Humboldt-Universität besucht, um darüber mehr zu erfahren. Die studierten, qualifizierten Menschen, die dort unterrichteten, haben mich sehr beeindruckt. Es ging in dem Abendkurs vor allem um die Entwicklung von Lenin und seiner Lehren, und ich bin heute noch überzeugt, daß du nicht anfangen und fragen kannst: Wo hat Lenin was falsch gemacht? Sondern: Wo hat Lenin dir den Weg gewiesen?

Als wir später gesehen haben, wie es in Rußland aussah, da habe ich natürlich nicht mehr alles geglaubt. An die Richtigkeit von Lenins Lehren ja, aber ob sie auch richtig durchgesetzt waren, da hatte ich gewisse Zweifel.

„Man hat sich einfach verantwortlich gefühlt.“

(1951-1961)

Nachdem ich nicht mehr Stadtrat war, habe ich mich um andere Arbeit bemüht, ich wollte ja nicht stillsitzen. Mir wurde dann von der entsprechenden Dienststelle des Magistrats angeboten, die Aufgaben eines Treuhänders zu übernehmen. Dafür mußte man zunächst ein halbes Jahr studieren, was mir sehr recht war, denn ich sollte mich ja noch schonen. Dieser Vorbereitungskurs für Treuhänder beinhaltete natürlich vor allem betriebswirtschaftliche Dinge, war aber ganz darauf abgestellt, daß man bestehende Unternehmen weiterführen sollte, in denen erfahrene Kräfte in der Leitung tätig waren. Im November neunzehnhunderteinundfünfzig wurde mir die Treuhänderschaft für einige Kinos, den Alexandra-Palast und die Lichtspiele am Küstriner Platz übertragen.

Die DDR setzte ihre Treuhänder für all jene Betriebe ein, die nach ihrem Recht keinen privaten Besitzer mehr hatten. Dazu wurden alle Unternehmen, deren Eigentümer in Westdeutschland bzw. im Ausland lebten, sowie alle enteigneten Betriebe von Bürgern der Republik gerechnet.

Bereits 1945 war die Großindustrie auf Befehl der Sowjetischen Militäradministration in staatlichen Besitz überführt worden.

Ein weiterer SMAD-Befehl sah nach der Enteignung der Großindustriellen die Enteignung aller Kriegsverbrecher und aktiven Nazis, unabhängig von der Größe ihrer Betriebe, vor. Bei einer Volksbefragung in Sachsen stimmten 77 Prozent der Bevölkerung der Enteignung dieser Personengruppen zu.

Einige Betriebe „von allgemeinem Interesse“, so zum Beispiel Bergwerke, Heil- und Mineralquellen, Kinos und Apotheken wurden 1946 durch Gesetze der einzelnen, damals noch existierenden ostdeutschen Länder enteignet.

Das Endziel dieser Wirtschaftsreformen war gemäß den wichtigsten Prinzip der sozialistischen Wirtschafts- und Weltanschauung die vollkommene Beseitigung von Privateigentum. Nach Marx sollte die Aufhebung des Privateigentums an Produktionsmitteln das Ende der Ausbeutung der Arbeitnehmer durch die Besitzer der Produktionsmittel gewährleisten.

Obwohl nach Artikel 23 der Verfassung der DDR Enteignungen nur auf gesetzlicher Grundlage und, soweit sie nicht Kriegsverbrecher oder aktive Nazis betrafen, nur mit angemessener Entschädigung vorgenommen werden durften, sah die Praxis dieses Prozesses, der sich viele Jahre hinzog, in der Regel ganz anders aus.

Betriebe unterhalb der Großindustrie wurden häufig durch persönlichen Druck auf die Inhaber, entsprechende Steuergesetzgebungen und Schwierigkeiten bei der Materialzuteilung zur Aufgabe oder Übergabe an den Staat gezwungen und damit praktisch enteignet, oder es wurde ihnen eine staatliche Beteiligung aufgenötigt. Betriebe mit staatlicher Beteiligung wurden 1972 fast automatisch ins kollektive Eigentum überführt.

Daß damit gerade im kleinen und mittelständischen Bereich nicht nur besonders effektive Unternehmen, sondern oft auch Lebenswerk und Lebensinhalt der Menschen, die die entsprechenden Betriebe aufgebaut und geleitet hatten, zerstört wurden, hat diesen Prozeß zu keiner Zeit beeinflußt.

1980 arbeiteten noch 0,1 Prozent aller in der Industrie Beschäftigten, 4,7 Prozent aller im Handel Beschäftigten und 67,3 Prozent aller im Handwerk Beschäftigten in privaten Betrieben.

Im Frühjahr neunzehnhundertzweiundfünfzig wurde mir eine ganze Reihe von Betrieben anvertraut: die Firma Heinz G. Walter, die unter anderem Igelit-Regenbekleidung herstellte, der Glühlampenbetrieb Carmeta in der Pappelallee, der Watte-

betrieb Borgers in Weißensee und der Kunststoffbetrieb Ekowatteline in der Prenzlauer Allee.

Über die Besitzer habe ich mir überhaupt keine Gedanken gemacht, auch weil mir der Prozeß dieser Sache damals nicht so klar war. Die Besitzer waren eben verschwunden, gefallen, in den Westen gegangen, was weiß ich. Von den sieben Betrieben, die ich zeitweise geleitet habe, habe ich von keinem konkret gewußt, wem er vorher gehört hatte, und warum der Besitzer nicht mehr da war. Es kann schon sein, daß das extra etwas unklar gehalten wurde, aber ich hatte auch überhaupt keine Ursache, nachzufragen. Wenn sich einer von den Besitzern gemeldet hätte, hätte ich sicher reagiert, aber keiner hat mich je angesprochen.

Meine Aufgabe war, die Verantwortung für die anständige Leitung der Betriebe zu übernehmen. Das ganze bürokratische Drumherum, also daß Rechnungen rein und raus gingen, Löhne und Gehälter und Steuern ordnungsgemäß bezahlt wurden, und die Produktion selber unterstanden mir, das heißt ich war dafür voll verantwortlich. Für die inhaltliche Arbeit waren natürlich Fachleute da. Ich war mitunter sehr, sehr nervös, denn ich mußte ja wirklich versuchen, alle Betriebe, die von Größe und Arbeitsweisen sehr unterschiedlich waren, zu sehen, dazusein. Wenn etwas nicht richtig lief, zog man mich zur Rechenschaft. Neben der Verantwortung für den gesamten Betrieb kümmerte ich mich hauptsächlich um die sozialen, medizinischen und politischen Belange der Arbeiter, gerade medizinisch und sozial gab es viele Verbesserungsmöglichkeiten.Ich habe nur nach vorne geschaut, ich wollte den Werktätigen den Arbeitsplatz sichern, unsere Wirtschaft mitaufbauen und den Menschen das Ziel unserer Bemühungen erklären, das war das wichtigste überhaupt.

„Berlin, 31.12.1952
Unserem Kollegen Arnold Munter zur Jahreswende 1952/53 gewidmet von der Glühlampenfabrik Carmeta, Berlin, Kastanienallee:

Lieber Kollege Munter!

Es ist uns ein Bedürfnis, Ihnen zur Jahreswende unseren Dank für Ihre mühevolle und erfolgreiche Arbeit in unserem Betrieb auszusprechen, verbunden mit den herzlichsten Glückwünschen für das neue Jahr 1953.

Sie haben am 30. Mai 1952 die treuhänderische Leitung unseres Betriebes übernommen. Zu dieser Zeit liess die gesellschaftliche Arbeit auf allen Gebieten in unserem Betrieb sehr zu wünschen übrig. Ihrer vorbildlichen persönlichen Haltung und Ihrer politischen Aktivität ist es zu verdanken, dass sich in äusserst guter Zusammenarbeit mit der BGL (Betriebsgewerkschaftsleitung) und dem neugegründeten Aufbaukomitee ein sehr reges gesellschaftliches Leben in unserem Betrieb entwickelte. (...)

Ihre besondere Unterstützung der gesellschaftlichen Organisation des Betriebes lag darin, dass Sie keine Zeit und Mühe scheuten, um durch persönliche Gespräche mit der Kollegenschaft unseres Betriebes jeden einzelnen zur Mitarbeit zu gewinnen. Dieser Ihrer Haltung und der guten Zusammenarbeit mit der BGL und dem Betriebsaufbau-Komitee ist es zu verdanken, dass sich unsere Belegschaft 100%ig an der Enttrümmerung im Nationalen Aufbauprogramm Berlin 1952 beteiligte.

An Erfolgen konnte unser Betrieb verzeichnen:

Im Wettbewerb zu Ehren der II. Parteikonferenz der Sozialistischen Einheitspartei Deutschlands, an dem sich 103 Berliner Treuhandbetriebe beteiligten, erreichte die Firma Carmeta den 6. Platz. (...)

In der Endauswertung für das gesamte Jahr 52 erreichten wir, trotzdem unsere Mitarbeit erst mit dem Zeitpunkt der Übernahme der Betriebsleitung durch Sie, Kollege Munter, am 30. Mai begann, den 3. Platz von allen Betrieben des Bezirkes Prenzlauer Berg.

Lieber Arnold Munter! Diese stolzen Erfolge der Firma Carmeta sind unlösbar mit Ihrem Namen verbunden.

Wir wünschen Ihnen in Ihrer weiteren Tätigkeit die gleichen Erfolgen, wie Sie sie mit unserer Kollegenschaft erzielt haben und verbinden damit den Wunsch, dass Sie recht lange die Kraft haben mögen, für Ihre Ziele, die auch die Ziele der gesamten deutschen Arbeiterklasse sind, zu wirken.

Betriebsgruppe der Gesellschaft für Deutsch Sowjetische Freundschaft, Betriebsaufbau-Komitee, Betriebsgewerkschaftsleitung.“

Ich habe mich natürlich bemüht, in den Betrieben für Aufbaueinsätze zu werben. Entschieden wurde darüber in den Betriebsgruppen, zum Beispiel der Deutsch-Sowjetischen Freundschaft. Wenn die sich zusammengesetzt und eine Teilnahme beschlossen hatten, konnte ich das organisieren.

Mit der Belegschaft von Carmeta sind wir nach der Arbeit in der Stalinallee gewesen und haben da Trümmer der zerbombten Wohnhäuser beseitigt. Diese Extraschichten waren kein Zwang, wenn zweihundert Leute im Betrieb beschäftigt waren und fünfzig sind nur mitgegangen, war das auch in Ordnung. Meistens sind viele mitgegangen, die Aufbruchstimmung riß mit. Natürlich, wenn einer nicht mitmachte, habe ich das nicht angenehm zur Kenntnis genommen, aber er hat deswegen keine Nachteile oder negativen Folgen gehabt. Ich denke aber schon, daß es Betriebe gegeben hat, die eine Liste parat hatten und notierten, wer anwesend war.

Wenn es irgendwelche Vorzüge oder Extrazuteilungen zu verteilen gab, waren allerdings auch bei mir zunächst die an der Reihe, die was leisteten und nicht die, die sich nie beteiligt haben, aber das ist ja klar.

Läßt der folgende, wohl von langjährigen führenden Mitarbeitern angefertigte Bericht über die Tätigkeit des Treuhänders A. Munter bei der Firma Heinz G. Walter, sicherlich bestimmt für die zuständige Dienststelle des Magistrats oder eine ähnliche Stelle, zwischen den Zeilen ein bißchen über den Umgang mit privaten Firmen in dieser Zeit durchschimmern? Er sei hier jedenfalls ungekürzt wiedergegeben: -

„Kollege Munter übernahm am 26. März 1952 auf Veranlassung des Magistrats von Gross-Berlin Abt. Wirtschaft den Betrieb Heinz G. Walter, Berlin NO, Christburger Str., (Herstellung von Igelit-Regenbekleidung u.a.) in Treuhandverwaltung und leitete denselben bis zum 31. August 1952.

Der Betrieb, der seit Jahresbeginn mit grossen Material-Versorgungsschwierigkeiten zu kämpfen hatte, befand sich in einem an sich sauberen und mustergültigen Zustand. Durch die Initiative des Koll. Munter wurden einige bestehende Mängel abgestellt. Häufig konnten dank des Arbeitseifers des Koll. M. die langsam arbeitenden oder ganz versagenden Dienststellen persönlich angesprochen werden, wobei dieselben, stets am richtigen Punkt erfasst, ein schnelleres Arbeiten zeitigten.

Es konnte u.a. das sperrige Verhalten des Vertragskontors beseitigt werden und der Firma Walter wieder die nötige Geltung verschafft werden. Eine einmalige zusätzliche Zuteilung von einer halben Tonne Folie und eine weitere Zuteilung von einer Tonne konnte erreicht werden.

Innerbetrieblich sind verschiedene Veränderungen erwähnenswert. So konnte z.B. der kleine primitiv eingerichtete Aufenthaltsraum gegen das größte Betriebsleiterzimmer ausgetauscht werden. Es entstand ein würdiger Kulturraum mit Sesseln, Bildern usw. Später kamen helle Tische und Stühle für die Einnahme des Essens hinzu.

Die Sichtwerbung sowie die politische Schulung, welche bisher überhaupt nicht in Erscheinung traten, wurden sofort in Angriff genommen. Im Verfolg der letzteren beschloss die Belegschaft u.a. freiwillige Aufbauschichten zu leisten, sich an der Aufbaulotterie zu beteiligen.

Koll. M. war ständig bemüht, den Betrieb nicht nur zu verwalten, sondern die Fortführung desselben zu sichern und die Erweiterung trotz immer wieder auftretender neuer Schwierigkeiten zu versuchen. Betriebliche Verbesserungen lagen ihm genau so am Herzen, wie auch sein nie erlahmender Arbeitseifer alle Betriebsangehörigen mitriss.

Während seiner Tätigkeit ist eine Gewinnsteigerung gegenüber den früheren Quartalen zu verzeichnen. Das mit dem Juli beginnende Quartal ist leider infolge Rohstoffmangels und durch die Übergabe an ‚Fortschritt' nicht als besonders günstig zu bezeichnen. Eine geplante Umstellung auf Regenbekleidung, welche bereits in ihren Vorarbeiten abgeschlossen war, wurde leider abgesagt.

Im Verkehr mit der Kollegenschaft war Koll. M. stets objektiv, sachlich und von gleichbleibender guter Kollegialität. Eine interne Umfrage bei der Belegschaft am 21. Mai d. J. ergab keine gegenteilige Meinung.

31. August 1952, zwei Unterschriften."

Es ist möglich, daß der Betrieb Heinz Walter extra in Schwierigkeiten gebracht worden ist, auf die Idee bin ich gar nie gekommen, habe mich, ehrlich gesagt, auch nie darum gekümmert. Ich habe nur gesehen, daß da ein Betrieb in Schwierigkeiten ist, den ich wieder auf die Beine bringen soll. Das war meine Aufgabe.

Unterstützt wird der Treuhänder in seinen Bemühungen, die Produktion anzukurbeln, von einer Propaganda, die jeden Lebensbereich durchdringt. Von Zeitungen, Transparenten, Plakaten, Gebäudeaufschriften, Einwickelpapier für Wurst und Käse, Schulheften, von überall her fordern Losungen und Parolen, untermalt von eckigen Fäusten, entschlossenen Gesichtern und roten Fahnen, den ganzen Einsatz aller Bürger für die Sache des Sozialismus und seiner Wirtschaft:

- Werktätige! Vorwärts im Produktionsaufgebot zur Stärkung unserer Arbeiter- und Bauernmacht! Alle Kraft für unseren Plan!

- Angehörige der Intelligenz! Arbeitet und kämpft Schulter an Schulter mit den Arbeitern und Bauern für den wirtschaftlichen und kulturellen Aufschwung unserer Deutschen Demokratischen Republik!

Weniger martialisch klingt das in Kindererzählungen oder in Gedichten. -

Am 21. Februar 1953 gab Walter Ulbricht bekannt, daß die Vereinigung der Verfolgten des Naziregimes aufgelöst werde. Nur ein zentrales Komitee der Antifaschistischen Widerstandskämpfer mit Sitz Unter den Linden, das für die Kontakte zu Organisationen von Widerstandskämpfern anderer Länder und zu internationalen Organisationen zuständig sein sollte, wurde aufrechterhalten. Die offizielle Begründung Ulbrichts vor dem Zentralkomitee der SED lautete, daß die Forderungen der VVN-Mitglieder nach sozialer Gerechtigkeit und die Ziele der Vereinigung, nämlich neue totalitäre Herrschaft zu verhindern und die Wurzeln des Faschismus zu zerschlagen, erreicht und die VVN daher nicht mehr notwendig sei.

Damit waren wir gar nicht einverstanden. Die VVN war ja eine enorme Bewegung gegen jede negative Erscheinung, die irgendwie den Weg bereiten konnte zum Faschismus, und die Wurzeln des Faschismus zerschlagen hieß ja auch, das Geschaffene zu bewahren. Wir pflegten auch den Kontakt nach Westdeutschland; bei den Treffen des gesamtdeutschen Rates, dessen Mitglied ich immer noch war, berieten wir gemeinsam hier oder drüben, was wir unternehmen mußten, um den Faschismus endgültig als das zu entlarven, was er war, wie wir die Schuldigen finden konnten und wie wir den Menschen das Geschehene bewußt machen konnten.

Aber nach dem ZK-Beschluß war es aus, wir wurden verboten, trotz aller Proteste, die nutzten gar nichts. Erst nach neunzehnhundertsiebzig bildeten sich vom Komitee der Antifaschistischen Widerstandskämpfer wieder Ableger auf Kreis- und Bezirksebene. Von neunzehnhundertdreiundfünfzig bis neunzehnhundertsiebzig war nichts, außer, daß wir uns trotzdem regelmäßig getroffen haben, das haben wir uns nicht nehmen lassen.

Die eigentlichen Gründe für die Auflösung - praktisch war es ja ein Verbot, denn auflösen konnten wir uns nur selber - habe ich nur am Rande mitbekommen, man darf nie vergessen, daß ich ja der Sozialdemokrat war und mir nicht alles auf die Nase gebunden wurde. Intern hörte ich von Leuten wie Walter Bartel, die dichter an der Deichsel saßen als ich, daß der wesentliche Vorwurf darin bestand, daß wir Beziehungen zu Offizieren der amerikanischen Armee unterhielten. Diese hatten angeboten, etwas für uns, also ehemalige Widerstandskämpfer, zu tun, auch Veranstaltungen mit uns durchzuführen. Das war der eigentliche Vorwurf, den man bloß in keinem unserer Bücher finden wird. Im nachhinein ist es klar, daß dieser Auflösungsbeschluß eng mit dem Klima des Stalinismus zusammenhing, aber das haben wir in der Situation nicht gesehen.

Nach der Gründung der DDR hatte die Staatsführung die Übertragung der Wirtschafts- und Gesellschaftsordnung der UdSSR auf ihr Land fortgesetzt. Daraus ergab sich zwangsläufig auch die Übernahme der Methoden des stalinistischen Herrschaftssystem, wie sie sich zum Beispiel in der Entwicklung der Sozialistischen Einheitspartei Deutschlands zu einer stalinistischen, totalitären Partei spiegeln.

Auf dem III. Parteitag der SED, vom 20. bis 24. Juli 1950, war dieser Totalitätsanspruch erstmals deutlich durch ein Loblied Louis Fürnbergs auf „Die Partei" zum Ausdruck gebracht worden:

„Sie hat uns alles gegeben,
Sonne und Wind.
Und sie geizte nie.
Wo sie war, war das Leben,
Was wir sind, sind wir durch sie.
Sie hat uns niemals verlassen,
Fror auch die Welt, uns war warm.
Uns schützte die Mutter der Massen,
Uns trägt ihr mächtiger Arm,
Die Partei.
Die Partei, die hat immer recht.
Und Genossen, es bleibe dabei;
Denn wer kämpft für das Recht,

Der hat immer recht
Gegen Lügen und Ausbeuterei.
Wer das Leben beleidigt,
Ist dumm oder schlecht.
Wer die Menschheit verteidigt,
Hat immer recht.
So, aus Leninschem Geist,
Wächst, von Stalin geschweißt,
Die Partei, die Partei, die Partei.“

Bei einer Überprüfung der Parteimitglieder 1950/51 wurden etwa 150 000 Genossen, die dem Anspruch auf absolute Ergebenheit nicht genügt hatten, ausgeschlossen. Politisch motivierte Prozesse waren an der Tagesordnung.

Gleichzeitig wurde das gesamte Parteiensystem zu einem Instrument der führenden Partei der Arbeiterklasse umgestaltet.

Über die Einbeziehung der neuen, SED-abhängigen Parteien DBD und NDPD und Massenorganisationen in den antifaschistisch-demokratischen Block hatte die SED bereits die Vormachtstellung im Parteiensystem erreicht. Durch die Bildung der „Nationalen Front des demokratischen Deutschland“, die nach und nach die Aufgaben des Blockes übernahm, dessen Organisation jedoch ganz in Händen der SED lag, wurde diese Entwicklung noch verschärft.

Im Frühjahr 1952 wurden erneut um 150 000 Parteigenossen aus der SED ausgeschlossen. Von den in diesem Jahr gewählten Mitgliedern der Bezirksleitungen wurden bis 1954 über 60 Prozent abgesetzt. Dabei war der Anspruch der Partei auf Kontrolle der Gesellschaft schon so allumfassend, daß Parteiausschluß nicht selten auch Verlust eines qualifizierten Arbeitsplatzes oder andere Nachteile bedeuten konnte.

Bereits 1950 war aus der K 5, dem „antifaschistischen Polizeiorgan“, das Ministerium für Staatssicherheit hervorgegangen. Der für dieses Ministerium zuständige Staatssekretär war zunächst Erich Mielke, der 1957 selber Minister für Staatssicherheit wurde. Dieses Ministerium wird dem Stalinismus russischer Prägung die besondere deutsche Note verleihen: Stasinismus.

Die trotz aller Propaganda für den Plan massiv auftretenden wirtschaftlichen Probleme der von Reparationen und Umstellung auf Planwirtschaft gebeutelten Republik trafen besonders die Arbeiter, denen es doch in erster Linie zu verdanken war, daß die DDR „aus Ruinen auferstehen" konnte. Ihr Lebensstandard blieb nicht nur im Vergleich mit der westdeutschen Arbeiterschaft, sondern gerade auch im Vergleich mit den ostdeutschen Wirtschaftsfunktionären und der „Intelligenz" auch bei Berücksichtigung solcher sozialistischen Errungenschaften wie Kinderhorte, Kulturheime, Feriendienste des FDGB, gleicher Lohn für Frauen usw. bescheiden. Gleichzeitig wurde auf sie ein immer höherer Leistungsdruck ausgeübt, um die Wirtschaft mit aller Macht voranzubringen.

Bereits in der fünfziger Jahren war in Anlehnung an das System der Sowjetunion eine Entlohnung angestrebt worden, die auf dem Leistungsprinzip beruhte. Der Lohn orientierte sich an staatlicherseits durch den Plan festgelegten Normen, nach deren Über- oder Untererfüllung er berechnet wurde. Immer wieder versuchte selbst der FDGB, eigentlich Interessenvertreter der Arbeiter, die Normen zugunsten des Wirtschaftswachstums nach oben zu korrigieren.

Eine Normenerhöhung um zehn Prozent, die das ZK der SED am 13./14. Mai 1953 rückwirkend forderte und die die Regierung folgsam nur wenig später anordnete, wurde daher zum Zünder für die weit verbreitete Unzufriedenheit, die sich am 17. Juni 1953 entlud.

Nachdem ich von den ersten Unruhen am sechzehnten Juni erfahren hatte, bin ich am siebzehnten morgens in die Stadt gefahren. Aber ich bin nicht lange dort geblieben, denn nachdem ich die ersten Gewalttätigkeiten und Feuer gesehen habe, wollte ich gar nichts mehr sehen, weil mich das so bewegt hat. Der Krieg und alle Greuel lagen gerade erst hinter uns, gerade hatten wir begonnen, aus dem Schutt das Neue aufzurichten, da passierten solche Dinge.

Ich habe dort gestanden und gewartet, daß es vorbeigeht, was sollte ich machen? Sollte ich mich auf die Straße legen und brüllen: Macht Schluß!?

Die Unruhen begannen ja mit Streiks in den Betrieben, und das hat mich veranlaßt, in „meine" Betriebe zu fahren, um mit den Leuten dort zu sprechen, zuzusehen, daß sich erhält, was wir geschaffen hatten. Ich habe mit ihnen geredet, habe nicht etwa den Standpunkt vertreten, daß alles richtig war, was gemacht wurde, sondern klargemacht, daß es um die Sicherung der weiteren Produktion als Basis für die Menschen, die dort gearbeitet haben, ging.

Ich vermute, daß die Arbeiter Vertrauen zu mir hatten und zu dem, was ich sagte, denn ich habe mich immer bemüht, den Leuten zu helfen, wo ich helfen konnte, wenn Probleme mit der Bürokratie oder Wohnungsfragen auftauchten, da habe ich immer geholfen, und ich habe auch, wenn es möglich war, etwas mehr zu essen organisiert, obwohl viele einen Kleingarten hatten und von daher ausreichend versorgt waren. Jedenfalls hatten sie Vertrauen zu mir, und die Arbeit ist nur solange unterbrochen worden, wie wir diskutiert haben. Ich war besonders lange bei Watte Borgers, weil ich etwas Angst hatte, daß der Betrieb, der durch die starke Staubentwicklung besonders brandgefährdet war, von außen angezündet werden könnte, aber es geschah nichts.

Grundsätzlich finde ich Streik richtig und wichtig, wenn auch in einer Situation, wo es nicht zuletzt um die Versorgungslage ging, eine bessere Zusammenarbeit aller vielleicht sinnvoller gewesen wäre. Jeder Tag Produktion, der ausfiel, verbesserte die Versorgungslage nicht gerade.

Trotzdem muß man streiken, wenn es notwendig ist. Am siebzehnten Juni waren Gründe für die Unzufriedenheit gegeben, die früher von Staatsseite aus hätten ausgeräumt werden müssen. Man hätte sich in den Betrieben auseinandersetzen müs-

sen, mit den Leuten sprechen, erklären, nicht warten, bis Haß und Forderungen gegen bestimmte Mißstände sich anhäuften, denn die waren ja da, müssen dagewesen sein, ich war nicht überall und habe sie nicht überall persönlich gesehen.

Die Menschen haben mit Recht bestimmte Forderungen gestellt, aber was mich am siebzehnten Juni gestört hat, ist, daß sich viele Radaubrüder angeschlossen haben, die keine Ursache zum Streik hatten. Gestört hat mich, daß die Art des Streikes nicht richtig war. Wer streikt, der stellt sich vor seinen Betrieb und streikt, aber feindliche Demonstrationen gegen einen Staat sind was anderes.

Dieses Randalieren, Umstürzen und Anzünden von Autos, in Brand stecken von Häusern, Kiosken und Läden, das war furchtbar, das hatte doch mit Streik oder dem Willen nach Durchsetzung bestimmter Forderungen nichts mehr zu tun. Viele haben wohl die Folgen nicht gesehen und sind durch Kreise ausgenutzt worden, die daran interessiert waren, bei uns Unruhe zu stiften, ich denke da an die Aufrufe zu Generalstreik und Demonstration aus dem Westberliner Radio, dem RIAS.

Ich kann mir schon vorstellen, daß die Menschen gesehen haben: drüben gibt es alles zu essen und hier nicht. Es gab ja nicht nichts, aber eben nicht in diesem Maße. Natürlich haben wir immer mal geschaut und gedacht, es wäre schön, wenn wir bestimmte Güter auch bekämen, aber deswegen hätten wir nie einen Stein genommen und drüben ein Schaufenster eingehauen oder hier was kaputtgeschlagen.

Daß dann mit Schießen geantwortet und der Ausnahmezustand verhängt wurde, fand ich schlimm. Ich fand es schlimm, daß es soweit kommen mußte.

Erst im nachhinein ist bekannt geworden, wie gefährdet die DDR-Regierung, denn fast sofort hatten sich die Proteste gegen die Wirtschaftspolitik der Regierung in Forderungen nach Rücktritt derselben ausgeweitet, um den 17. Juni herum tatsächlich gewesen war. Den zigtausend Demonstranten in Berlin schlossen sich in den folgenden Tagen in über vierhundert Städten der DDR Menschen an. Streikkomitees der Arbeiterschaft übernahmen zeitweise die Macht, in neun Städten wurden Gefangene aus dem Gefängnis befreit. Gesichert wurden die Herrschaftsverhältnisse in der DDR im Endeffekt von sowjetischen Truppen.

Wie viele Menschen den Panzerketten und Schüssen, aber auch von Demonstranten geschleuderten Steinen zum Opfer fielen, ist bis heute nicht genau bekannt. In der Vergangenheit hat der Westen immer dazu geneigt, die Zahl um ein Vielfaches zu hoch anzugeben, während im Osten der Aufstand bagatellisiert worden ist. So sind alle Zahlen mit Vorsicht zu genießen. Neben den direkten Opfern der Unruhen, darunter wohl drei SED-Funktionäre, sind einige Streikende von der sowjetischen Armee standrechtlich erschossen worden. Von den etwa vierzig ums Leben gekommenen sowjetischen Soldaten ist der größte Teil standrechtlich erschossen worden, da die Soldaten sich geweigert hatten, das Feuer auf Demonstranten zu eröffnen.

Fest steht jedenfalls, daß die Auswirkung des Aufstandes der erwünschten genau entgegengesetzt war. Ulbricht, dessen Rücktritt in Moskau schon länger erwogen worden war, wurde nun in seinem Amt belassen, da alles andere als Schwäche und als Nachgeben vor den Forderungen der Streikenden hätte interpretiert werden können und eventuell zu neuen Forderungen geführt hätte. Die Herrschaftsverhältnisse waren zementiert worden.

So unterschiedlich wie die Ereignisse des 17. Juni waren auch die Reaktionen darauf. Arnolds Bruder Heinrich, ein an sich vollkommen unpolitischer Mensch, entschloß sich an jenem Tag, der SED beizutreten.

Er kam zu mir und sagte: Arnold, jetzt erkenn ich die Notwendigkeit, daß ich mich politisch organisieren muß. Ich bin Mitglied der SED geworden, um so etwas für die Zukunft zu überwinden. -

1953 gehen mehr als doppelt soviele Ostdeutsche in den Westen, als in den Jahren zuvor. Kehrten 1950, wie das Bundesministerium für gesamtdeutsche Fragen angab, knapp 200 000, 1951 165 648 und 1952 182 393 Bürger der DDR den Rükken, waren es 1953 über 331 000, die ihren Staat verließen. Bei der „Abstimmung mit den Füßen" zog der Osten gegenüber dem Westen den kürzeren.

Größer als die Zahl der Übersiedler Richtung Westen war aber die Zahl derjenigen, die bewußt in der DDR blieben, angesteckt von der Begeisterung für den Aufbau ihres Landes, für den nicht wenige Entbehrungen auf sich nahmen, freiwillige Arbeits- und Ernteeinsätze für selbstverständlich hielten. Ein großer Teil der Bevölkerung war getragen von dem Gefühl, den Aufbau eines Gemeinwesens zu unterstützen, dessen Unterstützung sie im Gegenzug auch für sich beanspruchen konnten. Die gemeinschaftlich geleistete Arbeit erzeugte ein Gemeinschaftsgefühl, das bis weit in die sechziger, teilweise bis Anfang der siebziger Jahre anhielt und vorwärtstrug.

Politisch motivierte Verhaftungen und ungerechte Gefängnisstrafen wurden hier und da vereinzelt bekannt, meist nur um viele Ecken, aber die meisten, die davon hörten, hielten sich selber für treue DDR-Bürger, glaubten an den Fortschritt des Staates, halfen dabei mit, was konnte ihnen schon passieren?

Es gab Menschen, die in den Westen weggegangen sind, weil sie gemeint haben, daß dort der Himmel auf Erden sei. Für mich war das der Weg des geringsten Widerstandes, hierbleiben und für diesen Wohlstand etwas tun, das war meine Meinung.

Nicht wenige sind aber auch aus politischen Motiven gegangen. Hier war ein Staat, von dem man, wie von allen kommunistischen sagen kann, daß er glaubte, erst einmal anderes Denken erwürgen zu müssen, um den Sozialismus durchzusetzen.

Weil soviele dorthin gingen, habe ich mich sehr für den Prozeß der Entwicklung in den Westsektoren interessiert. Es gab ja logischerweise bei uns andere Voraussetzungen für die Arbeit in politischer und wirtschaftlicher Hinsicht, das ist klar. Als Treuhänder habe ich die Produktion drüben - ich will nicht gerade sagen bewundert - aber doch als progressiv empfunden und habe auch daraus für mich Schlußfolgerungen gezogen, was ich tun kann, um es auch hier weiterkommen zu lassen. Aber die Ausgangslage war für mich eindeutig, auch bis heute noch, hier waren die größeren Zerstörungen, hier die Demontage; daß bei uns der Aufbau bedeutend schwerer war, ging daraus klar hervor. Wir hatten ja auch keinen Marshallplan.

Rein politisch gesehen habe ich sehr früh einen Standpunkt gegenüber dem, was drüben war, gefunden, der drängte sich einfach auf. Ich fand die westdeutsche Politik empörend. Dort konnten ehemalige Naziverbrecher davonkommen, und nicht nur das! Es ist ja bekannt, daß der Herr Globke ein Hauptverbrecher war, denn Globke hatte die gesetzliche Grundlage der Judenverfolgung mitgeschaffen und kommentiert, und nach diesen Gesetzen wurde die Verfolgung der Juden immer schlimmer, immer heftiger. Die Nürnberger Gesetze, der gelbe Stern, die Namen Israel und Sara, solche Weisungen stammten aus Globkes Feder, der nun Staatssekretär in der Ära Adenauer wurde. Das war abstoßend. Oberländer wurde sogar Minister.

Der in erster Linie durch seine Kommentare zu den Nürnberger Gesetzen bekannt gewordene Hans Globke war von 1949 bis 1953 Abteilungsleiter im Bundeskanzleramt und von 1953 bis 1963 als Staatssekretär und Chef des Kanzleramtes die „Graue Eminenz" der BRD.

Der Reichs- und Preußische Minister Frick schrieb am 25. April 1938 an den Stellvertreter des Führers im Braunen Haus in München: -

„Betrifft: Beamtenbeförderungen im Reichs- und Preußischen Ministerium des Innern.

In meinem Ministerium stehen drei Stellen für Ministerialräte zur Verfügung. Ich beabsichtige, dem Führer und Reichskanzler vorzuschlagen, die Oberregierungsräte Ritter von Lex, Krug von Nidda und Dr. Globke zu Ministerialräten zu befördern. (...) Oberregierungsrat Dr. Globke gehört unzweifelhaft zu den befähigsten und tüchtigsten Beamten meines Ministeriums. In ganz hervorragendem Maße ist er an dem Zustandekommen der nachstehend genannten Gesetze beteiligt gewesen:

a) des Gesetzes zum Schutze des deutschen Blutes und der deutschen Ehre vom 15. September 1935

b) des Gesetzes zum Schutze der Erbgesundheit des deutschen Volkes (Ehegesundheitsgesetz) vom 18. 10. 1935

c) des Personenstandgesetzes vom 3. 11. 1937

d) des Gesetzes zur Änderung von Familiennamen und Vornamen vom 5. 1. 1938.

Außerdem verdient seine Mitarbeit bei der Wiedervereinigung Österreichs mit dem Deutschen Reich anerkennend hervorgehoben zu werden.

Dr. Globke ist bisher wegen seiner früheren langjährigen Zugehörigkeit zur Zentrumspartei nicht zur Beförderung vorgeschlagen worden. Bei seiner seit der Machtergreifung durch die NSDAP bewiesenen Loyalität und steten Einsatzbereitschaft halte ich es aber für dringend erforderlich, ihm nunmehr durch die Beförderung zum Ministerialrat eine Anerkennung für seine ganz vorzüglichen Leistungen zu Teil werden zu lassen. (...)

Ihrer baldigen Stellungnahme sehe ich entgegen, gez. Frick."

Globkes Aufnahmeantrag in die NSDAP aus dem Jahr 1940 wurde wegen seiner frühreren Zentrumstätigeit und seiner Verbindung zur katholischen Kirche abgewiesen. Auch haben mehrere Mitglieder des Widerstandskreises um dem 20. Juli 1944 einen „Persilschein" für den späteren Spitzenpolitiker ausgestellt, da er sie mit wertvollen Informationen aus dem Innenministerium versorgt habe.

Tatsächlich hätte Globke im April 1945 durch die Gestapo verhaftet werden sollen, was zunächst durch seine Vorgesetzten und dann durch das Vorrücken der Amerikaner verhindert wurde. Die spätere rechte Hand Adenauers blieb bis zu seinem Lebensende ein in der deutschen Öffentlichkeit höchst umstrittener Mann.

Theodor Oberländer wurde 1953 bis 1960 Minister für Vertriebene. Der ehemalige Gauamtsleiter für Ostpreußen, SA-Hauptsturmführer Oberländer, der sich seiner Teilnahme am Marsch auf die Feldherrnhalle 1923, mit dem Hitler das erste Mal versucht hatte, die Macht an sich zu reißen, rühmte, soll als Kommandeur des Bataillons „Nachtigall“ 1941 in Lemberg für Massenhinrichtungen verantwortlich gewesen sein, doch wurde ein Ermittlungsverfahren eingestellt. Adenauer selber bezeichnete Oberländers Vergangenheit als „tiefbraun“.

Für mich waren das Hauptverbrecher. Mir wurde körperlich übel bei dem Gedanken, daß die wieder Macht bekamen, Einfluß. Diese beiden Politiker haben mehr für die Daseinsberechtigung und die Stärkung der DDR als je für ihren eigenen Staat getan, da bin ich ganz sicher. Ich weiß nicht, wie viele selbst von denen, die mit der DDR nicht so einverstanden waren, sie deswegen trotzdem für den besseren deutschen Staat hielten und wie viele sie wie mich angespornt haben, hier für die Durchsetzung unserer Ziele zu kämpfen, zu erreichen, wofür wir das ganze Leben bis zum Krieg gekämpft hatten: Gerechtigkeit für jeden, gerechten Lohn, gerechte soziale Verhältnisse im Leben, im Wohnen, einen sicheren Arbeitsplatz, Antifaschismus, die Macht der Arbeiterklasse.

Wobei Macht der Arbeiterklasse für mich hieß, daß den Arbeitern die Möglichkeit gegeben werden mußte, die Fähigkeit zum Regieren zu erlangen. Den anderen wurde die Beteiligung dabei nicht verboten, sie mußten sich aber in den Dienst der Arbeiterklasse stellen. -

Ab 1. Januar 1954 brauchte die DDR keine Reparationen an die Sowjetunion mehr zu bezahlen. Das versetzte sie in die Lage, die Preise in den Läden der HO, der staatlichen Handelsorganisation, um zehn bis fünfundzwanzig Prozent zu senken. Gleichzeitig wurde die Produktion etwas stärker auf die Konsumgüterindustrie verlagert. Anlaß für beide Maßnahmen war nicht zuletzt die 1953 deutlich gewordene Unzufriedenheit der Bevölkerung. Da die SED-Führung dadurch zugleich erkannt hatte, daß sie ihr Umwandlungstempo etwas drosseln mußte, um nicht noch einmal instabile Verhältnisse wie im Juni 1953 heraufzubeschwören, entspannte sich die Atmosphäre ein bißchen. Bereits 1955 hatte dieser „Neue Kurs" ein Ende, der alte wurde wieder aufgenommen und fortgeführt.

Natürlich gab es in den fünfziger Jahren viele Gerüchte. Man hat die Ohren gespitzt und gefragt, was eigentlich los war. Aber keiner von denen, die Bescheid wußten, hat sich getraut, damals den Mund aufzumachen.

Es gab eben nur Gerüchte, und das Klima war so, daß man sich bei Gerüchten über die stalinistischen Untaten fragte, ob das nun Propaganda war, denn man mußte damit rechnen, daß es Menschen gab, die den Faschismus noch nicht überwunden hatten.

Das einzige, was wir damals schon sicher wußten, weil es nicht verheimlicht wurde, war das harte Durchgreifen gegen die Verbrecher, die den zweiten Weltkrieg ausgelöst und die Menschenmorde durchgeführt hatten. Darüber haben wir uns im Kameradenkreis oft unterhalten, und ich könnte nicht sagen, daß es viele gab, die diese Vorgehensweise als richtig empfanden. Daß man sich sehr hart mit ihnen auseinandersetzen mußte, ist klar, aber ich bin ein Gegner der Hinrichtung von Menschen. Es hat niemand das Recht, einen anderen zu töten, nicht mal so einen furchtbaren Verbrecher. Man hätte sie bestrafen müssen mit lebenslänglich und sie nie wieder rauslassen, nie wieder. Ich glaube, das wäre eine größere Strafe für die gewesen, wenn sie sich ein Leben lang hätten vorwer-

fen müssen, wie schuldig sie sich mit ihrem Verhalten gemacht haben.

Später, in den siebziger Jahren, habe ich hier und da mehr gehört über das, was durch Stalin an Unheil geschehen ist, und daß es Bestrebungen gab, mit Klassengegnern oder Leuten, die dazu gemacht wurden, endgültig und hart abzurechnen, bis hin zu Verschickungen nach Sibirien, man könnte also buchstäblich sagen: Mord. Davon hat man erst im nachhinein etwas mitgekriegt.

Wir wußten natürlich auch vorher, daß viele Leute in Moskau speziell ausgebildet worden waren, um in Deutschland nach dem Krieg die Macht zu übernehmen, das war ja auch ein ganz logisches Vorgehen.

Im Prinzip lehne ich dieses Vorgehen nicht ab, wenn ich mir vorstelle, heute würde so etwas passieren, da würden wir auch die zuverlässigsten Leute und die jüngeren in Sicherheit bringen und sie darauf vorbereiten, später Macht zu übernehmen. Das Problem ist nur, daß die dann eben unter Stalin ausgebildet worden sind und all das mit zurück gebracht haben, und das hat sich gespiegelt bis in die kleinsten Kleinigkeiten, dadurch wurde vieles falsch.

Nur mal als Beispiel eine Kaderakte. Wenn eine Kaderakte richtig geführt wird, ist sie nicht falsch, irgendwo müssen die Unterlagen ja gesammelt werden. Aber, daß sie von irgend jemand geführt wird, der sie als geheime Akte betrachtet und behandelt, daß man selber nicht reinschauen durfte, daß also auch Eintragungen drin sein konnten, die gar nicht der Richtigkeit entsprachen, wogegen man nicht protestieren konnte, das halte ich für falsch.

Mittlerweile habe ich auch gelesen, daß bereits Lenin dringend vor Stalin gewarnt hatte, aber das haben wir ja damals nicht gewußt.

Auf dem XX. Parteitag der KPdSU im Februar 1956 beschuldigte Chruschtschow Stalin, er habe mit Willkür und Massenterror geherrscht, die alten Bolschewiki liquidiert und ganze Völkerschaften deportieren lassen. Der Personenkult um Stalin wird heftig kritisiert, Stalin zur Unperson erklärt.

Die SED, von dieser Entwicklung völlig überrascht, versuchte zunächst, die Entstalinisierung weitgehend zu ignorieren, was bei der engen Anlehnung an den großen Bruder nicht lange möglich war. Da machte sie eine krasse Kehrtwendung und erklärte von einem auf den anderen Tag im „Neuen Deutschland", daß Stalin kein Klassiker des Marxismus sei. Eine Fehlerdiskussion oder gar Aufarbeitung der eigenen stalinistischen Vergangenheit oder der Organisationsstrukturen wurde nicht zugelassen. In den Kellern und Gefängnissen des MfS hingen die vorher allgemein verbreiteten Stalinporträts nicht selten bis in die sechziger Jahre und länger.

Noch 1957 fand in der DDR, nicht zuletzt als Reaktion auf die Unruhen und Volksaufstände in Ungarn und Polen, ein großangelegter stalinistischer Schauprozeß gegen den Altkommunisten und Spanienkämpfer Walter Janka, gegen Wolfgang Harich, Gustav Just und andere statt, die sich in privatem Rahmen Gedanken um einen Sozialismus mit weniger Bürokratie, mehr Demokratie, Humanismus und mehr Effektivität in Wirtschaft und Wissenschaft gemacht hatten und dafür zu hohen Zuchthausstrafen verurteilt wurden. Dieser Prozeß wurde auf verschiedene Städte der Republik ausgedehnt.

Nachdem Arnold Munter im Oktober 1955 erstmals Betriebsleiter eines der neu entstehenden Volkseigenen Betriebe, der hauptsächlich Glas für Fensterscheiben und Industriezwecke bog, geworden war, erhielt der ehemalige Treuhänder 1957 die Leitung über den VEB „Glasverarbeitung und Schleifmittel" in Berlin-Weißensee.

Am 15. September 1957 wurde Arnold jedoch erneut ins Krankenhaus eingeliefert.

Wegen tuberkulosebazillenhaltiger Anal-Fisteln muß er insgesamt sechs Operationen durchstehen. Danach wird er zum Invalidenrentner erklärt. Ab 18. November 1957 erhält der Fünfundvierzigjährige die Vollrente. -

Zu der Zeit kriselte es schon ziemlich mit meiner damaligen Frau. Sie hatte eine Tochter mit in die Ehe gebracht, die ich adoptiert hatte, ihr Vater war angeblich im Krieg gefallen. Ein Jahr später, neunzehnhundertzweiundfünfzig, hatten wir zusammen eine zweite Tochter bekommen. Bei der Scheidung habe ich erfahren, daß der Vater des ersten Kindes noch lebte, im Westen. Sie hat bewußt eine Lüge begangen. Es war merkwürdig. Jedenfalls ist sie dann hier weggegangen, also nach drüben. Ich habe nach der Scheidung bald wieder geheiratet, weil ich nicht alleine bleiben wollte. Man muß sich überlegen, den ganzen Tag war ich unterwegs bis spät abends, und wenn dann niemand da ist, der sich um einen sorgt ... Ich hatte meine zweite Frau schon früher im Rahmen meiner verschiedenen Aktivitäten in Pankow kennengelernt, sie kam öfter mal mit Anliegen zu mir, hatte zwei kleine Kinder, der Mann hatte sie sitzenlassen. Wir haben uns viel unterhalten, aber nicht mehr. Aber als ich geschieden war, habe ich die Frage gestellt, und wir haben geheiratet.

Obwohl - oder gerade weil - Arnold nun Rentner war, hatte er viel zu tun. Nach wie vor SDA-Abgeordneter der Bezirksverordnetenversammlung von Pankow, war er auch sonst eine treibende Kraft in der Sozialdemokratischen Partei Ost-Berlins, aktiv in der (offiziell nicht mehr existierenden) VVN und außerdem im Weißenseer Bezirksvorstand der Gesellschaft für Deutsch-Sowjetische Freundschaft.

Diese 1947 als „Gesellschaft zum Studium der Kultur der Sowjetunion" gegründete Vereinigung hatte das Anliegen, die in weiten Teilen der Bevölkerung verwurzelten, vor allem aus der Zeit der nationalsozialistischen Propaganda stammenden antirussischen Ressentiments zu überwinden. Sehr bald verlagerte sich der Schwerpunkt jedoch von einer Studiengesellschaft zur politischen Massenorganisation, der „Gesellschaft für Deutsch-Sowjetische Freundschaft", deren Losung „Von der Sowjetunion lernen, heißt siegen lernen" ihre neue Zwecksetzung widerspiegelte. -

Ich war praktisch einer der Mitbegründer der Gesellschaft zum Studium der Kultur der Sowjetunion im Stadtbezirk Mitte, dafür fühlte ich mich, da die Russen uns vom Faschismus befreit hatten, verantwortlich. Außerdem hatte ich schon immer einen Hang zur Kultur, und sich mit den berühmten russischen Komponisten und Schriftstellern zu beschäftigen, das war unbeschreiblich schön. In Weißensee habe ich mich weiterhin darum bemüht, Menschen zu gewinnen, die zur russischen Kultur etwas erzählen konnten oder Interesse daran hatten, darüber mehr zu erfahren.

Zusätzlich stellte Arnold sich 1959 als Vorsitzender des Wohnbezirksausschusses (WBA) seines Wohnbezirkes zur Verfügung. Wohnbezirke umfaßten in der Regel zwischen 1000 und 3000 wahlberechtigte Bürger, waren die kleinste territoriale Gliederungseinheit des sozialistischen deutschen Staates und gehörten zur „Nationalen Front des Demokratischen Deutschland“. Die Wohnbezirksausschüsse wurden von den Einwohnern des entsprechenden Gebietes gewählt und setzten sich aus Mitgliedern der Parteien, Massenorganisationen und nichtorganisierten Einzelpersonen zusammen.

Zum Vorsitzenden des WBA wurde man gewählt, es war aber ein Ehrenamt, mit dem soviel Arbeit verbunden war, daß die Bürger schon froh waren, wenn überhaupt jemand bereit war, das zu übernehmen und sich zur Verfügung stellte. Man wurde gewählt von den Einwohnern des entsprechenden Bezirkes. Entweder hat sich der WBA gekümmert, einen Kandidaten für das Amt zu finden, zum Beispiel wenn der alte ausfiel oder seine Aufgabe nicht gut genug gemacht hatte, oder man wurde vom Kreisausschuß, der nächsthöheren Organisationsebene angesprochen, aber gewählt werden mußte der Vorsitzende, ganz egal, von wem vorgeschlagen, von den Einwohnern, und zwar den Delegierten der einzelnen Hausgemeinschaften.

Der Wohnbezirksausschuß war eigentlich da, um das Zu-

Die Leiterin einer besonders aktiven Hausgemeinschaft wird vom Sekretär der Nationalen Front Pankow, Arnold Munter, als Aktivist der sozialistischen Arbeit" ausgezeichnet (um 1972)

sammenleben der Menschen im Wohnbezirk zu organisieren und zu verbessern. Der WBA kümmerte sich zum Beispiel darum, ob genügend Handelseinrichtungen vorhanden waren, oder welche zusätzlich benötigt wurden. Er hatte auch die Möglichkeit den ABV - den Abschnittsbevollmächtigten, also den für den Wohnbezirk zuständigen Volkspolizisten - anzusprechen und bestimmte Forderungen an die Sicherheit zu stellen.

Aber das eigentlich wichtige, der eigentliche Sinn des Wohnbezirkes, lag in der Zusammenarbeit der Bürger. Die Bewohner konnten Vorschläge machen oder Ideen einbringen, die wurden dann beredet, und wenn die Idee sinnvoll war und genug Leute mitmachten, wurde sie eben in die Wirklichkeit umgesetzt. Das hat angefangen bei der Instandsetzung von

Wohnungen oder Straßenpflaster bis zur Errichtung von Kinderspielplätzen. Wir haben einen Club ausgebaut, ein Tanzcafé in einer ehemaligen HO-Bäckerei eingerichtet, eine Selbsthilfe-Werkstatt aufgebaut, die Maschinen für jeden, der sich handwerklich betätigen wollte, zur Verfügung stellte, wir haben Höfe begrünt, Bäume an die Straßen gepflanzt, all das gemeinsam mit den Bürgern des Wohnbezirks.

Da hat man sich samstags nachmittags getroffen, gemeinsam gearbeitet, zum Beispiel Geräte für einen Spielplatz gebastelt oder den Hof umgegraben und bepflanzt, was halt gerade dran war, abschließend noch zusammengestanden und eine Flasche Bier getrunken, man hat einfach gemeinsam etwas Sinnvolles gemacht und gemeinsam Freude gehabt. Diese gemeinsame Samstagsarbeit, Subbotnik, war in jenen Jahren für die meisten ein echtes Vergnügen. Das ging hin bis zu Versammlungen und Festen von Hausgemeinschaften. Es war so, wenn wir im Haus selbst etwas renovierten, zum Beispiel Fenster strichen, dann bekamen wir einen Prozentsatz des dadurch eingesparten Geldes von der Kommunalen Wohnungsverwaltung (KWV) überwiesen, wir hatten über zehntausend Mark auf dem Hauskonto, und davon wurden dann Feste gemacht, Hoffeste oder ein Ausflug organisiert.

Es wurde zum Beispiel im Ausschuß auch vorgeschlagen, die Wohnungen älterer Bürger kostenlos zu renovieren. Die Farbe stellte die KWV zur Verfügung, dann strichen einige die Wände, andere wuschen in der Zwischenzeit die Gardinen, so wurden dreihundert bis vierhundert Wohnungen in Pankow jährlich kostenlos etwas hergerichtet.

Eine Kneipe in unserem Wohnbezirk lud einmal im Jahr alle Rentner kostenlos zu Kaffee und Kuchen ein, der WBA stiftete Wein dazu. Einmal im Jahr wurde noch extra gesammelt und ein großes Kinderfest organisiert, das abends mit Schnittchen und Bier für die Eltern ausklang. Einmal im Jahr luden wir alle Mitglieder des WBA mit Ehepartnern und alle verdienten Leute aus dem Bezirk zu einem Ausflug ein, die Postbotin mit Mann, Leute vom Handel, die sich besonders bemüht hatten, die Ärztin vom Gesundheitswesen und so weiter. Da wurde dann eine Tombola gemacht und Auszeichnungen verliehen. Jeder WBA durfte dem Rat des Stadtbezirks Hausgemeinschaften zur Verleihung der goldenen Hausnummer vorschlagen, dafür mußte dann aber die Hausgemeinschft auch wirklich gut sein, also das Haus schön gepflegt und begrünt. Diese Auszeichnungen wurden auch schon mal auf dem Ausflug verliehen.

Man hat sich einfach verantwortlich gefühlt, wenn irgendwo der Bürgersteig kaputt war, na da habe ich mich eben hingesetzt und das Pflaster wieder in Ordnung gebracht und nicht irgendwo angerufen, daß die jemanden schicken, hätte ja auch ewig gedauert, und warum auch. Wir waren ein richtiges Kollektiv, kann man sagen, eine Menschengemeinschaft, die von den meisten akzeptiert wurde und in der man sich wohlfühlte. Und man sah ja auch die Erfolge, der Lebensstandard besserte sich von Jahr zu Jahr ein bißchen, die EVP (Einheitliche Verkaufspreise der HO) sanken, auch diese positive Entwicklung, zu der wir mit unserer freiwilligen Arbeit beigetragen hatten, stärkte das Gemeinschaftsgefühl.

Wir werden heute noch auf der Straße angesprochen, wie schön das immer war. Und das war es wirklich, darauf können wir stolz sein.

Natürlich gab es immer welche, die nicht mitgemacht haben. Häufig waren das gerade stramme Parteimitglieder, die die Nase rümpften, wenn ich sagte, daß ich von der Sozialdemokratischen Partei käme, und neunzehnhundertneunzig sind die als erste aus der SED ausgetreten.

Eine weitere Tätigkeit Arnolds bestand in der Mitwirkung bei der Bestätigung der Kandidaten für die „Gesellschaftlichen Gerichte“, die als sogenannte Schiedskommissionen in den Wohnbezirken tätig waren. Sie bearbeiteten Vergehen, die im Hinblick auf die Schuld des Täters und die gesellschaftlichen Folgen der Tat nicht als erheblich gesellschaftswidrig angesehen wurden und eine wirksame erzieherische Einwirkung wahrscheinlich erscheinen ließen, also geringfügige Eigentumsverfehlungen, Beleidigungen, Verleumdungen, Verletzung der Schulpflicht, arbeitsscheues Verhalten, Ordnungswidrigkeiten.

Diese Schiedskommissionen sollten wohl dazu beitragen, das von Ulbricht propagierte Ziel einer sozialistischen Menschengemeinschaft zu erreichen:

„Die sozialistische Menschengemeinschaft, die wir Schritt um Schritt verwirklichen, geht weit über das alte humanistische Ideal hinaus. Sie bedeutet nicht nur Hilfsbereitschaft, Güte, Brüderlichkeit, Liebe zu den Mitmenschen. Sie umfaßt sowohl die Entwicklung des einzelnen zur sozialistischen Persönlichkeit als auch der vielen zur sozialistischen Gemeinschaft im Prozeß der gemeinsamen Arbeit, des Lernens, der Teilnahme an der Planung und Leitung der gesellschaftlichen Entwicklung, besonders auch in der Arbeit der Nationalen Front und an einem vielfältigen inhaltsreichen und kulturvollen Leben. In der Welt hat sich herumgesprochen, daß das ‚deutsche Wunder', das sich in unserer Republik ereignet hat, nicht einfach ein ‚Wirtschaftswunder' ist, sondern vor allem in der großen Wandlung des Menschen besteht ..."

Hanne-Lore, Arnolds jetzige - und wie er sagt „eigentliche" - Frau, die 1961 in einem anderen Wohnbezirk im Ausschuß aktiv war und Arnold noch gar nicht kannte, erzählt, daß ihnen immer wieder der WBA 7, Arnolds Wohnbezirk, als großes Vorbild vorgehalten wurde. WBA 7 habe man immer wieder von allen Seiten zu hören bekommen, so daß sie schon richtig sauer auf diesen Wohnbezirk und seinen Vorsitzenden geworden seien, weil der die Maßstäbe so nach oben verschoben habe.

Neunzehnhundertsechzig schlenderte ich eines Tages über den Alexanderplatz. Ich hatte mich gerade in das Schaufenster eines Buchladens vertieft, als Hans Seigewasser, der spätere Staatssekretär für Kirchenfragen, der als Kommunist lange im KZ Buchenwald inhaftiert gewesen war, mich von hinten anrief. Er war damals Vorsitzender der Nationalen Front Berlins.

Der Nationalen Front des Demokratischen Deutschland, ab 1973 Nationale Front der DDR genannt, kam im politischen System der DDR die Rolle des Bindegliedes zwischen Staat und Gesellschaft zu. Sie war keine Massenorganisation, sondern beruhte auf der Arbeit einiger hauptamtlicher Kräfte und der breiten ehrenamtlichen Tätigkeit von Hunderttausenden von Bürgern wie Arnold Munter in den verschiedenen Ausschüssen, angefangen bei der Hausgemeinschaftsleitung über die Orts-, Wohnbezirks-, Stadtbezirks-, Kreis- und Bezirksausschüsse. Diese gewählten Ausschüsse waren aktive, „operative" Arbeitsorgane im jeweiligen Territorium, denen Mitglieder der Partei, der Massenorganisationen und ungebundene Personen angehörten und die eine breite Akzeptanz in der Bevölkerung hatten.

Die vielfältigen Aufgaben der Mitarbeiter der Nationalen Front kann man in etwa in dem Ziel zusammenfassen, die Bereitschaft der Bevölkerung beim Aufbau des sozialisitschen Staates zu wecken bzw. zu erhalten und zu steigern und ihre Mitarbeit zu organisieren. Im einzelnen gehörten dazu zum Beispiel die Mobilisierung von staatsbürgerlicher Aktivität bei der Durchführung von Gesetzen der Volkskammer und Beschlüssen der örtlichen Volksvertretungen, Propaganda- und Agitationsarbeit auf breitester Basis und rechtzeitiges Erkennen von neuen Problemen und Unzufriedenheiten in der Bevölkerung und deren Weitergabe als Sprachrohr von unten nach oben. Der NF kam die Aufgabe zu, die Kandidaten für Wahlen auf allen Ebenen zu bestätigen und die vom Demokratischen Block beschlossene Kandidatenliste sowie das Wahlprogramm zu veröffentlichen. Sie war verantwortlich für die Mithilfe der Bevölkerung bei der Lösung der Aufgaben des Volkswirtschaftsplans, unter anderem durch den Wettbewerb „Schöner unsere Städte und Gemeinden - Mach mit!" - also, die Auslösung von Masseninitiativen und die Unterstützung der Bemühungen, die im Produktionsbereich angestrebte Herausbildung sozialistischer Denk- und Verhaltensweisen im Wohnbereich fortzuführen.

Hans Seigewasser, den ich als ehemaligen Widerstandskämpfer natürlich kannte, und ich, wir begannen so zu erzählen. Ich erwähnte meine ehrenamtliche Tätigkeit in der Nationalen Front und er sagte: „Mensch, Arnold, mir fehlen auf Berliner Ebene so händeringend Leute, willst du nicht bei mir anfangen?“ Ich sagte ihm, daß das nicht ginge, da ich Invalidenrentner sei. Wir haben dann etwas diskutiert und uns darauf geeinigt, daß ich sechs Wochen zur Aushilfe hauptamtlich für die Nationale Front arbeite. Aus den sechs Wochen sind dann zwanzig Jahre geworden.

„Ich hatte das erste Mal so ein Gefühl der Hilflosigkeit ...“

(1961-1989)

„Jahrelang hatte die DDR größte Besonnenheit an den Tag gelegt und gegenüber den ständigen Provokationen eine fast grenzenlose Geduld geübt. Sie hatte alles, aber auch alles unternommen, um die Herbeiführung normaler Beziehungen zwischen den beiden deutschen Staaten und die Schaffung der notwendigen Vorrausetzungen für eine künftige nationale Wiedervereinigung Deutschlands als demokratischer und friedliebender Staat unter Bedingungen zu erreichen, die die persönlichen Interessen der Deutschen und vor allem die Verbindungen zwischen den Bürgern in beiden deutschen Staaten nicht beeinträchtigten. Dabei war immer wieder darauf hingewiesen worden, daß der einzige Weg zur friedlichen Lösung der Deutschlandfrage nur der Weg von Verhandlungen sein konnte. (...)

Die militaristischen Kräfte in Westdeutschland und Westberlin legten jedoch die von der DDR geübte Geduld als Schwäche aus. Sie meinten, daß sie ihr sträfliches Spiel mit der Sicherheit und dem Leben von Millionen Menschen fortsetzen könnten. (...)

Die großangelegte Provokations-, Diversions- und Hetztätigkeit gegen die DDR unterschied sich in nichts von den Methoden, die schon der Hitlerfaschismus am Vorabend seiner Überfälle auf die Tschechoslowakei und Polen angewandt hatte. Die aggressiven Kräfte des westdeutschen Imperialismus fühlten sich stark genug, ihre NATO-Verbündeten in einen von ihnen entfesselten Krieg hineinzuziehen. Noch nie seit Beendigung des zweiten Weltkrieges war der Frieden Europas in einem solchen Maße gefährdet gewesen wie im Spätsommer 1961. (...)

Als souveräner Staat mußte die DDR gemäß ihrer Verantwortung für die deutsche Nation und für die Sicherung des Friedens in Deutschland und damit des Weltfriedens handeln. (...)

In der Nacht vom 12. zum 13. August 1961 wurden die Truppen der Nationalen Volksarmee der DDR und die auf dem Gebiet der DDR stationierten Sowjettruppen in Alarmbereitschaft versetzt. Sie bezogen in voller militärischer Bereitschaft die ihnen zugewiesenen Räume. Zugleich wurden die Kampfgruppen der Arbeiterklasse alarmiert. In äußerst kurzer Zeit waren die bewaffneten Berliner Werktätigen in dieser Sommernacht an ihren Stellplätzen. In den ersten Stunden des 13. August rückten Einheiten der Nationalen Volksarmee mit Geschützen und Panzern in Berlin ein. Gemeinsam mit den Kampfgruppen und der Volkspolizei riegelten sie die bis dahin offene Staatsgrenze der DDR nach Westberlin ab."

(Aus: Geschichte der deutschen Arbeiterbewegung. Herausgegeben vom Institut für Marxismus-Leninismus beim Zentralkomitee der Sozialistischen Einheitspartei Deutschlands, Berlin 1966)

Die Zahl der „Republikflüchtlinge", die von 1953 bis 1959 stetig bis auf etwa 143 000 zurückgegangen war, schnellte 1960 wiederum auf knapp 200 000 hoch und steigerte sich lawinenartig. 30 000 Menschen verließen die DDR im Juli 1961 und 47 000 allein in den ersten zwölf Tagen des August.

1960 war die (Zwangs-)Kollektivierung der Landwirtschaft wieder massiv vorangetrieben worden. Bis zum 31. Dezember 1959 war nicht einmal die Hälfte aller landwirtschaftlichen Betriebe einer LPG beigetreten, nur ein Jahr später waren es über 84 von 100. Die Zahl der nicht genossenschaftlich arbeitenden Handwerker ging im gleichen Zeitraum von 93 auf 65 Prozent zurück. Diese Situation führte zu erneuten Versorgungsengpässen. Nachdem die letzten Lebensmittelkarten 1957 abgeschafft worden waren, gab es bereits wieder erste Versorgungschwierigkeiten bei Fleisch, Milch und Butter.

Im selben Jahr gipfelten die in den späten fünfziger Jahren

verstärkten Anstrengungen zur Durchsetzung der sozialistischen Ideologie in der Schaffung einer Ideologiekommission beim Politbüro des ZK der SED, die von da an verbindliche Direktiven für Kultur und Ideologie ausarbeiten sollte. Einen Vorgeschmack auf die Arbeit dieser Kommission hatte bereits die Bitterfelder Kulturkonferenz 1959 gegeben, auf der der „Sozialistische Realismus" nach sowjetischem Vorbild als einzige verbindliche Kunstform propagiert worden war.

Zu diesen Verhärtungen auf dem kulturellen und wirtschaftlichen Sektor kam der Tod Wilhelm Piecks im September 1960. Die SED schuf das Amt des Präsidenten, das Pieck bis dahin innegehabt hatte, ab und ersetzte es durch den Staatsrat, zu dessen Vorsitzenden Walter Ulbricht ernannt wurde. Ulbricht vereinigte nun als Staatsratsvorsitzender, als Erster Sekretär des ZK der SED und als Vorsitzender des Verteidigungsrates alle Machtpositionen in seiner Person und konnte es sich leisten, ihm nicht völlig ergebene Kräfte in der Partei auszuschalten. Zwischen 1958 und 1961 wurden über hundert Spitzenfunktionäre der SED-Leitungen der fünfzehn Bezirke der DDR abgesetzt.

Von den Menschen, die die DDR verließen, war die Hälfte unter fünfundzwanzig Jahre alt. Der ostdeutschen Wirtschaft und Gesellschaft gingen lebensnotwendige Energien und Nachwuchskräfte verloren. Die DDR-Führung mußte irgend etwas unternehmen, um das Ausbluten ihres Landes zu verhindern.

Der Mauerbau wurde durch Rundfunk und Presse unmittelbar bekannt. Natürlich bin ich sofort zum nächsten Grenzpunkt hingelaufen, zur Wollankstraße. Außer den Mitgliedern der Kampfgruppen und der Polizei standen dort an diesem Morgen, dem Morgen des dreizehnten August, schon viele Bürger in unmittelbarer Nähe und beobachteten das Geschehen. Ihre Reaktionen waren ganz unterschiedlich. Ich hörte Menschen, die sagten: „Höchste Zeit, daß man uns von dem Schiebervolk da isoliert hat!" Andere sagten: „Verfluchtes Verbrechen, warum darf ich nicht mehr zu meinen Verwand-

ten?" Ein kleiner Junge, dessen Vater wohl im Westen lebte oder arbeitete, stand am Stacheldraht und heulte: „Ich will zu meinem Papa." Ein Jugendlicher lief mit seinem Kofferradio herum, suchte den RIAS und spielte mit Lautstärke dessen Kommentare zum Geschehen ab. Diese glühende Hetze ließ man sich natürlich nicht gefallen, er wurde im Handumdrehen vom Fleck weg von der Polizei verhaftet.

Für mich war die Grenzbefestigung ein großer Schock. Ich stand dort, sah zu, wie eine Stacheldrahtrolle um die andere ausgerollt wurde, und überlegte, wie es dazu gekommen war. Da ist mir als erstes eingefallen, wie viele Schieber das billige Fleisch und die anderen subventionierten Lebensmittel von uns rüberschleppten und drüben teuer verkauften und wie viele Menschen von dort hierher kamen zu den Friseusen, Schneidern und anderen Handwerkern und hier für billiges Geld ihre Frisuren, Kleider und so weiter bekamen und oftmals die Leute aus dem Osten verdrängten.

Es hat sich da eine richtige Korruption entwickelt: Wer mit Westgeld bezahlte, wurde bevorzugt behandelt, die anderen kamen gar nicht mehr dran. Über fünfzigtausend Ostberliner arbeiteten auch im Westen und hatten mit dem Osten nicht mehr zu tun, als daß sie unsere billigen Mieten zahlten. Daß diesem Zustand abgeholfen werden mußte, war eindeutig.

Aber bewegt hat mich eigentlich etwas ganz anderes, nämlich daß das gegenseitige Besuchen nicht mehr möglich sein sollte, daß man die Beziehungen zwischen Menschen von beiden Seiten nicht mehr zulassen wollte, sie nicht einmal mehr miteinander reden lassen wollte. Deshalb glaube ich schon, daß man mit der Mauer auch erreichen wollte, daß die Zahl der Übersiedler eingeengt wurde, obwohl ich da keinen konkreten Beweis für habe.

Mit dem radiospielenden Jungen gab es dann übrigens noch ein Nachspiel. Am nächsten Abend kamen Jugendliche zu mir und baten, mich dafür einzusetzen, daß er nicht bestraft würde, er hätte doch gar nicht überlegt gehandelt.

Bei Gericht erfuhr ich, daß er zu zwei Jahren Gefängnis

verurteilt worden war. Ich habe dann versucht, der Gerichtsdirektorin klarzumachen, wie unüberlegt dieser junge Mensch gehandelt hatte, und ob sie nicht die Möglichkeit sähe, ihn eher freizulassen, ich würde für ihn bürgen. Aber das kam für sie überhaupt nicht in Frage. Daraufhin bin ich eine Tür weiter gegangen und habe mich dort verwendet, erklärt, wie alles gekommen war, und gebeten, Einfluß zu nehmen, damit der Junge entlassen würde.

Nach einiger Zeit bekam ich die Mitteilung, daß er unter der Bedingung, daß ich mich um ihn kümmerte und mich verantwortlich erklärte, freigelassen würde. So ist es dann auch geschehen. Vor allem habe ich dafür gesorgt, daß er einen Arbeitsplatz bekam, auf dem er sich dann sehr gut entwickelt hat. Wir stehen heute noch in Kontakt.

Eigentlich hat mit diesem Jungen eine „Mauertradition" bei mir begonnen. Es hat mich nämlich sehr bewegt, daß Verwandtenbesuche, sogar wenn es um alte Elternteile oder ein Begräbnis ging, meist nicht gestattet wurden. Ich habe mich dann häufiger eingesetzt und auch etwas erreicht, obwohl man mir mal sagte, als ich mich wieder für jemanden verwandte: „Wenn der nicht wiederkommt, dann unterhalten wir uns mit dir." Das war so 'ne gewisse kleine häßliche Drohung. Es gab aber keinen, der nicht im Vertrauen wieder zurückgekommen ist.

Ich war der Auffassung, wie die große Mehrheit der Menschen bei uns: Laßt doch alle fahren, die nach Westdeutschland oder Westberlin wollen. Wenn die Menschen frei hätten reisen können, wäre ja kaum einer weggegangen. Erstmal hätte es dann kaum noch einen Grund dafür gegeben, und dann hätten sie auch die negativen Seiten anderswo eher gesehen. Sie wären schon wieder zurückgekommen.

In „der Republik", also der restlichen DDR, rief der Mauerbau weit weniger Emotionen hervor als in Berlin. Für viele war der Westen weit weg, man wußte wenig darüber, fühlte sich in seinem eigenen Land ganz wohl. Zwar glaubte niemand an den „antifaschistischen Schutzwall“, aber eine gewisse Abgrenzung schien wegen der unterschiedlichen Wertigkeit der Währungen zumindest für einige Zeit sinnvoll. Ob die jedoch in eine Grenzbefestigung ausarten mußte, die auch die Leute, die sich dem Sog gen Westen anschlossen, einsperrte? Sollten sie doch gehen. Die massive Abriegelung stieß außerhalb von Berlin eher auf ein etwas gleichgültiges Unverständnis als auf Ablehnung.

Nach dem Mauerbau blieben Bevölkerung und Regime auf jeden Fall nichts anderes übrig, als sich miteinander zu arrangieren. Nach einer erneuten Entstalinisierungswelle in der UdSSR, die durch die Entfernung der Leiche Stalins aus dem Mausoleum am Roten Platz gekrönt worden war, wurde diese Entwicklung endlich auch in der DDR nachvollzogen. Straßen und Gebäude erhielten neue Namen, das Stalindenkmal in der Stalinallee (nun Karl-Marx-Allee) verschwand über Nacht. Statt mit stalinistischen Methoden beherrscht, sollten die Menschen, deren Mitarbeit beim Aufbau des Sozialismus notwendig war, nun durch ideologische Überzeugungsarbeit und durch Verbesserung des Lebensstandards für den Staat und seine Ziele gewonnen werden.

In das Zentrum der SED-Politik rückte die Effizienz der Wirtschaft. Da die Wirtschaftskrise von 1959 trotz aller Maßnahmen, wie der Frauenqualifizierung, also der Einbeziehung von Frauen in das Berufsleben, Ferieneinsätze, freiwillige Selbstverpflichtungen und Masseninitiativen, anhielt, wurde auf dem VI. Parteitag der SED 1963 das „Neue ökonomische System der Planung und Lenkung“ (NÖSPL) entworfen und damit die bisher doch unkritische Übernahme des sowjetischen Modells beendet. Dieses neue ökonomische System sah nach wie vor einen zentralen Wirtschaftsplan für fünf oder sieben Jahre vor. Innerhalb dieses Planes wurde den einzelnen Wirtschaftszweigen jedoch größere Selbständigkeit in der Beschaffung von Material, Krediten, im Außen- und Binnenhandel und in der Festsetzung von Preisen, Absatzmengen und nicht zuletzt von Löhnen und Prämien, die zu einem echten materiellen Anreiz für die Arbeiter werden durften, zugestanden. Der Lebensstandard in der DDR stieg.

Gleichzeitig wurde die ideologische Überzeugungsarbeit ausgebaut. Neben die gleichgeschaltete Presse und die überall auf Transparenten, Flugblättern und Gebäudeaufschriften verbreiteten Losungen und Schlagworte trat die Hervorhebung der Geschichte der deutschen Arbeiterbewegung, die die bestehenden Macht- und Gesellschaftsverhältnisse und den Führungsanspruch der SED erklären und legitimieren sollte. Die 1966 vom Institut für Marxismus-Leninismus beim Zentralkomitee der SED herausgegebene achtbändige „Geschichte der deutschen Arbeiterbewegung“ wurde zur Grundlage zahlloser Bücher, Filme, Reden und Unterrichtsmaterialien.

Gleichzeitig lockerte sich mit Einsetzen größerer Freiheiten im wirtschaftlichen Sektor auch die kulturelle Beschränktheit. Kritische Schriftsteller wie Wolf Biermann wurden zu Diskussionen auf FDJ-Veranstaltungen und in Kulturhäuser eingeladen, es durfte verpönte amerikanische Tanzmusik gehört werden, Kontakte zur Jungen Gemeinde, dem locker organisierten Jugendverband der evangelischen Kirche, wurden nicht mehr rigoros unterbunden.

Die Mauer minderte nicht nur den Druck von außen, sie schien auch ein Nachlassen des Druckes im Inneren zu bewirken.

Wer in dieser Zeit eine gewisse Fremdbestimmung durch den Staat, sei es aus Bequemlichkeit oder aus einer echten politischen Überzeugung heraus, akzeptiert hatte, war zufrieden, ohne sich dabei unterdrückt zu fühlen. Für die Überzeugten, aber auch für diejenigen, für die das Leben in erster Linie nicht aus Ismen, sondern aus Wohnen, Essen, Lieben und Arbeiten bestand, sorgte das in diesen Jahren beispielhafte Sozialwesen der DDR mit den billigen Mieten, subventionierten Lebensmitteln, einem Arbeitsplatz für jeden, sehr niedriger Kriminalitätsrate und umfassender Kinder- und Altenversorgung zusammen mit der ideologischen Beeinflussung, der Einbindung des einzelnen in lückenlose Gemeinschaftsstrukturen und dem in der Aufbauphase entstandenen Gemeinschaftsgefühl für eine Geborgenheit, die bei sehr vielen eine weitreichende Zufriedenheit mit dem eigenen Leben und dem Staat, eine emotionale Bindung an die DDR hervorrief.

Darauf konnte sich Arnold in seiner Arbeit für die Nationale Front stützen. Als politischer Mitarbeiter der Nationalen Front Berlin war er hauptsächlich für die Auslösung von Masseninitiativen auf Berliner Ebene und die Unterstützung der einzelnen Kreise bei der Mobilisierung zu diesen Initiativen zuständig.

Hinzu kam die Mitarbeit bei Vorbereitungen für Weltjugendtreffen, Deutschlandtreffen, Unterstützung des Deutschen Turn- und Sport-Bundes bei der Vorbereitung der Spartakiade, politische Arbeit und Fahrten mit Jugendlichen.

Für mich hatte der Mauerbau aber noch eine ganz andere einschneidende Wirkung:

Die Sozialdemokratische Aktion löste sich auf. Wir waren ja nur existent mit der Zielrichtung, Opposition innerhalb der Sozialdemokratie zu bilden. Im Osten war es so, daß wir ständigen Kontakt zu den sozialdemokratischen Büros gesucht hatten, in den Sekretariaten waren und das Gespräch anstrebten. Leider waren da solche verholzten Köpfe dabei, die das nicht wollten und sich nicht groß einließen mit uns.

Wir hatten wesentlich mehr Kontakt mit Westdeutschland, wo das Verhältnis nicht so verhärtet war, wie mitunter hier. Da kamen viele Gespräche zusammen. Ich mußte auch einmal in Schwaben zur Einweihung eines Denkmals sprechen. Aber trotzdem war es auch dort nicht gerade möglich, in eine sozialdemokratische Parteiversammlung reinzugehen, das nicht.

Nach dem dreizehnten August haben sich die sozialdemokratischen Büros, die es hier noch gab, aufgelöst, in den Westen konnten wir nicht, so daß wir in dem Sinne keinen Gesprächspartner mehr hatten und unser Ziel, mit den Sozialdemokraten über politische Fragen zu diskutieren, unmöglich wurde. Nach über dreißig Jahren Zugehörigkeit zur Sozialdemokratischen Partei war ich auf einmal parteilos.

Neunzehnhundertdreiundsechzig, zwei Jahre später, habe ich den Antrag auf Mitgliedschaft in der SED gestellt, weil ich Marxist, Sozialist von jung an war und nicht bar dieser Dinge stehen wollte. Durch die Arbeit bei der NF bot sich der Eintritt in eine Partei zum Teil auch an, denn ich hatte dort mit allen Blockparteien zusammenzuwirken, und das habe ich auch gerne gemacht, aber irgendwie fehlte mir das Verhältnis zu der Bewegung der Arbeiterklasse. Eben zur SED. Wenn die SPD noch in irgendeiner Form bestanden hätte ... Die Vereinigung hatte ich nicht begrüßt, sachliches Zusammenwachsen wäre richtiger gewesen.

Ich hatte mich von Anfang an für die SPD entschieden, denn ich war grundsätzlich gegen jede Form des Terrors, ich wollte das nicht, ich wollte das auch später nicht. Ich habe die Meinung, man muß alles im Gespräch mit dem Menschen klären. Das war auch die Ursache, warum ich mich bei der SPD wohlfühlte, dort meine Heimat gefunden habe, meine politische Heimat, das war der ganze Inhalt meines Lebens.

Aber hier war weiter nichts. Sollte ich etwa zur CDU oder LDPD gehen, die ich als spießbürgerlich empfand? Nationaldemokratische schon gar nicht! Die SED war die einzige existierende Arbeiterpartei, und ich wollte immer den Kontakt mit den Arbeitern behalten.

Am 31. Oktober 1963 wurde Arnolds Antrag stattgegeben. Das war gar nicht so selbstverständlich, denn die SED war gekennzeichnet vom Fraktionsverbot, der Forderung nach Einhaltung strikter Parteidisziplin und dem Anspruch, für die Reinhaltung der marxistischen Lehre verantwortlich zu sein. All dies sicherte der Parteiführung ihre herausgehobene Machtposition. Als die schlimmste Abweichung, als unversöhnlicher Gegensatz gegen den Marxismus-Leninismus, wurde aber der „Sozialdemokratismus" gesehen, und daher war man sich über die Behandlung ehemaliger SPD-Mitglieder lange nicht klar gewesen und hatte ihre Aufnahme nicht gerade gefördert.

Als man Arnold am 1. Januar 1965 zum kommissarischen Kreissekretär der Nationalen Front Pankow ernannte, wurde das noch ziemlich junge Parteimitglied (die Anrechnung seiner SPD-Zeit folgte erst später) plötzlich qua Amt Mitglied des Parteivorstandes der SED von Pankow.

Ich habe mich als Mittler zwischen Bürger und Staat verstanden. Die NF war eine Massenbewegung, die die politischen Grundsätze der DDR fördern sollte und gleichzeitig ein Organ, das das Recht hatte, dem Staatsapparat Erklärungen für bestimmte Dinge abzufordern.

Die wichtigsten Aufgaben waren daher, den Kontakt zwischen Bürgern und Staat herzustellen, Veranstaltungen zu organisieren, Masseninitiativen auszulösen, kulturelles Leben zu schaffen.

Das Pankower Freibad ist, von den technischen Anlagen zur Reinigung und Heizung des Wassers mal abgesehen, ausschließlich ein Werk von Masseninitiativen, der Wanderweg entlang der Panke - Masseninitiative, der Bürgerpark - ausschließlich das Werk Pankower Bürger, die da über viele Monate hinweg gearbeitet haben.

Wir haben Kulturhäuser errichtet oder ausgebaut und in Zusammenarbeit mit dem Kulturbund, gerade in Pankow lebten ja sehr viele Künstler, und der Urania, der Gesellschaft für die Verbreitung wissenschaftlicher Kenntnisse, Veranstaltungen dort organisiert.

Mitglied des Kulturbundes war ich schon vor meiner Zeit als Stadtrat aus dieser Verbundenheit heraus geworden, die ich immer zur Kultur hatte. Das war teilweise gar nicht so einfach, denn gerade zwischen dem Kulturbund, in dem hauptsächlich Kulturschaffende organisiert waren, und dem Staatsapparat gab es häufiger Konflikte. Als Sekretär habe ich sehr viel mit ihnen zusammengearbeitet.

Wir waren der erste Stadtteil, der Rathauskonzerte durchgeführt hat, obwohl das zuerst gar nicht gerne gesehen war,

Der Sekretär der Nationalen Front Munter hat die Flamme für die Spartakiade in Pankow in der Gedenkstätte Sachsenhausen entzündet.

das erschien einigen Leuten im Rathaus dann doch zu unpassend. Aber sie waren hervorragend organisiert, von ausgezeichneten Künstlern ausgeführt und waren immer knüppeldickevoll.

In anderen gesellschaftlichen Bereichen hat mich besonders die Kirchenfrage interessiert, und ich habe gesehen, daß sich das drüben sehr gut entwickelt hat. Nun darf man nicht auf den Gedanken kommen, hier sei alles behindert worden, das stimmt nicht. Aber zum Beispiel die Junge Gemeinde, für die gab es mächtige Bremsklötze. Die FDJ sollte zu denen keine Beziehung haben, und von uns wurde das auch erwartet, wobei ich mich nicht daran gehalten habe, sondern öfter auf Diskussionsveranstaltungen oder Vorträgen mit diesen Jugendlichen gewesen bin und dort sehr schöne Erlebnisse gehabt habe, da waren sehr aufgeschlossene Menschen darunter.

Ich habe auch Wert darauf gelegt, daß Pastoren, von denen ich aus Unterhaltungen wußte, daß auch von ihrer Seite gewisse Vorurteile und Unkenntnisse waren, mit uns ins Gespräch kamen. Da hatte ich viele interessante Begegnungen und Gespräche. Einmal habe ich nur für Geistliche eine Führung durch das ehemalige KZ Sachsenhausen gemacht, und wir waren uns einig, daß es bei uns viele philosophische Gegensätze geben mochte, aber wenn es darum ging, für die Menschen zu arbeiten, neuen Faschismus zu verhindern und den Frieden zu erhalten, da waren wir uns eins.

Ich habe mitgewirkt in der Arbeitsgruppe Christliche Kreise der Nationalen Front und saß auch noch im Berliner Ausschuß dieser Gruppe, übrigens gemeinsam mit Probst Grüber, als ich schon Sekretär in Pankow war.

Das Ziel dieser Arbeitsgruppe war, mit christlichen Bürgern, möglichst kirchlich gebundenen, zusammenzukommen, um mit ihnen zu beraten, wo es Probleme gab, was wir gemeinsam tun konnten, um Dinge zu verändern, eventuell zusammen Veranstaltungen durchzuführen, über kirchlichen Widerstand aufzuklären, dazu beizutragen, daß die Kirchen wieder voll nutzbar wurden. Diese Gespräche, die oft zu inhaltlichen philosophischen Diskussionen wurden, waren für mich immer sehr interessant und ich mußte viel lesen, um mitreden zu können. Aber das hat mir großen Spaß gemacht.

Ungefähr um dieselbe Zeit erhielt ich von Hans Seigewasser den Auftrag, etwas zum Gedenken an die Juden zu tun. Ich machte dann den Vorschlag, die jüdischen Friedhöfe herzurichten und mit Denkmälern zu versehen. Schon als Stadtrat hatte ich die Ruinen von dem ehemaligen jüdischen Friedhof in der Großen Hamburger Straße wegräumen - es existierte von dem ganzen Friedhof nur noch ein einziger Stein - und einen Gedenkstein aufstellen lassen. Nachdem unser Vorhaben mit der Jüdischen Gemeinde und dem Rabbiner abgestimmt war, haben wir Anfang der sechziger Jahre in Weißensee angefangen. Bürger haben den dortigen jüdischen Friedhof in Ordnung gebracht, und vorne um das Rondell haben wir Platten gelegt, in die die Namen der einzelnen Konzentrationslager eingemeißelt sind. Anschließend kam der Friedhof an der Schönhauser Allee, über den ich übrigens seit neunzehnhundertachtundfünfzig Führungen machte. Auch hier setzten Bürger den Friedhof mit instand, legten die Wege neu an und machten Gärtnerarbeiten, wobei NAW-Brigaden, also Brigaden, die sich geschlossen am Nationalen Aufbauwerk, das heißt an den Masseninitiativen beteiligten, kostenlos Facharbeiten durchführten.

Einmal beobachteten zwei Nonnen, wie wir dort arbeiteten, und fragten, ob sie nicht mitmachen dürften. An jedem Wochenende kamen sie daraufhin mit zwanzig oder mehr jungen Mädchen und halfen, das war für mich ein außerordentlich schönes Gefühl. Damals haben wir auch von einem beteiligten Bürger, der ganz in der Nähe wohnte, erfahren, daß sich in dem auf dem Friedhof befindlichen ehemaligen Brunnen wenige Tage vor Kriegsende junge Soldaten versteckt hatten, die den sinnlosen Krieg nicht mehr mitmachen wollten. Die SS hat sie gefunden und an den Friedhofsbäumen aufgehängt.

Der Text auf dem Gedenkstein „Hier stehst Du schweigend, doch wenn Du Dich wendest, schweige nicht“ stammt von mir, aus meinem Gefühl heraus formuliert. Dabei war ich getragen von dem Gedanken: Hier würdige, bitte, das Andenken an die verfolgten und ermordeten Menschen, aber wenn du weggehst schweige nicht, sprich mit den Menschen, mach ihnen klar, daß das nicht wieder sein darf!

Schon als politischer Mitarbeiter im Berliner Ausschuß und besonders als Pankower Kreissekretär hatte Arnold mit Wahlvorbereitungen zu tun bekommen.

Da die Sitze in den Volksvertretungen den Parteien und Massenorganisationen nach einem seit 1948 festgelegten Schlüssel zugeteilt wurden, bestand die Funktion der Wahl im politischen System der DDR nicht in der Wahl der nächsten Regierung, sondern in der plebiszitären Bestätigung der in der Verfassung festgeschriebenen Machtinhaber, der Demonstration der politisch-ideologischen Einheit des Volkes. „So wird die Durchführung der Wahlen zu einer Bewegung, in der sich das sozialistische Staatsbewußtsein von Millionen Bürgern manifestiert", heißt es im Verfassungskommentar der DDR. „Wir wählen nicht geheim, wir werden laut und deutlich sagen, daß wir für den Frieden sind", heißt es in einem Aufruf der FDJ.

Die Aufgabe der Nationalen Front bestand darin, die Wahlvorschläge der Parteien und Massenorganisationen in einer Einheitsliste zusammenzufassen und publik zu machen. Dabei entschied die jeweils zuständige Wahlkommission über die Reihenfolge aller Kandidaten.

Rein theoretisch war es seit einer Wahlrechtsänderung von 1965 möglich, die derart festgelegte Reihenfolge der Kandidaten, von denen stets einige mehr auf der Einheitsliste standen, als Mandate vergeben wurden, zu verändern. Allerdings hätte dazu mehr als die Hälfte aller Wähler einen ganz bestimmten Kandidaten streichen müssen. Dieser statistisch gesehen sehr unwahrscheinliche Fall ist bei fast zweihunderttausend Mandaten, die alle vier, bzw. seit 1974 alle fünf Jahre vergeben wurden, insgesamt nur bei zwei Kandidaten eingetreten.

Weiterhin kam der NF die Unterstützung und Organisation der Wahlkampagnen zu. Die Kandidaten wurden in öffentlichen Ausschußsitzungen der NF vorgestellt.

Es war eine Sollzahl für die einzelnen Parteien und Massenorganisationen vorgeschlagen, die sich an ihrer Mitgliederzahl orientierte. Nach dem Soll, das ihnen zugegeben war, haben die Wohnbezirksorganisationen der Parteien ihre Kandidaten vorgeschlagen. Die Wahlkommission des Staates hat zusammengerechnet, ob die Kandidatenzahl stimmte. Wir haben mit darauf geachtet, daß genug Kandidaten aufgestellt wurden und daß in etwa die Kandidaten zusammenkamen, die man sich vorstellte. Es wurde auch auf eine entsprechende soziale Zusammensetzung geachtet. Die Kandidaten mußten im Kreisausschuß der NF bestätigt werden. Wenn der Kreisausschuß jemanden ablehnte, mußte er das konkret begründen. Die Wahlkommission, die auch aus Bürgern der einzelnen Parteien zusammengesetzt war, mußte den Einspruch überprüfen, und wenn er berechtigt war, mußte der Kandidat gestrichen werden. Dann organisierten wir Wahlveranstaltungen, aktivierten die Wähler. Bereits als politischer Mitarbeiter im Berliner Ausschuß hatte ich mit darauf zu achten, daß in den einzelnen Wohnbezirken ausreichend Wahlveranstaltungen durchgeführt wurden, und auch, daß die vorgeschlagenen Kandidaten eine zuverlässige Arbeit gewährleisteten. Wir wirkten also überall mit bei den Wahlvorbereitungen, aber nicht, um zu kontrollieren, sondern um einen gewissen progressiven Einfluß auszuüben. Ich habe das schon demokratisch gefunden, weil die Kandidaten von den Basisorganisationen der Parteien und Massenorganisationen vorgeschlagen wurden, also von unten nach oben, und daher immer Leute waren, die schon Anerkennung in ihrer Gegend gefunden hatten. Außerdem orientierte sich die festgelegte Zahl der Sitze an der Mitgliederzahl der Parteien und Organisationen, an der Zahl der Leute, die nachweisbar dahinterstanden.

Mit dem Auszählen der Wahl hatte ich nichts zu tun, das wurde von der Wahlkomission vorgenommen. Die Auszählung fand öffentlich statt. Zunächst wurde gezählt, wie viele Stimmen abgegeben wurden, um die Wahlbeteiligung zu ermitteln. Dann wurden die Stimmen pro Kandidat gezählt und weitergemeldet an den Wahlausschuß. Das Gesamtergebnis pro Partei wurde dort ermittelt, indem die Stimmen aller Wahlbezirke für die Kandidaten einer Partei zusammengerechnet wurden, das war für uns nicht nachprüfbar.

Ich habe nie geglaubt, daß gefälscht wurde, es war ja eine freie Wahl, die Kandidaten wurden von unten nach oben vorgeschlagen, das war in voller Breite organisiert. Wenn ich davon etwas geahnt hätte, da hätte ich wahrscheinlich nicht mitgemacht, das sage ich ganz ehrlich, solche Dinge hätte ich nicht geschluckt. Daß wir jedoch Einfluß genommen haben, damit die Richtigen gewählt werden, ist verständlich.

Bereits Ende 1965 mußte die SED feststellen, daß mit dem NÖSPL ihr eigener absoluter Führungsanspruch ins Wanken geriet. Im Dezember 1965 wurde es durch das „Neue Ökonomische System" (NÖS) ersetzt, das von einer Rückkehr zu stärker zentralistischen Strukturen gekennzeichnet war. Auch im kulturellen Bereich wurde die Offenheit zurückgenommen. Während zum Beispiel Erik Neutschs Roman „Die Spur der Steine", in dem unter anderem Schwierigkeiten der zentralen Planung offengelegt wurden, 1963/64 noch erscheinen durfte, fiel der 1966 nach diesem Roman gedrehte Film der Zensur zum Opfer.

Es kam ebenfalls zu erneuten Konflikten mit der Kirche.

Das 1965 verabschiedete neue einheitliche sozialistische Bildungssystem schrieb Staatsbürgerkunde und Marxismus-Leninismus als verbindlichen Teil des Lehrstoffs fest.

Am 3. Mai 1971 bat Walter Ulbricht aus Altersgründen um die Entbindung von den Pflichten als Erster Sekretär und empfahl gleichzeitig Erich Honecker als seinen Nachfolger. Dieser „Bitte" war ein massiver Konflikt mit der sowjetischen Führung vorausgegangen. Walter Ulbricht, der als Erster Sekretär der SED, als Staatsratsvorsitzender und als Vorsitzender des Nationalen Verteidigungsrates wie kein zweiter die ostdeutsche Politik über fünfundzwanzig Jahre bestimmt hatte, verdankte seine Karriere zunächst seiner Stellung als Vertrauensmann Stalins und seiner Fähigkeit, alle Wendungen von Stalins und später von Chruschtschows Politik nachzuvollziehen. Doch mit zunehmender Wirtschaftskraft und so auch Bedeutung der DDR, hatte Ulbricht versucht, eine eigenständige DDR-Politik zu schaffen und war zu eigenmächtig geworden.

Durch die wachsende Effizienz der Wirtschaft als Folge des „Neuen Ökonomischen Systems" war Ostdeutschland zur zweitstärksten Industriemacht des Ostblocks geworden. Nun erhob die kleine DDR unter Ulbricht daher den Anspruch, ihr Aufbau habe Modellcharakter für alle hochindustrialisierten sozialistischen Staaten, die SED habe den Marxismus-Leninismus selbständig weiterentwickelt. Gleichzeitig ließ Ulbricht erstmals Exportrückstände gegenüber der Sowjetunion zu.

Weiteres Konfliktpotential ergab sich durch die Ostpolitik der neuen westdeutschen Regierung, der sozialliberalen Koalition unter Willy Brandt, der ersten SPD-Regierung nach 1945. Während die DDR einerseits nach der internationalen Anerkennung, die diese Politik ihr versprach, gierte, befürchtete sie andererseits große Unruhe in der Bevölkerung. Der Enthusiasmus, mit dem Willy Brandt in Erfurt begrüßt worden war, hatte das Politbüro verschreckt.

Auch fiel mit der Brandtschen Ostpolitik die These vom westdeutschen Revanchismus weg, so daß das für die innere Stabilität der DDR so wichtige Feindbild hinfällig zu werden drohte. Die DDR ging daher im Gegensatz zu Moskau nur sehr halbherzig auf diese Annäherungsversuche ein, die Gespräche zwischen Willy Brandt und Willi Stoph, dem Vorsitzenden des Ministerrates der DDR, in Erfurt und Kassel blieben zunächst ohne Ergebnis.

Um das Feindbild des kapitalistischen Westens, das durch die Wahl eines sozialdemokratischen Bundeskanzlers ohnehin ins Wanken geriet, zu stützen, wurde über Brandt, der im überwiegend norwegischen Exil gegen die Nazis gekämpft hatte, verbreitet, er sei ein Quisling, ein Mitglied der norwegischen Nazis gewesen.

Über Willy Brandt wurde schon vor seiner endgültigen Wahl zum Bundeskanzler neunzehnhundertneunundsechzig viel geredet. Da gab es von offizieller Seite kritische Bemerkungen und Hinweise, die ich persönlich nicht für wahr hielt. Ich konnte ja nicht auf die Straße gehen und sagen, ich glaube das nicht, aber in irgendeiner Form lehnte ich diese Darstellungen ab.

Auch der Wechsel von Ulbricht zu Honecker hat mich sehr negativ bewegt, da es ein offenes Geheimnis war, daß Ulbricht weggedrängt wurde von den Kräften um Honecker. Unabhängig davon, wie man Ulbricht einschätzt, hat mich diese Verhaltensweise gestört. Ich habe danach nicht gesagt, daß es keinen Sozialismus mehr gab, aber daß es so zuging, hat mich sehr negativ berührt.

Man hat sich dann langsam dran gewöhnt, aber diese Erfahrung hat mich immer ein bißchen bedrückt, und ähnliche Bemerkungen kamen von vielen hoch.

Dann erfuhr ich in dieser Zeit auch erstmals konkret etwas über die Untaten während des Stalinismus, die ich wie Millionen andere, als ein unverantwortliches Verbrechen verurteilen muß.

Mir fällt dabei immer Martha Notnagel ein, die in den sechziger Jahren nach Pankow in ein Feierabendheim zog, in dem ich sie von da an häufiger besuchte. Sie war die persönliche Sekretärin von Karl Liebknecht gewesen. Von ihrem sechzehnten Lebensjahr an hatte das Mädchen bei ihm gearbeitet, bis zu seiner Ermordung. Sie hatte Liebknecht auch im Leichenschauhaus noch identifizieren müssen und mir, nebenbei gesagt, mal erzählt, daß er nicht nur so dalag, eben erschossen, sondern furchtbar zugerichtet war. Martha Notnagel hatte zwei Söhne. Beide Söhne waren vor den Nazis in die Sowjetunion geflüchtet. Einer von denen ist dort umgebracht worden. Das hat sie mir Ende der sechziger Jahre mal mit Tränen in den Augen gesagt: „Ich bin eine Kommunistin, aber das, was da geschehen ist, daß mein Junge ermordet wurde, das kann und werde ich nie verstehen und vergessen.“

Das war eine ganz entscheidende Begegnung für mich. Es war das erste Mal, daß ich konkret von einem Opfer des Stalinismus erfahren habe. Da ist bei mir was zusammengebro-

chen, der Glaube an Stalin, und auch ins Wanken gekommen ist mein Glaube an die Politik bis dahin.

Das alles hat in mir das Gefühl ausgelöst, noch mehr arbeiten, noch mehr tun zu müssen, um unsere Ziele zu erreichen, aber ich hatte auch, ich war immerhin schon fast sechzig, das erste Mal so ein Gefühl der Hilflosigkeit, daß ich mir sagte, Arnold, das schaffst du nicht mehr, das wird noch länger dauern.

In diese Zeit fiel auch meine zweite Scheidung. Ich wäre damals eigentlich gerne mit der Frau zusammengeblieben, alleine schon wegen der Kinder. Zu den zwei Kindern, die sie mit in die Ehe brachte, haben wir neunzehnhundertdreiundsechzig noch einen Sohn bekommen. Aber dann kam ihre Klage und aus.

Auf einer Veranstaltung, welche die Post zum Dank dafür veranstaltete, daß ich als Kreissekretär der Nationalen Front mit den Wohnbezirksausschüssen gemeinsam erstmals die Anbringung der Briefkästen unten im Hausflur durchgesetzt hatte, damit die Briefträger nicht mehr unentwegt treppauf und -ab laufen mußten, habe ich Hanne-Lore, die ich flüchtig kannte, wiedergesehen.

Als ich nach Hause ging, bummelte ich so an den Läden entlang und habe mir im Schaufenster Geräte angesehen, Bratpfanne, Gaskocher und so weiter. Und da stand sie auf einmal neben mir und fragte: „Was machen Sie denn hier, wollen Sie sich eine Wirtschaft einrichten?" Ich erwiderte ihr: „Sie wissen doch, daß ich geschieden bin, also muß ich wohl." Und dann habe ich sie eingeladen zu einer meiner Führungen über den Jüdischen Friedhof an der Schönhauser Allee.

Natürlich waren wir beide alleine, ich hatte ihr nämlich einen Termin genannt, an dem offiziell gar keine Führung stattfand, sind lange über den Friedhof gegangen und haben uns sehr schön unterhalten. Und am Schluß habe ich gesagt: „Nun sind Sie alleine und ich alleine, da können wir doch heiraten." Da hat sie mich ganz verschreckt angesehen und geant-

wortet: „Herr Munter, das geht nicht." Aber als wir uns einige Zeit danach wieder getroffen haben, sagte Hanni zu mir: „Herr Munter, ich muß Ihnen mal was sagen, ich habe ja bloß Bedenkzeit gebraucht, es geht doch." Ich sagte: „Na, Fräulein Wildner, dann können wir ja heiraten!" Und das haben wir dann auch getan, am achtundzwanzigsten November neunzehnhundertsiebzig.

Gleichzeitig mit den erstmals auch für die breite Bevölkerung offenkundig werdenden politischen Verfehlungen der Vergangenheit und Gegenwart, begann ein Prozeß, der zu einer zunehmenden kritischen Auseinandersetzung vieler Bürger mit der Wirtschaft ihres Landes führte. Auslöser für diesen sich in den siebziger Jahren steigernden Unmut war die Tatsache, daß die Staatsführung ihr großes Aushängeschild, die umfassende soziale Absicherung in Bezug auf Miete, Grundnahrungsmittel, Arbeitsplatz, Krankenversorgung etc. in sich selbst in Frage stellende Extreme führte.

Der Staat versuchte sein soziales und sozialistisches Image durch Mittel und Aktionen zu bewahren, die, für jeden einzelnen erkennbar, sinnlos und unsinnig waren. Es konnte nicht stimmen, daß ein Kleingärtner sein Obst für zwei Mark pro Kilo an die HO verkaufte und dort im Laden als subventioniertes Lebensmittel für fünfzig Pfennig pro Kilo zurückkaufen konnte, oder daß ein Brötchen nach wie vor für fünf Pfennige über die Ladentheke ging, das in der Herstellung schon weit mehr gekostet hatte. Gleichzeitig merkte man auch, daß die Mieten, Sozialversicherungsabgaben usw. zwar auf dem sehr günstigen Stand der sechziger Jahre verharrten, die dafür erbrachten Leistungen aber ebenfalls stagnierten oder sogar zurückgingen. Für die extrem niedrigen Mieten ließen sich die Wohnungen eben nicht nur nicht modernisieren, sondern nicht einmal erhalten. In einem Land, das in den sechziger Jahren in den Bereichen Medizintechnik und Optik zur Weltspitze gehört hatte, verschlechterte sich die Qualität der medizinischen Versorgung zusehends.

Hinzu kam, daß die Planerfüllung immer mehr zu einer heiligen Kuh wurde, der um jedem Preis gehuldigt werden mußte, auch wenn hierzu wirtschaftlich nicht nur sinnlose, sondern sogar schädliche Aktionen notwendig waren. Um beispielsweise den Schrottplan zu erfüllen, wurde schon mal ein Lagerbestand an noch verwertbarem Material in den Schrott gekippt, Hauptsache Plan erfüllt.

Typisch ist wohl auch jener Witz von der LPG Roter Oktober, spezialisiert auf Fleischproduktion, die 100 Schweine „produziert" hat. Der Betriebsleiter meldet wegen der besseren Planerfüllung 125 Schweine weiter an die Kreisleitung. Die Kreisleitung will vor dem Bezirk mit der Planquote gut dastehen und erhöht die Zahl auf 150, bevor sie ihrerseits der Bezirksleitung Bericht erstattet ... Am Ende der Kette freut sich Honecker jedenfalls, daß 200 Schweine produziert worden sind und gibt 100 für den Export frei.

Wenn auch die DDR statistisch gesehen in diesen Jahren zu den zehn führenden Industrienationen der Welt aufstieg, sank der Lebensstandard der Bevölkerung nicht nur im Vergleich mit dem Westen. Hinter vielen, von der Staatsführung nach wie vor propagandistisch ausgeschlachteten wirtschaftlichen und sozialen Leistungen steckten auf einmal keine echten Leistungen mehr, sondern leere, inhaltlose Strukturen, die die Menschen zum ganz allmählichen Umdenken bewegten. Dieser Prozeß bestimmte die Atmosphäre des Landes in den siebziger Jahren und war erst zu Beginn des folgenden Jahrzehnts weitgehend abgeschlossen.

Begleitet wurde das Umdenken von einem zunehmenden Rückzug des einzelnen in sein Privatleben. Die Arbeit, die aus den neuen Erkenntnissen heraus in steigendem Maße als sinnlos empfunden wurde, machte man weiter, da man keine andere Wahl hatte, aber mit dem Herzen waren viele nicht mehr dabei. Jede vorher so selbstverständliche Gemeinschaft, sei es im Betrieb oder im Haus, zerfiel, die Begeisterung, zusammen etwas zu machen und zu bewirken, mußte aufgrund der ausbleibenden Erfolge verpuffen.

Honeckers Politik war von Anfang an von einer erneuten bedingungslosen Anlehnung an die UdSSR gekennzeichnet. Analog zu Organisation und Anspruch der KPdSU wurde auch der gesellschaftliche Führungsanspruch der SED weiter verstärkt. Nach innen wurde die Parteidisziplin verschärft, die Macht des Parteiapparates erhöht und verbesserte Kaderpolitik zur Heranziehung des politischen Nachwuchses betrieben. Auch von den Mitgliedern der vier Blockparteien wurde verlangt, daß sie den Führungsanspruch der Arbeiterklasse und der SED als der Partei der Arbeiterklasse anerkannten und ein entschiedenes Bekenntnis zur Sowjetunion ablegten.

Nach sowjetischem Vorbild erfolgte 1972 eine endgültige Verstaatlichung aller halbstaatlichen Betriebe, also privater Betriebe, denen eine staatliche Beteiligung aufgezwungen worden war. Von 1971 bis 1972 stieg der Anteil der staatlichen Industrieproduktion von 82 auf 99 Prozent.

1971/72 wurde auch die Tradition für die „Freundschaftszüge“, den Austausch von Bürgerdelegationen zwischen der Sowjetunion und der DDR gelegt.

Meine erste Rußlandreise ging neunzehnhundertzweiundsiebzig mit dem Freundschaftszug nach Moskau und Petersburg. Diese Reise hatte ich vom Nationalrat der NF als Anerkennung bekommen und wurde gleich zum Delegationschef ernannt.

Man hat uns dort natürlich vertraut gemacht mit den historischen Gebäuden, dem Kreml, wir waren auch in dem Raum, in dem Lenin seinen Flügel stehen hatte. Er liebte ja sehr die Appassionata von Beethoven, und nun will ich nicht sagen, daß ich geheult habe, aber mir kamen die Tränen, als dann jemand die Appassionata spielte auf diesem großen Flügel. Dieses Instrument war aber der einzige Pomp, den Lenin sich geleistet hatte.

Natürlich habe ich versucht, vorsichtige Erkundigungen nach Stalin einzuholen, Ergänzungen zu dem, was man bei uns so munkeln hörte, nur sprach ich kein russisch und ich weiß nicht, ob die Gesprächspartner immer nur sehr vorsichtig geantwortet haben oder die Dolmetscher nicht alles übersetzt haben. Es waren jedenfalls nur sehr vorsichtige Gespräche. Die mußten ja auch damit rechnen, daß man sie zur Verantwortung zog, es wäre ja vielleicht auch gegen den Staat gegangen, der noch existent war.

1972 wurde der Grundlagenvertrag zwischen Deutschland Ost und Deutschland West geschlossen. Nach der Aufgabe des westdeutschen Alleinvertretungsanspruches und Widerstandes gegen eine internationale Anerkennung der DDR, konnte diese allein im Winter 1972 zu zwanzig nichtsozialistischen Staaten diplomatische Beziehungen aufnehmen. Bis 1978 stieg die Zahl auf 123 Staaten.

Die außenpolitischen Erfolge waren von gewissen Entspannungen auf dem kulturellen Sektor begleitet.

Eine liberalere Kulturpolitik erlaubte eine breitere Auslegung des Begriffs „Sozialistischer Realismus", ermöglichte zuvor verfemten Werken aus dem literarischen oder bildnerischen Bereich, veröffentlicht zu werden, mehr westliche Lizenzausgaben erschienen. Das Klima der ersten Jahre des Honeckerregimes erlaubte auch die Entwicklung einer Opposition in der DDR in Anlehnung an die Reformideen des Prager Frühlings. In kritischen Intellektuellenzirkeln wurde nach tschechischem Vorbild Kritik am System aus seinem Innern heraus geübt, wurden die Möglichkeiten eines veränderten Sozialismus bedacht, Alternativen entworfen.

Gleichzeitig wurde jedoch die Ideologisierung im Erziehungswesen massiv vorangetrieben. Die kommunistische Erziehung wurde als Ziel der Schulbildung der Vermittlung von Wissen gleichgestellt. 1974 wurde die vorher schon massiv betriebene Erhöhung der Wehrbereitschaft der DDR als ein Ziel staatlicher Jugendpolitik beschrieben und unter anderen in der FDJ und in der Gesellschaft für Sport und Technik in die Praxis umgesetzt.

Bereits 1971 hatten das Ministerium für Volksbildung unter

Margot Honecker und das Ministerium für Nationale Verteidigung in einem gemeinsamen Maßnahmeplan den Grundsatz dargelegt, daß die Wehrerziehung alle Schulfächer zu durchdringen habe, in besonderem Maße Deutsche Sprache und Literatur, Geschichte, Staatsbürgerkunde, Geographie und Sport, aber auch naturwissenschaftliche, musische und polytechnische Fächer. Für Schüler der ersten Klasse war zum Beispiel die Vermittlung einfacher touristischer und militärischer Kenntnisse und Fähigkeiten insbesondere im Geländespiel vorgesehen. Diese Entwicklung erreichte ihren Höhepunkt 1978 mit der Einführung von Wehrkundeunterricht für die neunten und zehnten Klassen der allgemeinbildenden Schulen. Schüler der elften Klasse bzw. männliche Lehrlinge durchliefen eine vormilitärische Ausbildung, für die gleichaltrigen Schülerinnen und weiblichen Lehrlinge war parallel dazu die Sanitätsausbildung vorgesehen.

1975 schloß die DDR einen Freundschafts- und Beistandspakt mit der Sowjetunion, in dem verstärkte Zusammenarbeit auf allen Gebieten, vor allem aber dem der Wirtschaft für die folgenden fünfundzwanzig Jahre besiegelt wurde. Praktisch geriet die DDR dadurch in noch größere Abhängigkeit vom großen Bruder.

Im gleichen Jahr unterzeichnete Honecker die Schlußakte der „Konferenz für Sicherheit und Zusammenarbeit in Europa" in Helsinki, in der unter anderem die Gewährleistung der Menschenrechte im eigenen Land garantiert wird. Vor allem im Zusammenhang mit dem Recht auf Freizügigkeit wurden diese Rechte daraufhin von verschiedenen DDR-Bürgern immer lauter eingefordert. Der Staat reagierte darauf wie auch auf die Zunahme oppositioneller Zirkel mit einer zunehmend repressiven Politik. Ihren ersten Höhepunkt und öffentlichen Ausdruck fand die Unterdrückung von Kritikern und Andersdenkenden in der Ausbürgerung des Liedermachers Wolf Biermann 1976, dem in den folgenden Monaten und Jahren viele der bekanntesten Künstler der DDR, teils ebenfalls zwangsweise, teils freiwillig, folgten. Die Folge der zur Liberalität kaum im Ansatz fähigen DDR-Politik war eine zunehmend gespannte Atmosphäre im Land und eine steigende Anzahl von Ausreiseanträgen. Gegen die unwilliger werdende Bevölkerung setzte die DDR verstärkt ihre Machtmittel ein.

„Genosse Munter, wir möchten Sie bitten, daß Sie Leute, die bei uns in den Dienst treten wollen, mit den Arbeiten und Tätigkeiten und den ethischen Grundlagen der Nationalen Front bekannt machen und damit, welche Aufgabe die NF erfüllt und was ein Mitarbeiter der NF an Verhaltensweisen nachweisen muß", so trat ein Mitarbeiter des Ministeriums für Staatssicherheit an mich heran.

Ich hatte nichts dagegen. Ich stand sowieso in regelmäßigem Kontakt mit der Stasi, daß heißt, wenn irgend etwas besonderes bevorstand, Wahlen, Weltjugendtreffen oder andere wichtige Veranstaltungen, dann kamen sie zu mir, wie zu allen anderen Seketären der NF, und haben gefragt, wie die Stimmung in der Bevölkerung ist. Darauf habe ich geantwortet. Warum auch nicht? Man konnte immer was sagen, die Stimmung war gerade in den Sechzigern, aber auch bis weit in die Siebziger hinein nicht schlecht. Wenn sie sich bemüht haben, ein bißchen mehr zu erfahren, da war ich eben doof. Darauf habe ich mich nicht eingelassen. Natürlich war die Frage nach der Stimmung immer verbunden mit der Frage nach konkreten Personen, ob ich irgend jemanden nennen könne, der negativ eingestellt sei? Ich habe dazu grundsätzlich nichts gesagt. Wenn mir solche Leute oder Gruppen aufgefallen waren, habe ich anders darauf reagiert.

Da waren zum Beispiel die Schwarzen Ratten, das war eine Gruppe Jugendlicher, die sich ausschlossen, nur untereinander verkehrten, nicht Mitglied der FDJ wurden, aber eine richtige - natürlich ungenehmigte - Organsation hatten und Beiträge kassierten, also im Prinzip eine anarchistische Gruppierung, die sich weigerte, mitzumachen. Einmal bin ich zufällig in eines ihrer Treffen in einem zerfallenen Hinterhof geraten. Die Gelegenheit habe ich gleich beim Schopf gefaßt.

Ich wurde begrüßt mit einem ironischen: „Da kommt Rot Front.“ Aber ich habe mich dazugesetzt und mit ihnen geredet, sie nicht hochgehen lassen, wodurch ich mir wahrscheinlich sogar noch Verdienste erworben hätte, sondern versucht, das Denken dieser jungen Menschen zu ändern. Ich weiß nicht, ob das Erfolg hatte, aber der Vater eines Jungen hat mir mal gesagt, daß sein Sohn mich seitdem sehr respektierte.

Wonach ich außerdem gefragt wurde, und zwar nicht nur von der Stasi, sondern auch von der Partei, das waren Kontakte zur Kirche, zu Christen, weil ich dazu ja eine sehr enge Beziehung hatte. Ich wurde gebeten, von den Treffen, zu denen ich ohnehin ging, zu berichten. Das habe ich grundsätzlich abgelehnt und nie gemacht. Wenn man mich gebeten hat, Kontakt mit Personen der Kirche herzustellen, um vernünftig mit ihnen zu arbeiten, na, da habe ich vermittelt.

Nach den Namen von Zeugen Jehovas haben sie mich auch öfter gefragt, da gab es einige Kreise hier. Aber mir war noch so stark die Verfolgung dieser Menschen wegen ihrer Haltung und Religion in der Nazizeit im Gedächtnis, schon allein deswegen hätte ich es nie fertiggebracht, auf diese Fragen zu antworten. Ich kannte Namen, aber wenn die Stasi kam, natürlich nicht. Die Nachfrage nach bestimmten einzelnen Personen, von der ich von anderen schon mal hörte, kam zu mir nicht, und den Grund weiß ich ganz genau: Ich war immer noch der olle Sozialdemokrat.

Und ich hatte den großen Vorteil: Ich wurde von den meisten Menschen sehr respektiert. Und daher hat man den Arnold auch in der DDR respektiert, auch wenn sie nicht einverstanden waren, wenn ich bei Nachfragen nichts sagte oder dann mal im Gegenteil was sagte, was man nicht so wünschte, von der Partei aus. Da habe ich nicht nach gefragt. Da habe ich mich durchgesetzt und meine Meinung vertreten. Das war meine ganze Art, nichts zerschlagen, nichts zertrümmern, sondern die Menschen zum Denken, Nachdenken bewegen, die Richtigkeit zu erkennen. Und ich habe Ansehen genossen, auch bei den jungen Leuten.

Durch diesen Respekt hatte ich, naja, keine größere Freiheit, mehr Respekt eben. Ich konnte mich zum Beispiel einsetzen für einzelne, die auf Verwandtschaftsbesuch oder eine Beerdigung nach Westberlin fahren wollten.

Wir wohnten damals an der Protokollstrecke, ich war nach unserer Hochzeit zu Hanne-Lore in die Wohnung gezogen, und wenn ausländische Besucher kamen, war die ganze Straße vollgestopft mit Stasi, das ist ja aufgefallen, wenn hier mal einer stand, da zwei, so recht ohne Beschäftigung ... Ihre Autobusse haben sie immer um die Ecke auf einem Bürgersteig geparkt, an dem entlang wir mühsam Bäumchen gepflanzt hatten, die wurden dann eben umgefahren. Da bin ich aber grob geworden, habe mich gegen diese Unverschämtheit verwahrt und das hörte tatsächlich auf.

Die „BZ am Abend" hat sich mal den Spaß gemacht und die Preisfrage gestellt, ob die Leute wüßten, wer der Bürgermeister in Pankow sei? Zur Wahl standen Doktor Horst Ansorge, das war der tatsächlich amtierende Bürgermeister, Rolf Korte, der war damals Parteisekretär, und Arnold Munter. Die meisten Stimmen habe ich gehabt. Das hat nichts weiter zum Ausdruck gebracht, als die Verbundenheit, die ich immer den Menschen gegenüber empfunden habe. Wenn ich angesprochen wurde, habe ich keine von den Sachen, die an mich herangetragen wurden, gering geschätzt oder mißachtet, immer habe ich mich um alles gekümmert.

Ich war einfach bekannter durch meine enorme Nähe mit den Menschen, meine Arbeit, dadurch, daß ich mich überall miteinschaltete, geholfen habe, wenn man mich angesprochen hat. Das war die Ursache, daß die meisten Bürger mich für den Bürgermeister hielten.

Im liberaleren Kulturklima war es 1974 auch zu einer Aufwertung des nichtkommunistischen antifaschistischen Widerstandes gekommen, von dem lange Zeit in Anlehnung an Ulbricht nur als antifaschistische Sekten gesprochen worden war. Im Zuge dieser Aufwertung trat an die Stelle des Präsidiums des Komitees der Antifaschistischen Widerstandskämpfer, das im Anschluß an das Verbot der VVN gegründet worden war, nun eine Zentralleitung, die Ableger auf Bezirks- und Kreisebene ermöglichte. Insgesamt entstanden in allen 15 Bezirken der DDR und in 111 Kreisen Unterorganisationen, die heute noch existieren.

Das war eigentlich eine Wiedergründung der VVN, die neunzehnhundertdreiundfünfzig verboten worden war. Als das Verbot gelockert wurde, haben wir uns in dieser Form als Ableger des Komitees Unter den Linden in der ganzen Republik wieder gegründet.

In der konstituierenden Versammlung des Pankower Kreises des Komitees der Antifaschistischen Widerstandskämpfer im großen Saal bei Bergmann-Borsig wurde ich als Vorsitzender vorgeschlagen und gewählt. Ab neunzehnhundertsechsundsiebzig gehörte ich auch der Landesleitung Berlins an. Die Aufgabenstellung war nicht anders als in der VVN, wir haben vor allem geforscht nach Verbrechern und versucht, die einzelnen Lebensgeschichten festzuhalten, weil man aus den einzelnen Lebensbildern ja die ganze Geschichte schreiben konnte.

Parallel dazu gab es immer schon die VdN, das war die Stelle des Staatsapparates für notwendige materielle Hilfe für Verfolgte oder Kämpfer gegen den Faschismus. Dort wurde einem bei der Wohnungssuche geholfen, medizinische Versorgung garantiert, die Rente abgerechnet, auch konnte man da beantragen, daß die Wartezeit für ein Auto verkürzt wurde. Das habe ich aber nie gemacht, es waren ja viele Menschen da, für die es notwendiger war, ein Auto zu bekommen, zum Beispiel Kranke, die nicht mehr laufen konnten. Ich habe die Natur immer geliebt, bin immer gerne gewandert und gelaufen. Die VdN hat es also immer gegeben, aber wir waren sehr froh, daß die VVN, die ja eigentlich die inhaltliche Arbeit leistete, nun auch wieder offiziell existierte.

Was aber das liberale Klima in der DDR tatsächlich bedeutet hat, wird klar, wenn man zum Beispiel bei einem Bummel durch das Scheunenviertel erfährt, daß etwa zur selben Zeit, in der der nichtkommunistische antifaschistische Widerstandskampf aufgewertet wurde, das Gemeindehaus der orthodoxen Synagogengemeinde Addas Jisroel, in dem sich vor 1933 Synagoge, Schulen und die Mikwe, die Arnold direkt nach dem Krieg repariert hatte, befanden, enteignet und die Mikwe zubetoniert wurde. Von diesem Vorfall dringt nichts an die Öffentlichkeit, auch Arnold erfährt es nicht.

1981 geht Arnold endgültig in Rente. Sein enormes Engagement ist zuvor gebührend gewürdigt worden. 1969 hat man ihm den Vaterländischen Verdienstorden (VVO) in Bronze, 1972 in Silber und 1977 in Gold verliehen. Seinen etwas verschämten Hinweis „da hing auch was dran" entschlüssele ich erst nach und nach als finanzielle Zuwendungen, die mit diesen Orden verbunden waren. 2500 Mark für den Vaterländischen Verdienstorden in Bronze, 7500 Mark für den in Silber und 10 000 für den VVO in Gold. Davon konnte sich das Ehepaar Munter einen ganzen Schallplattenapparat aus Westproduktion kaufen.

Neben diesen herausragenden Orden, darüber gab es nur noch die Ehrenspange zum Vaterländischen Verdienstorden in Gold und den Karl-Marx-Orden, waren Auszeichnungen, Medaillen, Anstecknadeln und Urkunden ein wesentliches Mittel des sozialistischen Staates, die Bürger zum Mitmachen zu motivieren und geleistete Arbeit zu honorieren. Arnold besitzt Dutzende dieser Dokumente:

„Für dreihundert bzw. sechshundert geleistete Aufbaustunden wird Arnold Munter die Aufbaunadel in Silber bzw. in Gold verliehen." Sie füllen einen halben Schuhkarton.

Ehrenurkunde in Anerkennung und Würdigung hervorragender Leistungen bei der Vorbereitung des 60. Jahrestages der Oktoberrevolution, FDJ-Bezirksleitung Schwerin; Ehrenurkunde in Anerkennung und Würdigung hervorragender Verdienste bei der sozialistischen Erziehung der Jugend der DDR, FDJ-Kreisleitung; vielfache Urkunden, die Arnold als „Aktivist der sozialistischen Arbeit" auszeichnen; hervorragende Leistungen im Wettbewerb „Schöner unsere Städte und Gemeinden - Mach mit!" (an einem Haus im Prenzlauer Berg heißt der von Honecker stammende Spruch neuerdings als Graffito: „Schöner unsere Städte und Gemeinden - Sprüh mit!"); Artur-Becker-Medaille der FDJ usw.; es sind mindestens fünfzig weitere Urkunden und Medaillen.

1986 wurde Arnold für die Ehrenspange zum Vaterländischen Verdienstorden in Gold vorgeschlagen. (Da „hing nichts dran", dafür ist die Spange mit zwei echten Brillanten besetzt.) Überreicht wurde ihm die Spange von Egon Krenz, der trotz seines jugendlichen Alters (mit seinen fünfzig Jahren war er sicherlich zwanzig Jahre jünger als der Durchschnitt der sonstigen Politbüromitglieder) im Zuge der Kaderpolitik systematisch zum zweiten Mann hinter Erich Honecker aufgebaut worden war.

Naja, neunzehnhunderteinundachtzig, da war ich immerhin siebzig, als ich in die Rente ging. Wir mußten doch versuchen, jüngere Leute als Nachfolger einzuarbeiten.

Zu meinem siebzigsten Geburtstag hatte ich als Anerkennung für meine Arbeit eine Don-Wolga-Reise mit einem österreichischen Schiff bekommen. Die fleißige Hanne-Lore war ein Jahr vorher mit derselben Reise bedacht worden, war aber wegen ihrer kranken Mutter nicht gefahren. So konnten wir diese schöne Reise jetzt zusammen antreten. Leider wurden unsere Erwartungen dann etwas enttäuscht dadurch, daß unter den Mitreisenden sehr viele sogenannte Bonzen, also junge Funktionäre waren, die allein von ihrem Alter her noch gar nicht die entsprechende Arbeit geleistet haben konnten, sich die Reise also nicht verdient, sondern offensichtlich gegenseitig zugeschoben hatten. Das war eine ziemliche Ernüchterung.

Nach meiner Rückkehr wurde ich trotz meines Rentner-

Egon Krenz verleiht die Ehrenspange zum Vaterländischen Verdienstorden in Gold (1986)

daseins immer noch von allen Seiten in Anspruch genommen, es kannten mich eben alle. Ich war als Vorsitzender des Bezirkskomitees der antifaschistischen Widerstandskämpfer sehr viel gefordert, da habe ich außerordentlich viel gemacht. Ich habe im Wohnbezirk mitgearbeitet, Hanne-Lore fast noch eifriger als ich, wurde oft aufgefordert zu sprechen, also, langweilig ist mir als Rentner nicht geworden.

Als Sekretär der Nationalen Front war ich qua Amt Mitglied des Parteivorstandes von Pankow gewesen, sonst hatte ich aber keine Parteifunktion, nach der Rente gar nicht mehr.

Damit verläßt Arnold - ohne es zu wissen und zu wollen - ein sinkendes Schiff. Die achtziger Jahre der DDR sind eine einzige, sich zuspitzende Krise. Die Unzufriedenheit vieler Menschen mit den inhaltslos gewordenen Strukturen eines sozialistischen Formalismus, dessen Effektivität und Erfolge nach wie vor von der Staatsführung gepriesen wurden, obwohl jeder in seinem unmittelbaren Umfeld das Gegenteil davon feststellen konnte, rief Angst hervor, daß das Kartenhaus der sozialen Absicherung irgendwann zusammenbrechen könnte. Echte Arbeits- und Lebenserfolge blieben aus und strapazierten das Selbstwertgefühl. Der letzte Rest von Gemeinschaftsgefühl wurde durch die Etablierung der Westmark als Zweitwährung zerstört. Während Intershops wie Pilze aus dem Boden schossen, teilte sich die Gesellschaft in zwei Teile, „die mit“ und „die ohne“ Westmark.

Unzufriedenheit, Zweifel und erhebliche wirtschaftliche Mängel bereiteten den Boden für eine politische Opposition.

Ende der siebziger Jahre hatte die Einführung des Wehrkundeunterrichts zu einem massiven Erstarken der kirchlichen Friedensbewegung beigetragen. Etwa zum selben Zeitpunkt hatten sich Teile der evangelischen Kirche der Idee der „Offenen Arbeit“ zugewandt, das heißt, sie stellten ihre Räume und Möglichkeiten kirchenfernen Jugendlichen zur Verfügung, die dadurch nicht missioniert werden, sondern die Möglichkeit erhalten sollten, erst einmal zu sich selbst zu finden, bevor sie sich eventuell für ein christliches Miteinander entschieden. Durch die Möglichkeiten der offenen Arbeit, wo sich Jugendliche erstmals in einem Raum treffen konnten, der nicht staatlich kontrolliert war, entstanden sehr viele kritische Zirkel und Kerngruppen späterer oppositioneller Gruppen.

Gleichzeitig verhärtete sich die Situation im Land. 1982 beschloß die DDR, ihre immensen Auslandsverschuldungen abzubauen, indem sie den Export noch stärker erhöhte und den Import weiter einschränkte. Bedrohliche Engpässe in der Versorgung der Bevölkerung waren die Folge. Eine erste Abhilfe schaffte ein Milliardenkredit der Bundesrepublik, den der bayrische Ministerpräsident Franz-Josef Strauß vermittelte. Dem wirtschaftlichen Engpaß war vorerst die Schärfe genommen, aber dafür hatte man ganz offiziell Geld vom „Klassenfeind“ nehmen müssen.

Alle diese Vorgänge bewirkten ab Anfang der achtziger Jahre eine Politisierung der Friedensbewegung, in der ab sofort auch gesamtgesellschaftliche Probleme diskutiert wurden. Angst vor Entwicklungen wie in Polen, wo 1980 mit „Solidarnosc“ erstmals eine unabhängige Gewerkschaftsbewegung im Ostblock entstanden war, verschärfte die staatlichen Reaktionen. 1983 kam es bei Friedensdemonstrationen in Jena und Ostberlin zu Verhaftungen und Abschiebungen.

Um auf das Anwachsen der potentiellen Opposition zu reagieren, aber das Ansehen der DDR im Ausland, das durch die Ausbürgerungen nicht besser wurde, nicht zu strapazieren, reagierte die Stasi, die sich bereits 1973 von der Jagd auf Dissidenten und Agenten ab- und stattdessen dem Prinzip der flächendeckenden Überwachung, „Wer ist wer“, zugewendet hatte, zunehmend nicht mit Ausbürgerung oder Verhaftung prominenter Oppositioneller, sondern mit systematischer Überwachung und planmäßiger Zersetzung ihrer Gruppen.

Die DDR schien im Gegensatz zu allen anderen Ostblockstaaten in einer Art Erstarrung zu versinken, in der nur noch die Stasi hektische Aktivität verbreitete.

Die häufig beschriebenen Aktivitäten der etwa 85 000 hauptamtlichen und mindestens 109 000 Inoffiziellen Mitarbeiter (IM) des Ministeriums für Staatssicherheit (allein zum Zeitpunkt seiner Auflösung) reichte dabei vom direkten Bespitzeln, Telefonabhören, Briefelesen, Unterwandern und Zersetzen oppositioneller Gruppen bis hin zur Anfertigung von obszönen Fotomontagen, die an die Öffentlichkeit lanciert wurden, Versuchen zur Kriminalisierung Oppositioneller, denen kein Arbeitsplatz mehr zugewiesen wurde (Arbeitslosengeld gab es in der DDR nicht), deren Bank angewiesen wurde, keinen Kredit zu gewähren, bzw. Sollbestände umgehend einzufordern (Bankgeheimnis gab es in der DDR nur theoretisch) und absichtlicher falscher medizinischer Behandlung. Der „Phantasie“ waren keine Grenzen gesetzt.

So benennt zum Beispiel die Bürgerrechtlerin Vera Wollenberger in ihrem Buch „Virus der Heuchler“, mit welchen Methoden die Stasi versuchte, den Pankower Friedenskreis, in dem sie aktiv war, zu „zersetzen“: „Die Art des Gesinnungsterrors, dem wir ausgesetzt wurden, ist detailliert in einer ‚Richtlinie 1/76 des MfS zur Entwicklung und Bearbeitung operativer Vorgänge‘ beschrieben:

Bewährte anzuwendende Formen der Zersetzung sind:

* systematische Diskreditierung des öffentlichen Rufes, des Ansehens und des Prestiges auf der Grundlage miteinander verbundener wahrer, überprüfbarer und diskreditierender sowie unwahrer, glaubhafter, nicht widerlegbarer und damit ebenfalls diskreditierender Angaben;

* systematische Organisierung beruflicher und gesellschaftlicher Mißerfolge zur Untergrabung des Selbstvertrauens einzelner Personen;

* zielstrebige Untergrabung von Überzeugungen im Zusammenhang mit bestimmten Idealen, Vorbildern usw. und die Erzeugung von Zweifeln an der persönlichen Perspektive;

* Erzeugen von Mißtrauen, und gegenseitigen Verdächtigungen innerhalb von Gruppen, Gruppierungen und Organisationen;

* Erzeugen bzw. Ausnutzen und Verstärken von Rivalitäten innerhalb von Gruppen, Gruppierungen und Organisationen durch zielgerichtete Ausnützung persönlicher Schwächen einzelner Mitglieder;

* Beschäftigung von Gruppen, Gruppierungen und Organisationen mit ihren internen Organisatonen mit dem Ziel der Einschränkung ihrer feindlich-negativen Handlungen;

* örtliches und zeitliches Unterbinden bzw. Einschränken der gegenseitigen Beziehung der Mitglieder einer Gruppe, Gruppierung oder Organisation auf der Grundlage geltender gesetzlicher Bestimmungen, z.B. durch Arbeitsplatzbindungen, Zuweisung örtlich entfernt liegender Arbeitsplätze usw.“

Zum Zersetzungsplan gehörte aber auch folgendes Vorhaben, das Vera Wollenberger aus ihren Stasiakten beschreibt: In Abstimmung mit der Abteilung IV wird ein weiblicher IM in das Blickfeld des xxx geschoben. Durch entsprechende

Aktivitäten des IM soll xxx veranlaßt werden, außereheliche sexuelle Kontakte aufzunehmen. Das „Verhältnis“ soll dazu genutzt werden, kompromitierendes Material gegen xxx zu schaffen, um die Ehe weiter zu zerrütten ...

Vielleicht schildert Wolfgang Rüddenklau, Mitbegründer der Berliner Umweltbibliothek, die Atmosphäre des Ausgeliefertseins am besten, wenn er in seinem Buch „Störenfried“ erzählt, daß er Einladungen zu einem „klärenden Gespräch“ bei der Stasi nicht im Briefkasten, sondern auf dem Küchentisch seiner Wohnung vorfand.

Ebenfalls in die zweite Hälfte der siebziger Jahre fielen die ersten Ansätze zu einer unabhängigen Umweltbewegung in der DDR. Neben Baumpflanzaktionen und ersten Ökoseminaren zu Beginn der achtziger Jahre, war das maßgebliche Anliegen dieser Bewegung, überhaupt erstmal Daten und Zahlen über die katastrophale Umweltsituation der DDR in Erfahrung zu bringen bzw. selber zu erforschen. Auf die Umwelt war im Kampf um die bessere Wirtschaftskraft (die Parole „Den Westen überholen“ wurde in den frühen achtziger Jahren, als die Aussichtslosigkeit dieses Vorhabens deutlich wurde, durch die merkwürdige Vorgabe „Den Westen überholen ohne ihn einzuholen“ ersetzt) keine Rücksicht genommen worden.

Der „Super-GAU“ im russischen Atomkraftwerk Tschernobyl 1986 wurde wegen der Sensibilisierung der Bevölkerung für die Umweltproblematik zu einem wichtigen Aufbruchdatum der meist nicht voneinander zu trennenden Friedens- und Umweltgruppen.

Fast grundsätzlich in kirchlichen Räumen wurden erste Umwelt- und Friedensbibliotheken und Leseläden eingerichtet, in denen nicht nur brisantes Lesematerial zur Verfügung gestellt, sondern in erheblicher Menge auch selber produziert wurde. Die Umweltbibliothek in der Ostberliner Zionskirche konnte zum Beispiel verschiedenen Basisgruppen nicht nur mit Räumen, einem Café und einer dort eingerichteten Galerie dienen, sondern wurde die einzige funktionierende unabhängige Druckerei der DDR, wenn auch die meiste Zeit mit wahrhaft vorsintflutlichen Geräten, deren Bedienung an sich schon ein Abenteuer war. Hier wurden neben der hauseigenen Publikation auch sehr viele der anderen oppositionellen Blätter, Broschüren und Flugblätter gedruckt.

Die Krise der Achtziger habe ich sehr empfunden. Man kann natürlich nicht sagen, daß wir bald verhungerten, aber es gab nicht das, worauf man vielleicht einen gewissen Appetit hatte. Dann haben die Menschen meterweit angestanden, um etwas Bestimmtes kaufen zu können.

Aber auch die gedrückte Atmosphäre ist an mir nicht vorübergegangen, und ich habe schon mitbekommen, daß sich da Menschen in verschiedenen Gruppen zusammenfanden, die einen Weg suchten zur Vernunft.

Aufgefallen sind vor allem die, die unzufrieden waren mit der realen sozialistischen Entwicklungsform, Bohley und andere. Bei vielem von dem, was sie erreichen wollten, habe ich das Gefühl gehabt, daß sie das Richtige anstreben und vernünftig handeln. Ich habe oft über solche Verhaltensweisen nachgedacht.

Die massive Bespitzelung dieser Menschen habe ich damals nicht mitbekommen, das erfährt man erst jetzt, und das ist ein Verbrechen, das ich ablehne.

Nach der Rente hatte ich überhaupt keinen Kontakt zur Stasi mehr, außer daß wir selber im Komitee der Widerstandskämpfer überprüft wurden, da ist jedes Wort berichtet worden. Aber sie konnten uns nicht kriegen, denn wir haben ja die Interessen das Landes vertreten gegen den Faschismus.

Im Vorstand des Antifaschistischen Komitees kam öfter mal als Reaktion auf mich die Bemerkung: typischer Sozialdemokratismus. Ob ich selber schlechthin bespitzelt worden bin, weiß ich nicht, glaube es aber nicht. Sie haben sich sicher mal interessiert und dann gemerkt, daß es keinen Anhalt gab, mich näher zu überprüfen.

Was mich nach wie vor mit dem Ministerium für Staatssicherheit verband, war die wechselseitige Hilfe und Unterstützung zwischen ihm und der VVN beziehungsweise dem Komitee der Antifaschistischen Widerstandskämpfer bei der Nachforschung und Suche nach SS-Verbrechern aus den Konzentrationslagern.

Dadurch ist noch neunzehnhundertsechsundachtzig ein schlimmer Verbrecher gefunden worden, in dessen Prozeß ich als Zeuge aussagen mußte. Er hatte unter anderem vor dem Gericht erklärt, die von ihm aus Dresden zusammengestellten und begleiteten Transporte nach Theresienstadt könne man ihm nicht vorwerfen, die Juden in Theresienstadt hätten wunderbar gelebt, ihnen wäre gar nichts passiert. Es war gar nicht schlecht, daß ich in dem Prozeß über die Zustände in Theresienstadt aussagen mußte, denn tatsächlich haben viele Menschen von Theresienstadt entweder nie gehört oder haben an die Propaganda vom Altersheim Bad Theresienstadt geglaubt und gemeint, in Theresienstadt wäre alles nicht so schlimm gewesen. Da war es gut, daß die Wahrheit durch diesen Prozeß etwas stärker publik gemacht wurde.

Was mir leidgetan hat, waren die Frau und die beiden Kinder, die beide in der SED waren, die sind völlig zusammengeklappt, sie hatten von der Vergangenheit ihres Vaters nichts geahnt. Ganz im Gegenteil hatte der sich in der DDR bewährt, sollte sogar ausgezeichnet werden.

Auf der Suche nach Naziverbrechern war ich auch in Kontakt mit Günther Schwarberg gekommen, der einige sehr, sehr gute Bücher über die NS-Verbrechen veröffentlicht hat, unter anderen über das Warschauer Ghetto und über die Kinder vom Bullenhuser Damm. Dafür hat er auch die Worte von mir „Hier stehst Du schweigend, doch wenn Du Dich wendest, schweige nicht“ übernommen. Er hat mir das alles gezeigt, als ich ihn in Hamburg besuchte, auf meiner einzigen Westreise zur Mauerzeit, denn als SED-Mitglied durfte ich ja eigentlich nicht. Als einer der Hauptverbrecher vom Bullenhuser Damm nach vielen Jahren festgenommen wurde und man ihn wegen Verhandlungsunfähigkeit wieder laufen ließ, während die anderen von den Engländern damals sofort hingerichtet worden waren, und als dieser Mann dafür zusätzlich noch eine Haftentschädigung von einhunderteinundzwanzigtausend Mark erhielt, da hat er mir alle Unterlagen geschickt, den ganzen Schriftverkehr, den er in dieser Sache geführt hat. Ich konnte nicht begreifen, wie die drüben so handeln konnten, wie der Kampf gegen den Faschismus so eine geringe Rolle spielen konnte. Das war bei uns aber anders!

Arnold und ich sitzen vor dem Fernseher und sehen eine Sendung über jene Drahtzieher und Organisationen, die sich um die Verbreitung der These bemühen, Auschwitz sei eine Lüge. Zwischendrin bin ich mehrmals versucht, den Fernseher abzuschalten, weil Arnold die Sendung nicht verkraftet. Ich sitze neben ihm und muß mit ansehen, wie ein deutscher Neonazi in den Ruinen der Gaskammern von Auschwitz vor Besuchern aus aller Welt und vor dem alten Mann neben mir, dessen kleine Schwester eben dort umgebracht wurde, mit pseudowissenschaftlichen, beängstigend geschickt vorgetragenen Argumenten die Verwendung dieser Räume als Gaskammern und die Existenz solcher Gaskammern überhaupt leugnet.

Und ich begreife eine Wurzel der DDR: den Mechanismus der Loyalitätsfalle Antifaschismus.

Wenn Menschen, vor allem Kindern von klein auf von Überlebenden des Nationalsozialismus, die ja die Führungselite des Landes bildeten, die Grausamkeiten des Faschismus eingeimpft wurden und ihnen erklärt wurde, daß der Faschismus die höchstenwickelte Form des Kapitalismus sei und der Sozialismus als Gegenstück zum Kapitalismus daher Antifaschismus, gleichsam eine Gewähr dafür, daß sich solche Grausamkeiten nicht mehr wiederholen würden, wie konnte da noch jemand gegen Sozialismus sein? Die Qualen der Getöteten bildeten die Grundlage für die Existenz der DDR. Ihr Vermächtnis galt es zu erfüllen. Ihre Leiden waren offensichtlich doch nicht völlig sinnlos gewesen, hatten sie doch den Grundstein für den sozialistischen deutschen Staat gelegt. Diese Erkenntnis half, das Unbegreifliche zwar nicht zu begreifen, aber ihm doch nicht völlig hilflos gegenüberzustehen. Sozialismus als Lebenshilfe.

Ich begreife die Verlockung, die hinter dem Glauben an das System der DDR steckte, denn allein durch die Existenz in diesem System tat der einzelne vermeintlich etwas zur Verhinderung neuer faschistischer Exzesse, wurde seinem Leben ein höherer Sinn verliehen. Wenn man aber erstmal diese Grundlage der DDR akzeptiert hatte, konnte man den Rest kaum noch in Frage stellen, ohne in die Nähe des faschistischen Abseits zu geraten.

Vielleicht brauchte es den Abstand von über vier Jahrzehnten, um das Funktionieren dieser Loyalitätsfalle, von vielen nicht berechnend, sondern ganz gutgläubig angewandt, zu durchschauen.

Und ganz sicher brauchte es soviele Jahre und eine neue, vom Nationalsozialismus nicht mehr betroffene Generation, um einzugestehen, daß die Opfer der unmenschlichen Behandlung im Faschismus allein dadurch nicht unbedingt edle Menschen geworden waren, sondern sie durch das Ausmaß ihrer Leiden, verstärkt durch ihre stets bedrohten Machtpositionen, manchmal selber grausam und paranoid wurden, eine Entwicklung, die sie mit Brechts Zeilen zu rechtfertigen suchten: „Wir, die wir den Boden bereiten für die Freundlichkeit, konnten selber nicht freundlich sein."

Kein Wunder, daß einige Bürgerrechtler von sich behaupten, ihnen sei bei Zusammenbruch der DDR, obwohl mit dem Verstand erfreut, körperlich übel gewesen.

Mit dem Bekanntwerden der Reformbestrebungen des russischen Präsidenten erlebte auch die Oppositionsbewegung der DDR einen Aufschwung. Wenn etwas, was beim großen Bruder möglich war, von der eigenen Staatsführung nicht nachvollzogen wurde, mußten die Strukturen noch verhärteter sein, als ohnehin schon vermutet. Das Gefühl, „so kann es nicht mehr weitergehen“, das sich in der Bevölkerung ausbreitete, spiegelte sich wieder in steigenden Zahlen, Umfang und Auflage der „illegalen Druckerzeugnisse“.

Erstmals wurde die offizielle Teilnahme oppositioneller Gruppen an einer staatlichen Veranstaltung, nämlich dem Olof-Palme-Friedensmarsch zugelassen, die Transparente der teilnehmenden Opposition wurden (fast) nicht zensiert. So war es für die meisten spalierstehenden Bürger am Straßenrand etwas absolut Neues, plötzlich hinter den marschierenden Blauhemden der FDJ diese zahlenmäßig weitaus kleinere, bunte Gruppe auftauchen zu sehen.

Überhaupt lockerten sich im Zuge der außenpolitischen Selbstdarstellung des Regimes, wie in diesem Fall in der Zeit um Honeckers ersten Aufenthalt in der BRD, September 1987, die staatlichen Repressionen. Der dadurch bedingte Aufschwung „negativ-feindlicher Aktivitäten“, wie die oppositionelle Betätigung im Stasi-Deutsch genannt wurde, führte logischerweise wiederum zu einer Verschärfung der staatlichen Gegenmaßnahmen. Im Januar 1988 wurden Bärbel Bohley, Werner Fischer, Freya Klier, Stefan Krawczyk und Vera Wollenberger aus der DDR ausgewiesen, weil sie bei der staatlichen Demonstration zu Ehren Rosa Luxemburgs und Karl Liebknechts in Berlin versucht hatten, Transparente zum Beispiel mit dem berühmten Luxemburg-Zitat: „Freiheit ist immer die Freiheit der Andersdenkenden“ zu entrollen.

Auf diese Ausweisung reagierten die oppositionellen Gruppen in Leipzig mit einer Stärkung des seit 1983 regelmäßig stattfindenden Friedensgebetes in der Nikolaikirche.

Ich habe von der Existenz solcher Gruppen gewußt, aber nicht, wer da genau dabei ist oder was sie genau machen. Und ich habe mich auch nicht bemüht, Kontakt mit ihnen zu bekommen oder hinzugehen, ganz im Gegenteil, ich habe mich davor gehütet, das war eine Gefühlsfrage bei mir. Wenn ich mich da angeschlossen hätte und hätte darüber gesprochen, weiß ich genau, wäre ich gelandet bei der Kreisleitung und hätte den Auftrag erhalten, zu lauschen und zu berichten. Das habe ich grundsätzlich abgelehnt.

Ich habe die Aktivitäten dieser Gruppen aber ganz positiv eingeschätzt, weil sie einfach zum Denken anregten. Viele Menschen, die gute Genossen waren, mußten anfangen darüber nachzudenken, welche Ursachen es für die Gruppen gab, warum sie sich gründeten. Diese Fragen habe ich mir auch oft gestellt, ohne zu glauben, daß deswegen gleich alles zusammenbrechen würde. Ich sagte immer: die Vernunft muß siegen, die Vernunft muß helfen zu begreifen, daß es an verschiedenen Ecken so nicht geht.

Ich wußte, daß die Menschen hier in einer Kirche im Prenzlauer Berg zusammenkamen, ihre Meinung zum Ausdruck gebracht haben, ihre Unzufriedenheit, auch Demonstrationen organisiert haben, die dann auseinandergejagt wurden. Da wurde mir klar, daß dieses Vorgehen des Sicherheitsapparates schockierend war, ohne daß ich konkreter sagen kann, ob die Gerüchte über das Verhalten dieser Kräfte alle richtig waren, denn es hat sich keiner von denen, die da zusammenkamen, mir gegenüber geäußert. Aber daß es durchaus einige Erscheinungen bei uns gab, die sachlich nicht richtig waren, war mir schon bewußt, und daß ihr Protest daher durchaus begründet war.

Ich war beseelt von der Hoffnung, daß sich was zur Vernunft ändern würde.

Breite Teile der Bevölkerung begannen, sich infolge des mangelnden Reformwillens der eigenen Regierung verstärkt für die politische Entwicklung in der Sowjetunion zu interessieren. Verschärft durch die miserable Versorgungslage mit zum Teil einfachsten Gebrauchsgütern, entfachte das Verbot des Sputnik, eines russischen, auch auf deutsch erscheinenden Magazins, das sich in einer Artikelserie erstmals offen mit dem Stalinismus auseinandersetzte, im November 1988 breiten Protest bis hin zu mehrstündigen Arbeitsniederlegungen in Leuna und dem geschlossenen Austritt ganzer Belegschaften aus der Gesellschaft für Deutsch-Sowjetische Freundschaft.

Die Ausreisebewegung wuchs. Mittlerweile hatten 300 000 DDR-Bürger trotz der häufig damit verbundenen Schikanen einen Ausreiseantrag gestellt, also fast zwei Prozent der Gesamtbevölkerung.

1989 ging das Wechselspiel zwischen Aktivitäten der Opposition und Repressionen der Stasi weiter. Auf unerlaubte Demonstrationen und Veranstaltungen zu Friedens- oder Umweltthemen folgten „Zuführungen" und Verhaftungen, auf die mit erneuten Aktivitäten reagiert wurde, die mit erneuten Repressionen geahndet wurden ... Die Spirale drehte sich und wurde enger.

Bei den Kommunalwahlen im Mai 1989 schaffte es die Opposition, erstmals in einigen Bezirken verschiedener Städte flächendeckend die öffentliche Auszählung in den Wahllokalen zu verfolgen, obwohl laut einer Mitteilung des Ministeriums des Innern allein von der Volkspolizei, also nicht einmal der Stasi, 4475 Personen „verstärkt kontrolliert" wurden. In Berlin gelang es den Basisgruppen beispielsweise, die Auszählung mit einer Ausnahme in allen Weißenseer Wahllokalen zu verfolgen. Bei einer alternativen Wahlparty der „Kirche von unten" trugen die verschiedenen Beobachter die Ergebnisse zusammen und ermittelten dadurch erhebliche Abweichungen von dem staatlich festgestellten Wahlergebnis.

Allein in Leipzig wurden über 100 Personen verhaftet, die gegen Wahlmanipulationen protestierten. Trotzdem kam es DDR-weit zu Anzeigen, Eingaben und Einspüchen gegen das Wahlergebnis, die zwar keine Auswirkungen hatten, die Fälschungen aber in das Bewußtsein der Öffentlichkeit rückten und den ohnehin verbreiteten Verdacht verstärkten, daß nicht nur eine Minderheit gegen SED und System eingestellt war. Gleichzeitig wurde den DDR-Bürgern aber die Entschlossenheit der SED demonstriert, mit allen Mitteln an der Macht zu bleiben.

Ausreisewillige DDR-Bürger besetzten die Ständige Vertretung der Bundesrepublik in Ost-Berlin und die Botschaften der BRD in Warschau, Prag und Budapest. Bei einer Veranstaltung der Pan-Europa-Union an der ungarisch-österreichischen Grenze nutzten etwa 700 DDR-Bürger die kurzzeitig geöffnete Grenze zur Flucht. Als Ungarn im September seine Grenzen nach Österreich endgültig öffnete, folgten fast 60 000 Gleichgesinnte. Nach langwierigen Verhandlungen zwischen der DDR und der BRD durften die in den verschiedenen Vertretungen Osteuropas sitzenden DDR-Bürger in den Westen ausreisen, die Botschaften füllten sich umgehend wieder. Die DDR führte die Visumspflicht für die CSSR ein, das einzige Land, das zu dem Zeitpunkt von der DDR aus frei zugänglich war.

Mich hat natürlich bewegt, daß Menschen in rauhen Mengen rausgegangen sind, über Ungarn und die Botschaften. Ich habe mich immer wieder gefragt, warum das sein muß, was die Ursache ist, daß diese Leute gehen wollen, und ob es von unserer Seite keine andere Form gab, darauf zu reagieren. Meines Erachtens hing die Ausreisewelle eng damit zusammen, daß die vielen Anträge auf einen Besuch von Verwandten im Westen meistens abgelehnt wurden. Mit dieser Verhaltensform, die Menschen nicht zu Besuchen gehen zu lassen, hat man die Leute rausgetrieben.

Eigentlich habe ich seit August/September ununterbrochen das Fernsehen oder das Radio laufen gehabt, am liebsten beides, um ja nichts zu verpassen. Dabei muß ich aber bei allen Vorwürfen gegen die Starrheit unserer Regierung sagen, daß ich die Berichterstattung im Westfernsehen wie Frontberichterstattung empfunden habe.

Neben den Ausreisewilligen bestimmten aber vor allem diejenigen, die nicht nur ihre eigenen Lebensbedingungen, sondern ihren ganzen Staat verändern wollten und das in der Parole „Wir bleiben hier“ zum Ausdruck brachten, die Atmosphäre der DDR im Jahre 1989.

Im Juli gründete sich die illegale Sozialdemokratische Partei, SDP, im September die nicht genehmigten Bürgerbewegungen Neues Forum, Demokratie jetzt und Demokratischer Aufbruch.

Gleichzeitig rüstete sich die DDR-Führung, den vierzigsten Jahrestag ihrer Republik am 6./7. Oktober 1989 mit einem Pomp und Aufwand zu feiern, als ob sie ahnte, daß es der letzte sein würde.

Während nur wenige Kilometer entfernt die Volkspolizei und die Stasi mit bis dahin nicht gekannter Brutalität gegen Demonstranten, Teilnehmer an diversen Friedensgebeten und unbeteiligte Passanten vorgingen, präsentierte sich die Staatsmacht der DDR auch auf dem Festaufmarsch martialisch mit einem ungeheuren Vorbeimarsch der Truppen an der Tribüne der Ehrengäste, gefolgt von Panzern und Raketenwerfern.

Nur wenig später äußerte der extra für die Festlichkeiten angereiste sowjetische Staats- und Parteichef Michail Gorbatschow gegenüber westlichen Journalisten unter dem Eindruck dieses krampfhaften Feierns: „Wer zu spät kommt, den bestraft das Leben."

Ich habe am sechsten Oktober, der siebte war natürlich schulfrei, in der Julius-Fucik-Oberschule um sieben Uhr fünfundfünfzig die Ansprache zum Vierzig-Jahre-Appell gehalten.

Abends war im Erich-Weinert-Kulturhaus ein Fest zum vierzigsten Jahrestag mit dem Wohnbezirksausschuß, der Wohnparteiorganisation, dem DFD, der Volkssolidarität und dem Parteiaktiv. Das sollte an sich ein gemütliches Beisammensein sein, das irgendwie schon in einer ganz unheimlichen Atmosphäre stattfand, man wußte nicht, wo alles hinführen, ob die Situation eskalieren würde. Hanne-Lore hatte für alle, die kamen, die traditionelle rote Nelke besorgt, und hatte einen ganzen Korb voll dabei, worüber sich die jungen Leute in der Straßenbahn amüsierten, das offensichtlich lächerlich fanden. Es war eine ganz eigenartige Stimmung.

Nachdem am Montag, dem 25. September, nach dem Friedensgebet in der Nikolaikirche das erste Mal einige tausend Menschen spontan über einen Teil des die Leipziger Innenstadt umschließenden Rings gezogen waren, war damit für jeden erkennbar eine Tradition begründet: Nächsten Montag wieder! Fünf Tage vor dem großen Feiertag waren es dann schon 15 000 Demonstranten. Es war so ziemlich jedem klar, daß sich am Montag der folgenden Woche, dem 9. Oktober 1989, entscheiden würde, ob der Staat in der Lage und bereit war, diese Demonstrationen als „konterrevolutionäre Umsturzversuche" von „Rowdys" ein für allemal zu unterdrücken, oder ob sich die oppositionelle Entwicklung in diesem Maßstab fortsetzen würde. Nachdem die DDR-Führung demonstrativ das blutige Vorgehen der chinesischen Staatsmänner gegen friedliche Demonstranten auf dem Platz des Himmlischen Friedens in Peking öffentlich gelobt und verteidigt hatte, und nach dem brutalen Vorgehen der Sicherheitskräfte nur zwei Tage zuvor, weiß niemand, ob die Situation an diesem Tag blutig eskalieren wird. Aber jeder ahnt, daß dieser Montag die Entscheidung über den weiteren Verlauf der Auseinandersetzungen zwischen Opposition und Staatsführung bringen wird.

Trotz aller Gefahr und der angstbeladenen Atmosphäre, sind es am Montagabend über 70 000 Menschen, die an bewaffneten Uniformierten vorbei über den sechsspurigen Leipziger Ring demonstrieren, ein unübersehbarer Menschenstrom, den nichts mehr aufhalten kann.

„Es ergeben sich jetzt für mich so viele Fragen ...“

(1989-1993)

Wer den Niedergang der DDR wie in einem Freilichtmuseum vor Augen geführt bekommen möchte, der fahre nach Eisenhüttenstadt.

Auf dem Weg von Berlin nach Eisenhüttenstadt, in einem der schönen doppelstöckigen Nahverkehrszüge der Deutschen Reichsbahn, lese ich über die Geschichte dieser an der Einmündung des Oder-Spree-Kanals in die Oder gelegenen Stadt, daß sie ab 1950 als Wohnstadt für die Beschäftigten des neuen Eisenhüttenkombinates Ost und seiner Zuliefer- und Verarbeitungsbetriebe entstand.

Die auf dem Reißbrett geplante Stadt sollte als sozialistische Stadt in die Baugeschichte eingehen, eine Stadt, in der sich die Errungenschaften des Sozialismus in der Architektur spiegeln und die Architektur das Werden des „sozialistischen Menschen“ begünstigt. 1953 erhielt die Stadt den Namen Stalins.

Vom Bahnhof aus, der noch in dem kleinen märkischen Städtchen Fürstenberg an der Oder liegt, das mit dem Dorf Schönfließ und Stalinstadt 1961 zu Eisenhüttenstadt zusammengelegt wurde, gelangt man über die Thälmannstraße in das eigentliche, in den fünfziger Jahren entstandene Zentrum von Stalinstadt. Wunderschöne, großzügige, höchstens dreistökkige Wohnblocks gruppieren sich jeweils zu viert um üppige, mit Büschen und Bäumen gestaltete Rasenflächen. Spielplätze, Grillvorrichtungen, Trockenstangen und Bänke sind dazu gedacht, das Leben des einzelnen und der Gemeinschaft zu verschönern. Dazu tragen auch die zahlreichen im Wohngebiet verstreuten Skulpturen und Mosaiken an den Fassaden bei. Vor den Toren der Wohnareale gelegene Garagenhöfe halten die Autos fern.

Fast bedauere ich, nicht in Eisenhüttenstadt zu wohnen - hier würde ich sofort einziehen.

An dieses beeindruckende Beispiel menschenfreundlicher Bauweise schließt sich ein großes Wohngebiet an, das erkennbar aus den sechziger Jahren stammt, Stalinstadt ist bereits in Eisenhüttenstadt umbenannt bzw. eingemeindet worden. Die Bebauung unterscheidet sich nicht wesentlich von westdeutschen Siedlungen dieser Zeit. Dreistöckige, hintereinandergereihte Blocks, etwas Grün mit Trockenstangen dazwischen, ab und zu kommt man an einem kleinen Einkaufszentrum vorbei. Autos parken zwischen den Häusern. Na ja, ganz nett, aber ein Gefühl des Bedauerns, hier nicht wohnen zu können, kommt ganz bestimmt nicht auf.

Ende der sechziger Jahre hatte man die Hebefähigkeit von Kränen so weit entwickelt, daß sie in der Lage waren, vorbereitete Platten mit bereits eingelassenen Tür- und Fensteröffnungen oder sogar ganze Wohnelemente hochzuheben und aufeinanderzustapeln. Der Haustyp WBS 70 (Wohnbauserie 1970), mit dem das Land bis zum Schluß vollgestellt wird, die sogenannten „Arbeiterschließfächer“, wird entwickelt. Achtzig Prozent der Neubauten der DDR zwischen 1950 und 1990 sind Plattenbauten.

Das in den siebziger Jahren entstandene Wohngebiet Eisenhüttenstadts, in das ich nun gelange, weit größer als die vorhergehenden, besteht aus lauter WBS-70-Häusern. Immerhin sind in der Regel nicht mehr als vier bis fünf Platten übereinandergestapelt, recht große Grünstreifen, mit Büschen und Bäumen zur Straße hin abgeschirmt, zwischen den einzelnen Blöcken freigelassen. Besonders menschenfreundlich ist diese Gegend nicht mehr, aber immerhin erträglich, auch wenn man sich unwillkürlich fragt, wie denn der „sozialistische Mensch“ aussehen sollte, der von einer solchen Umgebung geformt (oder genormt?) würde.

Das neueste Wohngebiet der mittlerweile über fünfzigtausend Einwohner zählenden Stadt stammt aus den achtziger Jahren. Wie ein weiterer Jahresring lagert es vor der bereits beschriebenen Bebauung; ich gerate übergangslos, ohne Vorwarnung hinein. Dieses Viertel ist meiner Meinung nach unerträglich, menschenverachtend. Unglaublich dicht gedrängt, insgesamt jedoch eine riesige Fläche beanspruchend, drängt sich ein Plattenbau an den anderen. Riesige Wohnsilos, deren Ende man kaum erspähen kann, da nicht genug Zwischenraum vorhanden ist, um weit genug zurückzutreten, stehen neben niedrigeren Blocks. Insgesamt müssen hier viele Tausende von Menschen wohnen. Der geringe Raum zwischen den Häusern ist durchgehend asphaltiert oder mit Betonplatten ausgelegt. Eine mehrspurige Ausfallstraße auf einem Damm führt vor den Fenstern der Hochhäuser vorbei. Durch die Häuserschluchten wirbeln Sandkörner und Papierfetzen. Es zieht beständig ein kalter Wind, der die anonyme, unwirtliche und menschenfeindliche Atmosphäre des Wohnviertels zu unterstreichen scheint.

Wenn ich bedenke, daß man in den achtziger Jahren begonnen hat, das Scheunenviertel planmäßig „leerzulenken“, weil die Reste der alten Bebauung abgerissen werden sollten, um einer sozialistischen Reißbrettstadt Platz zu machen, schaudert es mich zusätzlich. Wenn die Architektur Eisenhüttenstadts tatsächlich wie ursprünglich geplant die Entwicklung des Sozialismus wiederspiegelt, dann endet der real existierende Sozialismus auf einem Kasernenhof.

Im nachhinein haben viele Menschen für sich in Anspruch genommen, ein Blutbad in Leipzig trotz der bereitgestellten Blutkonserven in den Krankenhäusern der Stadt, den Panzern der Nationalen Volksarmee am Stadtrand und der massiven Polizei-, Kampfgruppen- und Stasipräsenz in der Stadtmitte verhindert zu haben. Egon Krenz und sein Vorgänger Erich Honecker berufen sich stolz auf ein Verbot des Schußwaffengebrauches, das sie formuliert haben wollen. Dieses Papier existiert tatsächlich - allerdings wurde es am 13. Oktober 1989 aufgesetzt, als die gefährlichste Konfrontation vorbei war und auch DDR-Politiker auf einmal auf ihr Image achten mußten.

Kurt Masur, der Kapellmeister des Leipziger Gewandhauses, erarbeitete am Nachmittag des 9. Oktober gemeinsam mit dem Kabarettisten Bernd-Lutz Lange, dem Pfarrer Dr. Zimmermann und den drei Leipziger SED-Bezirkssekretären einen mutigen Aufruf zur Gewaltlosigkeit, der im Rundfunk verlesen wurde - allerdings hatte niemand von ihnen Macht über die Einsatztruppen der verschiedenen Sicherheitskräfte, denen Mielke befohlen hatte, die Demonstration unbedingt und mit allen Mitteln zu verhindern.

Gorbatschow wird ein mäßigender Einfluß zugeschrieben, vor allem soll er unmißverständlich klargemacht haben, daß mit russischer Unterstützung nicht mehr zu rechnen sei.

Der eigentliche Verdienst gebührt wahrscheinlich dem Geist der absoluten Gewaltlosigkeit bei den Demonstranten, die mit Rufen wie „Kein neues China", „Wir sind keine Rowdys", „Wir sind das Volk", „Keine Gewalt!" und „Polizisten, schließt Euch an!" den Funken der Friedfertigkeit überspringen ließen und einen Bürgerkrieg verhinderten.

Nachdem sich der real existierende Sozialismus am 9. Oktober der friedlichen Revolution gegenüber als unterlegen erwiesen hatte, entwickelten sich die Umwälzungen in der DDR im Rückblick gesehen in atemberaubender Geschwindigkeit. Während der Phase des Umbruchs erschien der Wandel jedoch quälend und gefährlich langsam.

Die SED versuchte zunächst noch, sich und ihre Macht zu retten, indem sie Fußbreit um Fußbreit Zugeständnisse machte. Ihr Spielraum war jedoch nicht sehr groß, eine wirklich flexible Partei wäre nicht mehr die SED gewesen. Dem Druck, der von den Demonstranten und den Ausreisenden in den Botschaften ausging, war sie in der sie kennzeichnenden Starrheit nicht gewachsen. Wie nach ihr unzählige von ihr errichtete Denkmäler und Statuen wurde sie vom Sockel gestürzt. Im Gegensatz zu ihren Geschöpfen aus Stein und Metall schied die SED jedoch nicht aufrechten Hauptes und letztlich unversehrt, sondern bröckelte von ihrem Denkmalssockel herunter, opferte den Demonstranten zunächst einen Arm, dieses oder jenes Organ und sogar ihren Kopf - nicht gerade ein rühmlicher Abgang für die führende Partei der Arbeiterklasse.

Von den Demonstrationen hat man so nach und nach in Rundfunk und Fernsehen erfahren, die ich in diesen Tagen nie ausschaltete. Erst war die Berichterstattung nur sehr spärlich, es war von ungenehmigten Demonstrationen, Zusammenrottungen von Rowdys und von langer Hand vorbereiteten Provokationen die Rede. Ich wußte natürlich, daß es für unsere Presse bestimmte Tabus gab, aber ich war der festen Überzeugung, daß sie wenigstens ehrlich berichtete, weil alle Zeitungen grundsätzlich übereinstimmten. Daß gerade das der Beweis für die zentrale Beeinflussung war, habe ich erst lernen müssen.

Ich selber hatte jedenfalls einen ganz anderen Eindruck von den Vorgängen, nämlich daß da Menschen waren, die aufrichtig einen Weg zur Vernunft suchten.

Trotzdem habe ich mich immer gefragt, ob der Weg über Demonstrationen geeignet war, Forderungen durchzusetzen, ob dadurch nicht viel eher Konfrontationen entstehen würden, die nicht zu einem Miteinander führten, ein Miteinander sogar ausschlossen. Das mache ich aber nicht den Demonstranten zum Vorwurf. Wenn es weit vorher Verhandlungen zwischen Ost und West gegeben hätte, wenn von beiden Seiten bessere Kontakte dagewesen wären, echte innerliche Beziehungen, dann wären die Systeme nicht so verhärtet gewesen und die Demos gar nicht nötig.

Der Drang der Menschen, reale Freiheit zu erlangen, hat mich zutiefst berührt, aber ich habe mich auch gefragt, warum unser System sich soweit verhärtet hatte, daß irgendwo etwas platzen mußte, daß es so nicht weitergehen konnte.

Nach dem 9. Oktober verging kaum noch ein Tag, an dem nicht in irgendeiner Stadt der DDR zigtausend Menschen nach Leipziger Vorbild auf die Straße gingen. In der Messestadt waren es am folgenden Montag schon 120 000 Demonstranten, die erstmals auf mitgeführten Transparenten konkrete Forderungen nach Presse-, Visa- und Wahlfreiheit sowie nach dem Rücktritt verschiedener Personen stellten. Am 18. Oktober wurde Erich Honecker „aus Gesundheitsgründen" von all seinen Funktionen entbunden. Ihm folgten Volksbildungsministerin Margot Honecker, der FDGB-Vorsitzende Harry Tisch und der Hauptpropagandist der DDR, Karl-Eduard von Schnitzler, der nach der 1519. Folge des „Schwarzen Kanals", direkt im Anschluß an die nächste Montagsdemonstration in Leipzig mit über 300 000 Teilnehmern seinen Abschied bekannt gab.

In einer Verordnung über Umweltdaten wurden erstmals offiziell Angaben über die Umweltsituation der DDR veröffentlicht. Das Land entpuppt sich als weltweit größter Exporteur von Schwefeldioxyd, Importeur von Müll und als Pro-Kopf-Energieverschwender.

Am 3. November trat neben anderen Politbüromitgliedern Erich Mielke zurück, einen Tag später erlebte die staunende Weltöffentlichkeit die erste staatlich genehmigte, nicht staatlich organisierte Großdemonstration der DDR mit über einer halben Million Teilnehmern auf dem Alexanderplatz in Berlin.

Natürlich kann ich mich an den Tag erinnern, als auf einmal Politbüro- und ZK-Mitglied Schabowski auf dem Podium stand, heilig tat und angeblich dazu beigetragen hatte, daß es nun doch vernünftig wurde, das hat mich angewidert. Wendehälse, da habe ich kein Verständnis für gehabt, das kann ich nicht, dazu bin ich nicht geboren. Menschen, die heute da, übermorgen dort stehen, da werde ich nicht einig mit.

Ähnlich schienen auch die 500 000 Demo-Teilnehmer am folgenden Montag in Leipzig zu denken: „Eine Schlange häutet sich, aber bleibt eine Schlange", „Genossentausch genügt uns nicht!" Im Hinblick auf die anhaltende Ausreisewelle über

Ungarn und die CSSR drohten sie: „SED, gib die Führung ab, sonst werden uns hier die Leute knapp.“

Nach einem wahnsinnig spannungsgeladenen Monat, noch funktioniert der staatliche Machtapparat, gibt am 7. November, einem Dienstag, ausgerechnet am 72. Jahrestag der russischen Oktoberrevolution, der Ministerrat geschlossen seinen Rücktritt bekannt, am Mittwoch wird das Neue Forum zugelassen und das Politbüro tritt zurück, am Donnerstag wird die sofortige Öffnung der Grenze bekannt gegeben.

Speziell an den Berliner Grenzübergängen kommt es zu einem unvorstellbaren Menschenandrang und zu erschütternden wie unvergeßlichen Szenen.

Erfahren habe ich das über Rundfunk und Fernsehen unmittelbar am Abend. Für mich stand sofort die Frage im Raum, ob man auf beiden Seiten vernünftig sein wird und nicht etwa mit Waffengewalt die Dinge zu klären versucht. Mich zog es nicht in den Westen, auch wenn ich froh war, daß andere gehen konnten. Ich weiß gar nicht, wann ich das erste Mal rüber war.

Ich dachte nicht wie die meisten Menschen: nun aber bloß rüber, auf der anderen Seite ist ein Wunder. Davon habe ich mich nicht leiten lassen. Ab dem neunten November standen auf der Straße vor unserem Haus von früh morgens an täglich Hunderte von Menschen vor dem Polizeirevier Schlange, um sich ein Besuchervisum in den Personalausweis stempeln zu lassen.

Von ihren Besuchen kehren in den ersten Tagen nach dem Fall der Mauer 26 700 Menschen nicht mehr nach Ostdeutschland zurück, zu unglaublich ist die Wende, zu gering der Glaube an ihren Bestand. Danach sind es täglich noch etwa 2000.

Am 13. November wird bei der Volkskammer die Einrichtung eines zeitweiligen Untersuchungsausschusses zur Überprüfung von Fällen des Amtsmißbrauchs, der Korruption, der persönlichen Bereicherung und anderer Handlungen, bei denen der Verdacht auf Gesetzesverletzung besteht, angeregt. Dieser Ausschuß beginnt am 22. November zu arbeiten. Zahlreiche Mitglieder der SED-Führungsspitze werden verhaftet, darunter Günter Mittag, Harry Tisch, Erich Mielke und Willi Stoph. Gegen andere, wie Erich Honecker, Hermann Axen und Gerald Götting, den CDU-Vorsitzenden, werden Ermittlungsverfahren eingeleitet.

Natürlich hat man uns vorher nicht so genau erzählt, wie das in Wandlitz lief, das wäre ja auch schön dumm gewesen. Es war nicht so, daß wir vorher gar nichts ahnten, daß es da gewisse Privilegien gab, war bekannt, und man bekam das auch oft genug gegen den Kopf geworfen. Ich habe schon teilweise den Standpunkt vertreten, daß ein Mensch in so einer Funktion es etwas leichter haben durfte, die sollten nun nicht nach jeder Kartoffel anstehen. Aber den Zustand, der da draußen tatsächlich herrschte, den hätte niemand mehr verteidigt.

Wenn ich mir vorstelle, daß allein Harry Tisch, der als Gewerkschaftsvorsitzender die Interessen der Arbeiter vertreten sollte, da draußen ein Riesengrundstück und zahlreiche, angeblich sogar zweiunddreißig Bedienstete gehabt hat, und daß es extra Mitarbeiter von der Stasi gab, die für Honecker, wenn der im Dezember Lust auf frische Erdebeeren bekam, nach Westberlin in ein Delikatessengeschäft fuhren, um ihm seine Erdbeeren zu holen, da komme ich nicht mit, das werde ich nie begreifen. Auch die Jägerei, die in der Schorfheide und anderen abgesperrten Gebieten betrieben wurde, das ist schon mehr als nur Bonzentum, das ist eine ungebrochene Tradition. Das Gelände und das Jagdschloß Hubertusstock wurde zu Kaisers Zeiten schon genutzt, Göring hat da gehaust, dann Honecker und wer heute da sitzt, möchte ich nicht wissen.

Natürlich muß ein sozialistischer Politiker nicht in einer Kellerwohnung hausen, das ist klar, er ist gegenüber dem Staat und der Gesellschaft schon verpflichtet, vernünftig zu leben, aber diese Häuser! Nun wollen wir uns nicht darüber unterhalten, was die da drüben für Villen zu stehen haben ... Aber darum geht es auch nicht. Ich muß schon als Marxist leben, wenn ich vom anderen verlange, Marxist zu sein.

Ich habe immer noch die Hoffnung, daß das, was ich in der Theorie bei Marx und Engels, Bebel und Lenin gefunden habe, einmal wahr werden wird, aber damit hatte dieses Bonzentum, das für mich völlig unerwartet zum Vorschein kam, absolut gar nichts zu tun.

Auch die Demonstranten forderten: „Harte Wende ist jetzt Pflicht, Kurve kriegen reicht uns nicht“ und „Neue Kutscher, alte Karren - Egon wir sind keine Narren“. Parallel dazu wurden erstmals auch Sprechchöre nach „Deutschland einig Vaterland“ unüberhörbar laut. Unbeirrt hält Honeckers Nachfolger Egon Krenz am Führungsanspruch der SED fest.

Doch auch die Demonstranten geben nicht auf. „Egon, wir sind winterfest“, drohen sie bei der letzten Montagsdemo im November und „Lieber bei 40 Grad minus zur Demo, als noch einmal 40 Jahre im Schwitzkasten der SED“. Zunehmend richten sich die Forderungen der Demonstranten gegen die SED allgemein und ihren Führungsanspruch. Sie sehen das Denkmal unter ihrem Ansturm herunterbröckeln, aber der Sockel steht noch. Erst Anfang Dezember wird der Führungsanspruch der Arbeiterklasse und ihrer marxistisch-leninistischen Partei aus dem ersten Paragraphen der DDR-Verfassung gestrichen.

Zwei Teilnehmer an den Montagsdemonstrationen schreiben im Dezember 1989 in dem vom Neuen Forum Leipzig herausgegebenen Buch „Jetzt oder nie - Demokratie!“:

„Am Schluß war das ganze Land nichts als ein einziger langweiliger Sonntagnachmittag. Die alte Woche war zu Ende, die neue aber wollte und wollte nicht beginnen. Wer es sich aufregend vorstellt, unter einem Regime von Geheimpolizisten zu leben, täuscht sich. Am Schluß waren wir zu müde, Witze über die Regierung zu machen. Es war alles gesagt. (...)

Wir haben erfahren, daß wir in der Lage sind, eine Regierung zu stürzen ... Ein ganzes Volk in der Illegalität, unkenntlich und nicht greifbar. Das Gesicht des Volkes war verhüllt auch vor sich selbst. Was jetzt an den Tag kommt ist unser wahres, unverhülltes Gesicht. Wie wird es aussehen und wie schlimm wird es gezeichnet sein von dieser Vergangenheit: zwölf Jahre Hitler und über vierzig Jahre Stalin? Die fleißigen Totengräber des deutschen Sozialismus - welche Verwüstungen haben sie hinterlassen in unserem Gesicht? Manches haben wir geahnt. Jetzt haben wir endlich die Möglichkeit, Gewißheit zu erlangen und wir haben die Pflicht, genau hinzusehen, erbarmungslos gegen die eigene Illusion."

Im Dezember wird die Stasi-Zentrale in Leipzig von Mitgliedern des Neuen Forum besetzt.

Im Januar folgt das Stasihauptquartier der DDR in der Berliner Normannenstraße, das gestürmt und verwüstet wird. Viele Genossen hatten dort weitergearbeitet, als sei nichts geschehen und der neuen Situation nur in soweit Rechnung getragen, als sie bergeweise Akten vernichteten. Die übriggebliebenen Schriftstücke lassen sich immer noch auf 18 Kilometern aufreihen.

Einen Geheimdienst hat jeder Staat. Aber darüber, was man jetzt hören und lesen muß, da könnte ich nur heulen, weiter nichts, einfach heulen. Wie konnte das möglich sein, daß Menschen behandelt wurden wie Vieh, daß es Mißhandlungen gegeben hat bei Untersuchungen, wie war das überhaupt möglich? Es war doch der Grund für den neuen Staat gewesen, daß es so etwas nicht mehr geben sollte, jedenfalls für mich. Und nun diese - ich will nicht sagen - Ähnlichkeit, aber die Faschisten haben es ja auch nicht anders gemacht. Ich könnte heulen.

Über die Inoffiziellen Mitarbeiter bin ich sehr empört. Ich habe von solchen Dingen nichts gehalten und von mir hätten sie nichts erfahren. Auch bei uns in nächster Nähe gibt es so Fälle, da habe ich kein Verständnis für. Das würde ich mitunter vergleichen mit dem, was vorher da war. Ich weiß nicht, wie meine Akte bei der Gestapo zustande gekommen ist, die ganz schön dick war. Beim Verhör in der Burgstraße blätterte der Gestapomensch in einem Berg von Papier umher. Von wem hat er das gehabt, von wo kam das? Es war interessant, daß nach meiner Rückkehr aus dem KZ aus heiterem Himmel die Kinder eines Nachbarn kamen und sagten, ich solle bitte nicht glauben, daß ihr Vater etwas getan, etwas gesagt habe, darauf könne ich mich verlassen. Zum Schluß hat also keiner was gemacht, weiß der Teufel, wie die Akten gewachsen sind.

Am 3. Dezember wurde eine Menschenkette für demokratische Erneuerung quer durch die gesamte DDR gezogen. Am gleichen Tag trat das Zentralkomitee der SED zurück.

Zwei Tage später gab auch Egon Krenz den Rücktritt von seinen Ämtern bekannt. Noch in derselben Wochen beginnt ein außerordentlicher Parteitag, der die Neuformierung der Sozialistischen Einheitspartei als „Partei des Demokratischen Sozialismus" (PDS) beschließen wird.

Auf Anregung der neuen politischen Gruppierungen und auf Vermittlung des Bundes der evangelischen Kirchen und der Berliner Bischofskonferenz kommt am 7. Dezember in Berlin ein Zentraler Runder Tisch zustande. Er sollte nach den Vorstellungen seiner Initiatoren aus der gleichen Anzahl von Vertretern der oppositionellen Gruppen und Parteien der Bürgerbewegung und der etablierten Parteien zusammengesetzt sein, Sofortmaßnahmen und nicht aufschiebbare Entscheidungen treffen sowie freie und geheime Wahlen vorbereiten. Die Regierung sollte mit Überprüfung der Realisierbarkeit und der Durchsetzung der getroffenen Entscheidungen beauftragt und vom Runden Tisch dabei kontrolliert werden, um den neuen Parteien so die Möglichkeit zu geben, sich zu profilieren und Sachkompetenz zu entwickeln und den etablierten Parteien die Chance, ihren Reformwillen unter Beweis zu stellen, erklären die SDP, das Neue Forum und der Demokratische Aufbruch in der Leipziger Volkszeitung im Dezember 1989.

Das Modell des Runden Tisches dehnt sich schnell auf alle Ebenen und DDR-weit aus. -

Ich habe mitgearbeitet am Runden Tisch hier, in Pankow, der von Anfang an die Vorbereitung für eine Entwicklung der Vernunft zu treffen versuchte. Für die Teilnahme am Runden Tisch mußte man sich bei dem Vorsitzenden, das war in Pankow der Superintendent Krätschell, melden und einen schriftlichen Antrag stellen. Ich wurde dann zu einer Sitzung eingeladen, auf der ich einstimmig als Mitglied des Runden Tisches bestätigt wurde. Ich war so froh, daß ich wieder mitarbeiten, mitgestalten konnte, nicht mehr hilflos mit ansehen mußte, wie alles um mich her in Trümmer zerfiel und Dinge zum Vorschein kamen, die ich nie für möglich gehalten hätte.

Insgesamt saßen da etwa vierzig Leute. Jeder hat so für seinen Bereich bestimmte Forderungen vorgebracht, zum Beispiel für die Verwaltung oder die Schule und so weiter, und diese Anträge haben wir dann eben bestätigt, abgelehnt, verändert, was notwendig war. Es war zum Beispiel mal ein Antrag aus der Bevölkerung gekommen, Krenz aus seinem Haus in Pankow rauszuschmeißen. Zu der entsprechenden Versammlung kam nur seine Frau, er noch nicht mal, worüber wir uns etwas empört haben, und hat alles dargelegt. Die juristischen Grundlagen wurden überprüft und die waren gegeben, also hat er sein Haus behalten.

Wir haben Dinge gehabt, mit denen wir bis zum Berliner Runden Tisch gingen und denen das vorlegten. Manchmal sind wir aber auch, wenn es in der Diskussion wieder hoch herging, von den konkreten Fragen abgekommen und redeten uns die Köpfe heiß zu Themen wie: Was ist eigentlich Demokratie?

Den Runden Tischen ist es gelungen, die Kultur des politischen Streites, in dem Andersdenkende respektiert und gemeinsam konstruktive Lösungen gesucht werden und Bürgernähe entsteht, wieder aufleben zu lassen. Vielleicht ist diese Erfahrung sogar das wichtigste, was die DDR in das neue Deutschland mitbringt. Ihrer politischen Kontrollfunktion haben die Runden Tische jedoch nie in großem Maße gerecht werden können, weil die Abgeordneten der noch vorhandenen DDR-Gremien sich kaum darauf einließen.

Nachdem die Volkskammer im Januar 1990 die Vorbereitung von Wahlen für den 6. Mai angeregt hatte, verkamen alle Demonstrationen und Kundgebungen immer mehr zu überwiegend vom Westen organisierten Wahlkampfveranstaltungen. Erstmals kam es zu offenen Konfrontationen zwischen Befürwortern und Gegnern einer deutsch-deutschen Vereinigung.

Als der Termin für die ersten freien Wahlen dann auf den 18. März vorverlegt wird, lösen Wahlkampfveranstaltungen die Demos praktisch ab; in Leipzig ziehen noch einige Tausend über den Ring, auch sie rufen in erster Linie Parteiparolen.

Die Haltung der einzelnen Parteien zur Frage der Wiedervereinigung war bekannt. Die Ost-CDU wollte nach Paragraph 23 des bundesdeutschen Grundgesetzes den Beitritt der DDR zum Geltungsgebiet des bundesdeutschen Grundgesetzes und damit die bedingungslose Übernahme der bundesrepublikanischen Verfassung, während ein Zusammenschluß nach Paragraph 146, wonach beide Teile Deutschlands gemeinsam eine neue Verfassung hätten beschließen müssen, von der Ost-SPD bevorzugt wurde. Auch eine Konföderation beider Staaten war für sie durchaus vorstellbar. Die Bürgerbewegungen waren ganz klar für die Konföderation. Sie hatten den Stein ins Rollen gebracht, weil sie eine bessere DDR, einen verbesserten sozialistischen Staat, einen demokratischen Sozialismus schaffen wollten, und das strebten sie nach wie vor an. Doch die Revolution fraß ihre Eltern.

Als sich am 18. März über 40 Prozent der DDR-Bürger für die CDU entscheiden, knapp 22 Prozent für die SPD, 16 Prozent für die PDS, 6 Prozent für die DSU, 5,5 Prozent für die FDP und nur gute 2 Prozent für das Bündnis 90, die Sammelpartei der Bürgerbewegungen und Motor der Revolution, ist das eine klare Wahl für den raschen, unproblematischen Beitritt zum Geltungsgebiet des westdeutschen Grundgesetzes. -

Als die alte Stadtverordnetenversammlung in Pankow aufgelöst wurde, der ich ja angehört hatte, und eine neue gewählt wurde, habe ich mich nicht mehr zur Verfügung gestellt, aber ich wurde gebeten, ein Schlußwort zu sprechen. Ich habe alle beglückwünscht, die gewählt wurden, habe aber genausogut gesagt, daß diejenigen, die bis dahin in dem Gremium gearbeitet hatten, auch etwas getan haben, und daß man sich daran gewöhnen soll, das zu begreifen.

Der Wahlkampf war ja für uns kein Wahlkampf, sondern ein Überrollen mit Dingen, die wir noch überhaupt nicht begriffen. Ich hätte mir nach den ganzen Änderungen bei uns sachliche Verhandlungen zwischen der BRD und der DDR gewünscht und nicht nur gehässige Polemik, die das Bild auf beiden Seiten prägte. Ich war gegen eine sofortige Vereinigung, sondern stellte mir einen gesamtdeutschen Rat vor, der die entsprechenden Maßnahmen von langer Hand einleitete, damit es zu einem wirklich neuen einigen Deutschland kommen würde, zu einem Zusammenwachsen. Stattdessen sind wir zusammengeknallt.

Ich sitze wie häufig im Café um die Ecke, um die letzten geschrieben Seiten zu überarbeiten. Auf einmal spricht mich der Mann vom Nebentisch an: „Wat schreibst'n da?“ Um die Erklärung abzukürzen, sage ich nur: „Ein Buch über die jüngste deutsche Geschichte.“ Seine Reaktion: „Worüber? Wie die uns hier bescheißen?“ Ich frage: „Wer ‘die’?“ - „Na, die aus'm Westen!“ Dies ist nicht meine erste Begegnung dieser Art und wird auch nicht meine letzte bleiben. Etwas entnervt entgegne ich daher: „Ich bin selber aus dem Westen und habe hier noch keinen beschissen.“ Da das aber ziemlich schroff geklungen hat, frage ich einlenkend hinterher, was er überhaupt damit gemeint habe.

Mit dieser Frage habe ich ein Schleuse geöffnet, Bekanntes, oft Gehörtes sprudelt hervor: „Na, ich bin arbeitslos, meine Frau auch, aber meinen Chef, die rote Socke, den haben sie im Amt gelassen. Angeblich kann man auf sein Wissen nicht verzichten. Konnte die Stasi auch nicht. Das ist doch Verarschung. Löhne und Arbeitslosengeld liegen weit unter Westniveau, aber dieselben Preise im Laden sollen wir selbstverständlich bezahlen, und demnächst auch dieselben Mieten, ich weiß wirklich nicht, wovon. Die machen mit uns, was sie wollen, so haben wir uns das nicht vorgestellt. Wir sind immer noch Deutsche zweiter Klasse."

Oberflächlich betrachtet hat sich nach dem Tag der deutschen Einheit, dem 3. Oktober 1990, für Arnold nicht viel verändert. Nach wie vor ist er Pankower Vorsitzender der VVN, die nun erneut ihren Namen geändert hat und „Interessengemeinschaft der Kämpfer gegen den Faschismus e.V." heißt.

Im November 1990 hilft er bei der Gründung des Vereins zur Vorbereitung einer Stiftung Scheunenviertel, die unter Besinnung auf die humanistische Tradition des Scheunenviertels, auf dessen Toleranz und kulturelle Vielfalt, auf die städtebauliche und geistige Wiederbelebung des mittlerweile zum Flächendenkmal erklärten Gebietes Einfluß nehmen will.

Arnold ist Mitglied in verschiedenen Bürgerinitiativen, begeht einmal wöchentlich morgens um sieben Uhr mit einer Gruppe anderer Bürger die U-Bahnbaustelle vor seiner Haustür, sammelt Unterschriften für das Referendum zur doppelten Staatsbürgerschaft, redet bei allen möglichen Veranstaltungen, berät die Gesellschaft zur Wiederherstellung, Restaurierung und Erhaltung kulturhistorisch wertvoller Gebäude. Nach wie vor macht der Zweiundachtzigjährige mehrstündige Führungen über den Jüdischen Friedhof an der Schönhauser Allee und durch das Scheunenviertel; aufgrund der wachsenden Nachfrage mittlerweile fast wöchentlich.

1993 wird er zum Vorstands-Ehrenmitglied des Vereins für Freunde der Tschechen und Slowaken gewählt. Dessen Vorläufer, die Gesellschaft für deutsch-tschechische Freundschaft, hatte er viele Jahre zuvor mit aus der Taufe gehoben und im DDR-weiten Vorstand betreut. Nach wie vor ist Arnold viele Stunden am Tag im Dienst der Allgemeinheit unterwegs.

Arnold Munter, 1992, auf dem Berliner Garnisonfriedhof in der Kleinen Rosenthaler Straße

Trotzdem ist nichts mehr wie vorher. Nichts mehr wie vorher und doch merkwürdig vertraut.

Arnold, der in unzähligen Veranstaltungen mit Jugendlichen, in denen er über sein Leben berichtete, den Polizistenmord am Bülowplatz aus dem Jahre 1931 benutzt hat, um den sich anschließenden Ausnahmezustand und damit die Unsicherheit, in der die Menschen sich damals befanden, zu schildern, wird nach dem Beginn des Prozesses, in dem Erich Mielke dieser Tat angeklagt wird, von der Presse entdeckt, einer Presse, deren Mechanismus und Gepflogenheiten er noch nicht kennt und nicht durchschaut. Dementsprechend reicht die Berichterstattung von seriöser Wiedergabe der Fakten bis hin zu erfundenen sensationslüsternen Balkenüberschriften in der „Super!“: „Ich habe 59 Jahre aus Angst vor Mielke geschwiegen. Hätte ich geredet, wäre ich heute ein toter Mann.“

Ich habe Mielke nicht gemocht, soviel steht fest, aber ich habe

keine Angst vor ihm gehabt, warum auch? Ich bin ihm ein paarmal persönlich begegnet, zum Beispiel bei dem Festball des Staatsratsvorsitzenden am Vorabend des zwanzigsten Jahrestages der Republik, zu dem aus diesem Anlaß auch einige Bürger eingeladen wurden. Da habe ich mich bewußt von ihm ferngehalten, weil ich einfach keinen Wert auf einen Kontakt mit ihm legte, aber sicher nicht aus Furcht.

Arnolds Aussage vor Gericht scheint den ansonsten den Prozeß kaum beachtenden Erich Mielke jedenfalls außerordentlich zu interessieren. Mehrere Journalisten berichten übereinstimmend, daß der sonst apathisch Dasitzende sich aufrichtet, aufmerksam zuhört und erst wieder seine gewohnte in sich zusammengesunkene Haltung einnimmt, als der Zeuge wiederholt, was er vorher unzählige Male zu Protokoll gegeben hat: daß er die Erschießung aus nächster Nähe miterlebt hat, die jungen Männer aber nicht kannte, nur flüchtig sah und daher nur den Tathergang, nicht aber die Täter beschreiben kann. Die Richter scheint die genaue Schilderung des Geschehens einen Schritt weiter zu bringen - der deutschen Öffentlichkeit genügt sie nicht. Das Telefon bei Munters beruhigt sich überhaupt nicht mehr.

Die Drohungen können aus dem eigenen Stall gekommen sein. Die gelesen haben, was die Zeitungen für einen Mist schrieben, sagten: Der Munter verrät. Es gab noch härtere Formulierungen. Ich sollte dann zu den verschiedenen Parteigruppen gehen und erklären, was ich in Wirklichkeit gesagt hatte, aber das habe ich abgelehnt. Ich sah keine Ursache dafür, überall hinzurennen und zu beteuern: Ich habe doch gar nichts gesagt.

Eines Tages standen zwei Männer von der Mordkommission vor meiner Tür, die von den Drohungen gegen mich erfahren hatten. Freunde hatten mich darauf aufmerksam gemacht, daß man vom Treppenhaus des Vorderhauses direkt auf meinen Schreibtisch gucken, also auch rüberschießen könnte. Das

Treppenhaus wurde dann eine Zeitlang kontrolliert. Außerdem bekam ich von der Polizei eine ganze Reihe von Telefonnummern, auch für nachts, und sollte sofort anrufen, sowie ich irgend etwas bemerkte.

Was hier passiert ist, wird mich nicht dazu bewegen zu glauben, daß es den Sozialismus nie geben wird. Ich bin davon überzeugt, daß es eine wichtige Epoche war, die gelehrt hat, wie der Sozialismus nicht durchgesetzt werden kann.

Ich bin in der PDS, der ehemaligen SED, geblieben. Ich war der alte Genosse, der nun schon über sechzig Jahre Mitglied der Partei ist, der aus der Sozialdemokratischen Bewegung kam. Es gab und gibt auch Leute, die mich ansprechen: Arnold, du gehörst doch zur SPD. Aber das kann ich nicht so einfach schlucken. Daß ich Sozialdemokrat war und es gerne war, ist unumstritten, aber ich gehörte nicht zu den Menschen, die mit irgendeinem Wedel dahin springen, wo sie glauben, es könnte dort für sie besser sein. Und ich habe ihnen auch gesagt, mich hat Kurt Schumacher ausschließen lassen, weil ich damals Vorsitzender der VVN war, also meine alte Verbindung zu den Kampfgefährten erhalten wollte, und da will ich nicht so knechtig sein hinzugehen und zu sagen: „Bitte, nehmt mich wieder!“

Unter vier Augen gesagt: Ich weiß auch nicht, welchen Weg ich gehen soll! Ich meine, wenn ich hingehen würde zur SPD, die würden mich sofort wieder nehmen, aber dafür bin ich zu stolz. Wenn sie direkt kämen und sagten: Arnold, bitte, ja dann vielleicht. Andererseits möchte ich nicht, daß dann Tausende von Menschen sagen, ja, siehste, dieser Mann hat uns jahrzehntelang immer eingeredet, wo wir hingehören, was wir machen müssen, um diesen Staat zu festigen und zu stärken - nebenbei gesagt würde ich das heute noch weitermachen -, und nun ist er derjenige, der abhaut.

Ich gehe zu den Parteiversammlungen, habe allerdings keine Funktion, möchte ich auch nicht. Letztesmal habe ich mich mächtig aufgeregt, da wird geredet und geredet und geredet ohne je konkret etwas festzulegen.

Ich habe die Hoffnung auf ein einiges marxistisches Deutschland noch nicht aufgegeben, in dem alle Menschen die gleichen Rechte und Verpflichtungen bei der Gestaltung des Staates haben.

Um das zu erreichen braucht es einen Staat, in dem die Menschen gehört werden, in dem Menschen mitbestimmen und mitgestalten dürfen, auch das Mittun in freiwilliger Form wieder entwickelt wird. So wie ich hoffe, daß der Staat eines Tages die Mitarbeit und Mitbestimmung fördern wird, vielleicht durch Runde Tische auf allen Ebenen, von unten nach oben, hoffe ich, daß jeder Mensch ein nationales Bewußtsein in dem Sinne entwickelt, daß er seine Verantwortlichkeit für dieses Land zur Kenntnis nimmt. Vor allem aber müssen die Menschen ehrlich sein, das ist das allerwichtigste. Und da sehe ich die große Aufgabe der Religionen, die keinen direkten politischen Einfluß nehmen dürfen, aber die Seele und das Verhalten der Menschen in progressiver Weise von einem Handeln im Sinne Gottes überzeugen können. Es ist verflucht notwendig, daß Marxismus und Christentum endlich anfangen, ihre gemeinsame Moral und Ethik auch gemeinsam zu vertreten - und sich selber daran zu halten. Ich glaube, daß wir es dann schaffen werden. Wir müssen einfach.

1980 hatte der durch seine Berliner Stadtgeschichts-schreibung bekannt gewordene Autor Heinz Knobloch das Buch „Herr Moses in Berlin" veröffentlicht. In diesem Buch schreibt er:

„Zuweilen macht Arnold Munter, der sich in unserer Wohngegend um die Nationale Front kümmert, eine Führung über den Jüdischen Friedhof am Senefelderplatz. Das ist ein Berliner Kulturdenkmal, es sieht nur manchmal nicht so aus. Auf diesem Friedhof liegt Max Liebermann begraben und manches Mitglied der Familien Mendelssohn und Meyerbeer. Man kann viele alte Berliner Namen lesen. Und nun kommt eine Gruppe mit Munter dort entlang, und wieder einmal hat jemand aus den angrenzenden Häusern eine alte Matratze nicht auf die Straße, sondern über die Friedhofsmauer geworfen.

Oder es liegt ein zerbeulter Eimer im Wege und anderes Gerümpel. Alle, die am Friedhofseingang die Worte auf dem Gedenkstein gelesen haben - Hier stehst du schweigend, doch wenn du dich wendest, schweige nicht - sind empört. Aber ehe sie etwas sagen können, spricht Arnold Munter, der mit noch viel mehr Berechtigung als wir in Zorn geraten und zu schreien anfangen könnte, mit gelassener Stimme, in der Selbstvorwurf flackert: ,Wir haben es diesen Menschen eben noch nicht genug erklärt.'"

Nach der „Wende" macht Heinz Knobloch mit diesem und mit anderen Büchern eine Lesereise nach Amerika. Anfang 1993 klingelt bei Arnold das Telefon: „Arnold, kennst du einen Wolf Berner in Amerika? Der schreibt mir, ob der Arnold Munter aus ,Herr Moses in Berlin' noch lebt. Ich gebe dir mal seine Adresse."

Als ich für den Gerüstbau in Theresienstadt verantwortlich war, bekam ich junge Leute von der Selbstverwaltung zugeteilt, die das von mir lernen sollten, falls ich eines Tages nicht mehr da sein würde. Diese Truppe hat viel schuften müssen, aber dafür ging selten einer weg, weiter nach Auschwitz. Das Häuseranputzen für die Delegationen war wohl wichtiger.

Da kam eines Tages ein junger Mann zu mir, frisch aus Berlin, und sagte: „Ich möchte gerne in dieser Gruppe mitarbeiten, man hat mir in Berlin gesagt, daß ich das machen soll." Weiß der Teufel, wie die in Berlin Informationen darüber gekriegt haben. Jedenfalls kam Wolf Berner in meine Gruppe. Er hatte Frau und Kind mit. Ich weiß noch, daß er den ersten Tag auf dem Gerüst stand und Bohlen annehmen sollte, um die weiteren Etagen aufzubauen. Er stand da oben und schrie: „Das kann ich nicht, da fall ich runter, ich mach nicht weiter." Ich habe hochgebrüllt und ihn furchtbar beschimpft, weil dicht dabei die SS stand. Was hätte passieren können, wenn die mitbekommen hätten, daß er die Arbeit nicht machen kann!

Und dann wurden doch mal dreihundert jüngere Häftlinge nach Polen, in die Rüstungsproduktion geschickt, und er war dabei, obwohl so selten welche vom Gerüstbau weggingen. Er kam verzweifelt zu mir und bat mich, auf seine Frau und den Jungen aufzupassen.

Ich habe mich bemüht, aber alle Angehörigen der dreihundert sind mit dem nächsten Transport abgeschoben worden ins Gas. Es hat nicht einer überlebt.

Als ich nach Berlin zurückkam, mußte ich mich in einer ehemaligen Schule in der damaligen Danziger Straße anmelden, die als Bezirksamt genutzt wurde. Als ich danach vom Hof runterging, kam mir plötzlich Wolf Berner entgegen. Er kam sofort auf mich zu: „Wo ist meine Frau, wo ist mein Junge?" Ich konnte nicht sprechen, ich habe nur geweint. Da wußte er Bescheid. Wenig später kam er zu mir und sagte, daß er in dem Land, wo die Menschen wohnten, die seine Familie ermordet hatten, nicht mehr bleiben konnte. Damals ist er nach Amerika gegangen.

Fast fünfzig Jahre später, nachdem der Kontakt wieder hergestellt war, haben wir uns eine Zeitlang geschrieben, und er hat dann sogar beschlossen, dieses Land zu besuchen. Leider ist er vorher gestorben. Ich frage mich oft, was er wohl von diesem Deutschland gehalten hätte. Deutschland neunzehnhundertdreiundneunzig

Literatur- Quellenhinweis

Außer zahlreichen persönlichen Gesprächen, Begegnungen, Reisen, Museumsbesuchen, Biographien, Sachbüchern, einem Wohnsitz im ehemaligen Ostberlin usw. sind einige Werke zu nennen, die für mein Vorhaben besonders hilfreich gewesen sind:

Adler, Hans Günter: Theresienstadt 1941 - 1945. Das Antlitz einer Zwangsgemeinschaft. Geschichte, Soziologie, Psychologie. Tübingen 1960.

Beier, Gerhard: Wir wollen freie Menschen sein. Der 17. Juni 1953: Bauleute gingen voran. Frankfurt/M. 1993.

Bundesministerium für innerdeutsche Beziehungen (Hg.): DDR Handbuch. Köln 1979.

Erdmann, Karl Dietrich: Die Weimarer Republik (= Gebhardt, Paul: Handbuch der deutschen Geschichte, Band IV). Stuttgart 1973.

Fürnberg, Louis: Die Partei. Unveröffentlichte Fassung. © Aufbau-Verlag Berlin und Weimar.

Geisel, Eike: Im Scheunenviertel. Berlin (West) 1981.

Gill, David und Ulrich Schröter: Das Ministerium für Staatssicherheit. Anatomie des Mielkeimperiums. Hamburg 1993.

Gruner, Gerd und Manfrd Wilke (Hg.): Sozialdemokraten im Kampf um die Freiheit. Die Auseinandersetzungen zwischen SPD und KPD in Berlin 1945/46. München/ Zürich 1981.

Herles, Helmut und Ewald Rose: Vom Runden Tisch zum Parlament. Bonn 1990.

Institut für Marxismus-Leninismus beim Zentralkomitee der SED (Hg.): Geschichte der deutschen Arbeiterbewegung. Band 7 und 8. Berlin (Ost) 1966.

Jacobs, Norbert: Der Streit um Dr. Hans Globke in der öffentlichen Meinung der Bundesrepublik Deutschlnad 1949 - 1973. Bonn (Diss) 1992.

Kleßmann, Christoph: Die doppelte Staatsgründung. Göttingen 1991.

Knobloch, Heinz: Herr Moses in Berlin. Berlin (Ost) 1980.

Kurzwort: Ewig bleibe. Erinnerungen an die Republik der Globetrotter. Requisiten aus einem Stück deutscher Geschichte zwischen 1946 und 1989. Begleitbuch zur gleichnamigen Ausstellung im Museum Berliner Arbeiterleben vom 4. Dezember 1991 bis 19. September 1992. Westermann-Kommunikation. Berlin 1992.

Leonhard, Wolfgang: Die Revolution entläßt ihre Kinder. Köln 1955.

Mann, Golo: Deutsche Geschichte des 19. und 20. Jahrhunderts. Frankfurt/M. 1958

Neues Forum Leipzig (Hg.): jetzt oder nie - Demokratie. Leipzig 1989.

Pätzold, Kurt: Verfolgung, Vertreibung, Vernichtung. Dokumente des faschistischen Antisemitismus 1933 - 1942. Leipzig 1983.

Pape, Charlotte: Die Stadtlandschaft Berlin. In: Mitten in Europa: Die DDR und Berlin. Bertelsmann Lexikon Verlag (Hg.). Gütersloh/München 1990.

Rüddenklau, Wolfgang: Störenfried. DDR-Opposition 1986 - 1989. Berlin 1992.

Schneider, Wolfgang (Hg.): Leipziger Demontagebuch. Leipzig/Weimar 1990.

Statut der Sozialistischen Einheitspartei Deutschlands (einstimmig angenommen auf dem IX. Parteitag der SED, 18. bis 22. Mai 1976). Berlin (Ost) 1976.

Unser sozialistisches Vaterland. Leseheft für die Klassen 2 - 4 zum 20. Jahrestag der DDR. Berlin (Ost). 1969.

Weber, Hermann (Hg.): Dokumente zur Geschichte der Deutschen Demokratischen Republik 1945 - 1985. München 1986.

Weber, Hermann (Hg.): Geschichte der DDR. München, 1985.

Wollenberger, Vera: Virus der Heuchler. Berlin 1992.

Zum Schluß möchte ich mich herzlich bei meinen Eltern,
Sieglind und Heinrich Stork,
bedanken, ohne deren „Finanzspritzen“
von Zeit zu Zeit dieses Buch
sicher nicht so schnell zustande gekommen wäre.

Inhalt

EDITION SCHEUNENVIERTEL

Die Reihe mit dem Großstadt-Flair

Hans Pollak

TATORT Mulackritze

Berliner Unterwelt der zwanziger Jahre

Das Buch ist eine gelungene Mischung von fundierter Geschichtsbetrachtung, solider Wissensvermittlung und spannender Unterhaltung.

Lesezeichen, Berlin

... was die hier beschriebenen Ganoven auf dem Kerbholz hatten, eine vielleicht etwas zu nostalgische und zu wehmütige Erinnerung an das Treiben der Berliner Gaunervereine - aber heute mit dem historischen Abstand natürlich ganz wunderbar schaurig zu lesen.

SFB-Fernsehen, Ticket (Wilfried Rott)

EDITION
SCHEUNENVIERTEL

Die Reihe mit dem Großstadt-Flair

Treffpunkt Scheunenviertel

Leben im Schtetl

**Herausgegeben
von Ingrid Kirschey-Feix**

In vielfältiger Weise ein Stück Erinnerung an eine versunkene Kultur, die zu betreten und kennenzulernen sich auf alle Fälle lohnt.

Jugendschriften-Ausschuß, Mittelfranken

... eine literarische und dokumentarische Chronik. Es setzt in der vom Verlag Neues Leben initiierten Reihe „Edition Scheunenviertel" einen gewichtigen Akzent ... ist mehr als ein Erinnerungsbuch, denn es gemahnt an eine Gemeinschaft, in der das Wort Toleranz noch etwas galt und Hoffnung den Lebenswillen stärkte.

Ostthüringer Zeitung, Gera

EDITION SCHEUNENVIERTEL

Die Reihe mit dem Großstadt-Flair

Berliner Kriminalfälle der Nachkriegszeit

Tatort Sektorengrenze

von Hans Pollak

Ein Straßenbild

Geile Meile Oranienburger

von Corinna Fricke und Peter Kirschey

Neue Geschichten aus dem Scheunenviertel

Die Szene

von Frank Schumann

Krimis aus dem dunklen Berlin

Das Ghetto von Berlin

Die Tanzdiele am Kurfürstendamm

Der Tresor unter Wasser

von Adolf Sommerfeld

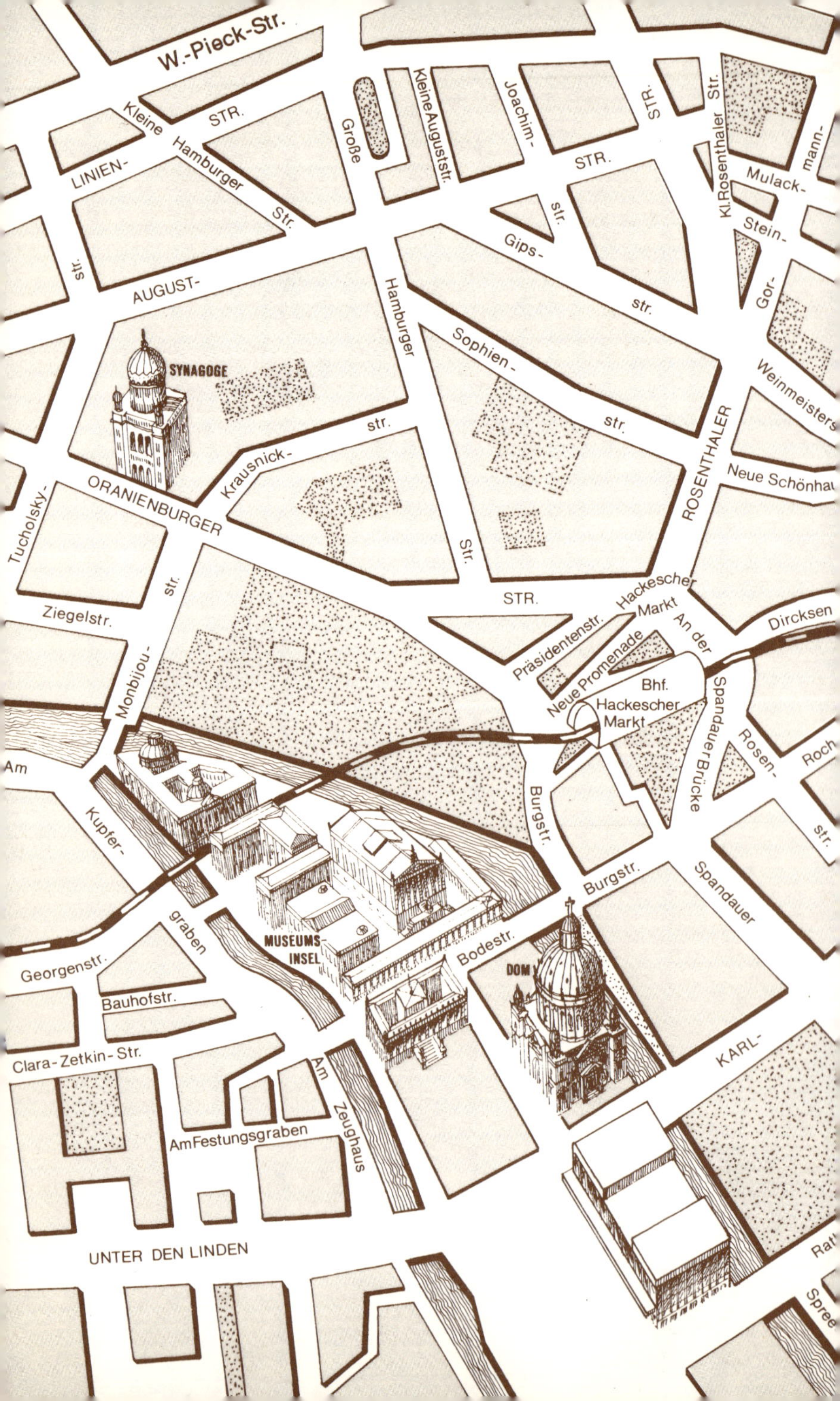
W.-Pieck-Str.
Kleine Hamburger Str.
STR.
LINIEN-
Große
KleineAugustStr.
Joachim-
STR.
STR.
Kl.Rosenthaler Str.
Mulack-
mann-
Stein-
Gips-
str.
str.
Gor-
str.
AUGUST-
Hamburger
Sophien-
str.
Weinmeisters
SYNAGOGE
str.
Krausnick-
ROSENTHALER
Neue Schönhau
Tucholsky-
ORANIENBURGER
Str.
STR.
Hackescher Markt
Ziegelstr.
str.
Präsidentenstr.
An der
Dircksen
Monbijou-
Neue Promenade
Bhf. Hackescher Markt
Spandauer Brücke
Rosen-
Roch
Am
Kupfer-
Burgstr.
str.
Burgstr.
Spandauer
graben
MUSEUMS-INSEL
Bodestr.
DOM
Georgenstr.
Bauhofstr.
KARL-
Clara-Zetkin-Str.
Am Zeughaus
AmFestungsgraben
UNTER DEN LINDEN
Rat
Spree